感谢以下基金项目的支持：

◆ 国家自然科学基金项目，项目编号：41261001
◆ 国家自然科学基金项目，项目编号：51468063
◆ 教育部人文社科规划项目，项目编号：18YJA870009

图书情报与档案管理前沿研究丛书

档案保护环境学

刘强 著

中国社会科学出版社

图书在版编目（CIP）数据

档案保护环境学/刘强著.—北京：中国社会科学出版社，2019.11
（图书情报与档案管理前沿研究丛书）
ISBN 978 – 7 – 5203 – 4664 – 1

Ⅰ.①档⋯　Ⅱ.①刘⋯　Ⅲ.①档案保护—研究　Ⅳ.①G273.3

中国版本图书馆 CIP 数据核字（2019）第 154384 号

出 版 人	赵剑英
责任编辑	孔继萍
责任校对	李　剑
责任印制	郝美娜

出　　版	中国社会科学出版社
社　　址	北京鼓楼西大街甲 158 号
邮　　编	100720
网　　址	http://www.csspw.cn
发 行 部	010 – 84083685
门 市 部	010 – 84029450
经　　销	新华书店及其他书店

印刷装订	北京市十月印刷有限公司
版　　次	2019 年 11 月第 1 版
印　　次	2019 年 11 月第 1 次印刷

开　　本	710×1000　1/16
印　　张	18.5
插　　页	2
字　　数	281 千字
定　　价	108.00 元

凡购买中国社会科学出版社图书，如有质量问题请与本社营销中心联系调换
电话：010 – 84083683
版权所有　侵权必究

总　序

　　从 1984 年到 2019 年，云南大学图书情报与档案管理学科已经走过了 35 年的征程。1984 年在张鑫昌老师的带领和努力下，云南大学创办了档案学本科专业，开创了云南省档案管理高等教育的先河，1987 年又创办了图书馆学本科专业，1988 年正式建立档案学系，1993 年增设情报学专业（后又先后更名为信息学专业、信息管理与信息系统专业），实现了图、情、档三足鼎立的基本格局。此后，云南大学图书情报与档案管理学科建设步入良性发展的轨道，1998 年获批档案学二级学科硕士学位授予权，2003 年获得历史文献学二级学科博士点和图书馆学二级学科硕士授予权，2006 年获图书馆、情报与档案管理一级学科硕士学位授予权及档案学二级学科博士授予权，2010 年首批获图书情报硕士专业学位（简称 MLIS），是云南省唯一能够招收和培养档案学专业本科生、少数几个能够招收和培养信息管理与信息系统专业本科生，拥有历史文献学二级学科博士学位授予权、图书情报与档案管理学科硕士学位授予权和图书情报硕士专业学位（MLIS）授予权的教学科研实体，多年来为社会培养了大批档案学、图书馆学、信息管理与信息系统、情报学、历史文献学专业人才，毕业生广泛分布于全国各级各类档案局（馆）、图书馆、科技情报部门、党政机关、高等院校、社会团体、企事业单位，其中很多人已成为所在单位的技术骨干和高级管理人才，为发展云南公共文化、民族文化与地方文化作出了积极的贡献。

　　1984 年创办档案学本科专业时，我刚好本科毕业并继续攻读硕士学位，1987 年硕士毕业后留在系上任教，从普通教师到系主任，这些年来见证着并投身于云南大学图书情报与档案管理学科的建设发展。2004 年时经过多方努力，在学校党政领导的关心与支持下，建立了情报与档案学院，我作为学院主要筹建人于2004年3月服从组织安排调到图书馆工作。虽然离开了档案系，但是我多年来一直和系上保持着密切的联系，关心、支持档案系的发展，也尽自己所能为云南大学图书情报与档案管理学科的建设出一份力。

图书情报与档案管理学科是应用型学科，与社会环境和现代网络科技发展密切相关，其教学科研必须紧跟时代发展的步伐。云南大学图书情报与档案管理学科在建设发展过程中遵循"立足云南资源，创建特色学科，服务经济文化发展"的方针，在加强学科基础理论、方法研究的同时，时刻关注学科发展前沿问题，形成了一批特色研究成果。

此次组织编辑的丛书涉及图书情报与档案管理学科多个方面的前沿问题，如朱明的《图书馆服务管理内化：概念、过程及整合因素》对现有服务管理内化相关成果的研究角度、思维逻辑、理论缺陷和创新趋势进行系统的剖析，图书馆服务管理内化的研究尚处于初探期，国内外都缺乏对服务管理内化系统的研究，本书填补了这一理论空白点。

朱明的《云南人口较少民族信息贫困的现状、成因及多维减贫对策研究》，通过对云南省人口较少民族日常信息实践的深入调查，有效识别影响其信息贫困的现状及其影响因素，在此基础上探讨消除信息屏障，更好地促进人口较少民族融入信息社会的方法与措施。

刘宇的《期刊分层：期刊等级差异的社会学研究》从社会分层的理论视角解释期刊之间等级差异的产生、维持和强化机制，弥补传统文献计量期刊评价研究的一个缺陷，有利于优化和改进我国期刊评价和学术评价制度。

甘友庆的《信息资源建设》，通过不断追踪迅速发展的信息技术在信息资源建设中应用的现状，积极探讨新的信息环境下信息资源建设理论、技术和方法，构建了较为系统的理论知识体系。

随着科技与网络的迅速发展，信息量不断丰富的同时，信息爆炸也在不断困扰着人们，如何从海量信息中获取需要的信息就成为人们近年来关注的热点问题。侯明昌的《信息采集理论与技术》对信息采集的理论与方法进行了系统梳理和归纳，侧重于利用JAVA技术实现从互联网采集信息资源。

刘强的《档案保护环境学》从环境学的角度，以影响档案保护环境的影响因素为对象，详细论述了档案保护环境主要因素的基本概念、监测、调控方法，对档案保护环境的理论与实践进行总结和完善，具有重要的学术研究与现实参考价值。

陈海玉的《我国地方档案专题研究》就我国地方档案整理成果梳理、地方档案整理经验总结分析、地方档案研究现状、地方档案法规建设、地方档案信息资源开发等方面进行专题研究，力求夯实我国地方档案管理研究的理论基础。

上述这些成果，是云南大学图书情报与档案管理学科的老师们取得的阶段性教学科研成果，这些成果来自于他们各自的教学科研工作，同时也是不断吸纳学科发展前沿的结果，这些著作的出版，将有力地支撑云南大学图书情报与档案管理学科的发展，同时，对图书情报与档案管理的各项实际工作也将大有裨益。

经过三十多年的发展，云南大学在民族档案、地方文献、社区信息学、图书馆管理、科学评价以及信息资源建设开发等方面形成了一定的特色和优势，在国内图书情报与档案管理学科领域产生了一定影响，取得了一定的成就，也锻造出了一支较强的中青年教师队伍，我为此由衷地感到高兴，衷心希望云南大学图书情报与档案管理学科的老师们能在新时代中，抓住机遇，无畏风雨，破浪前行，不断取得更加丰硕的教学科研成果，不断开创学科建设发展的新局面，迈上新的台阶，把云南大学图书情报与档案管理学科做大做强。

万永林

2019 年 10 月 16 日

目 录

第一章 档案学基础 ………………………………………………（1）
  第一节 档案的定义 ………………………………………………（1）
  第二节 档案的分类 ………………………………………………（5）
  第三节 档案与文物 ………………………………………………（7）
  第四节 档案与文献 ………………………………………………（11）
  第五节 档案的载体材料 …………………………………………（12）

第二章 档案保护学导引 …………………………………………（15）
  第一节 档案的保管与保护 ………………………………………（15）
  第二节 档案及其保护(管)历史 …………………………………（18）
  第三节 档案保护的原则 …………………………………………（25）
  第四节 档案保护材料的要求与档案保护环境的
        重要性 ……………………………………………………（30）

第三章 档案保护环境学的基本特征及理论基础 ………………（32）
  第一节 档案保护环境学的基本特征 ……………………………（32）
    一 档案保护环境学的定义 …………………………………（32）
    二 档案保护环境学的任务 …………………………………（33）
  第二节 档案保护环境学的理论基础 ……………………………（35）
    一 物理化学基础 ……………………………………………（35）
    二 分析化学基础 ……………………………………………（36）
    三 其他理论基础 ……………………………………………（38）

第四章　档案保护环境之温度 …………………………………（40）

第一节　温度的定义 ……………………………………………（40）
一　温度与温标 ……………………………………………（40）
二　温度的微观意义 ………………………………………（41）

第二节　环境温度的测量 ………………………………………（42）
一　热力学第零定律与温度测量的基本原理 ……………（42）
二　温度测量方法的分类 …………………………………（43）
三　常见温度计 ……………………………………………（44）

第三节　温度与其他环境参数或过程的关系 …………………（47）
一　温度与压力的关系（气体状态方程）…………………（48）
二　平衡温度与平衡压力之间的关系
　　（克拉贝龙方程）………………………………………（51）
三　温度对系统过程的影响 ………………………………（54）
四　温度对化学反应速率的影响 …………………………（59）
五　温度对化学反应平衡的影响 …………………………（63）

第四节　环境温度对档案载体材料的影响 ……………………（66）
一　温度对纸张的影响 ……………………………………（66）
二　温度对岩石风化的影响 ………………………………（67）
三　温度对金属腐蚀的影响 ………………………………（68）
四　温度对陶劣化的影响 …………………………………（69）
五　温度对木材的影响 ……………………………………（70）
六　温度对骨质腐蚀的影响 ………………………………（71）
七　温度对织物老化的影响 ………………………………（71）

第五节　环境温度的控制 ………………………………………（71）
一　环境温度控制工程 ……………………………………（71）
二　环境温度控制技术 ……………………………………（76）

第五章　档案保护环境之湿度 …………………………………（78）

第一节　湿度的定义与湿空气的状态参数 ……………………（78）
一　液体的饱和蒸气压 ……………………………………（79）
二　饱和空气和未饱和空气 ………………………………（81）

三　绝对湿度和相对湿度 …………………………………………（81）
　　四　饱和湿度和饱和湿度差 ………………………………………（82）
　　五　结露和露点 ……………………………………………………（82）
第二节　环境湿度的测量 ………………………………………………（84）
　　一　湿度测量方法的分类 …………………………………………（84）
　　二　常用的湿度测量方法 …………………………………………（85）
第三节　环境湿度与其他环境参数或过程的关系 ……………………（91）
　　一　湿度与温度的关系 ……………………………………………（91）
　　二　湿度与压力的关系 ……………………………………………（94）
　　三　水分对化学反应速率的影响 …………………………………（95）
　　四　水分对化学反应平衡的影响 …………………………………（98）
　　五　作为微生物营养物质的水 ……………………………………（102）
第四节　环境湿度或水对档案载体材料的影响 ………………………（103）
　　一　水分对纸张的影响 ……………………………………………（103）
　　二　湿度对岩石的影响 ……………………………………………（104）
　　三　湿度对青铜器的影响 …………………………………………（106）
　　四　湿度对陶劣化的影响 …………………………………………（106）
　　五　水分对木材的影响 ……………………………………………（107）
第五节　档案载体材料中水分的性质 …………………………………（109）
　　一　档案载体材料中所含水分的性质 ……………………………（109）
　　二　水分与档案载体材料的结合方式 ……………………………（111）
　　三　档案材料含水量的表示方法 …………………………………（112）
第六节　档案载体材料的去湿 …………………………………………（112）
　　一　去湿的方法分类 ………………………………………………（112）
　　二　干燥处理 ………………………………………………………（113）
　　三　干燥的过程 ……………………………………………………（117）
　　四　降速阶段材料内部水分移动的机理 …………………………（118）
　　五　影响干燥速率的因素 …………………………………………（120）
第七节　环境湿度的控制 ………………………………………………（120）
　　一　环境湿度控制工程 ……………………………………………（120）
　　二　环境湿度控制技术 ……………………………………………（125）

第六章　档案保护环境之气压 ……………………………………（127）
第一节　气压概述 ………………………………………………（127）
一　气压的定义及单位 ……………………………………（127）
二　气压随高度的变化 ……………………………………（128）
三　气压随时间的变化 ……………………………………（130）
第二节　气体分子运动论与气体压强的微观本质 ……………（132）
一　气体分子运动论与理想气体压力和温度 ……………（132）
二　气体压强的"重量说"和"碰撞说"的内在联系 ………（135）
第三节　气压的测量 ……………………………………………（138）
一　马德堡半球实验 ………………………………………（138）
二　气压的测量方法 ………………………………………（139）
三　水银气压表 ……………………………………………（141）
四　空盒气压表 ……………………………………………（145）
五　气压的定时与连续变化观测 …………………………（146）
第四节　气压对档案载体材料基本性质的影响 ………………（147）
一　状态方程、压缩系数和弹性常数 ……………………（147）
二　压力对材料密度的影响 ………………………………（148）
三　压力对材料导热性的影响 ……………………………（149）
四　压力对材料界面张力的影响 …………………………（151）
第五节　压力对其他环境参数和过程的影响 …………………（153）
一　弯曲液面下的附加压力——拉普拉斯方程 …………（153）
二　毛细现象 ………………………………………………（155）
三　蒸气压与曲率的关系——开尔文方程 ………………（156）
四　气压与湿度的关系 ……………………………………（157）
五　气压与气流 ……………………………………………（158）
六　压强对固体表面吸附的影响 …………………………（159）

第七章　档案保护环境之光照 ……………………………………（165）
第一节　光的特性 ………………………………………………（165）
一　光的微粒说 ……………………………………………（165）
二　光的波动说 ……………………………………………（166）

三　光的波粒二重性 …………………………………… (167)
　　四　可见光与电磁波谱 ………………………………… (168)
第二节　光度学基本概念 ……………………………………… (171)
　　一　光度学和辐射度学 ………………………………… (171)
　　二　辐射度学基本物理量 ……………………………… (172)
　　三　光度学基本物理量 ………………………………… (175)
第三节　光的测量 ……………………………………………… (176)
　　一　辐照度的测量 ……………………………………… (177)
　　二　发光强度的测量 …………………………………… (177)
　　三　亮度测量 …………………………………………… (178)
　　四　光照度的测量 ……………………………………… (178)
第四节　光照对档案载体材料的影响 ………………………… (178)
　　一　光对档案载体材料的危害及特征 ………………… (178)
　　二　光对档案载体材料危害的原因 …………………… (179)
　　三　光与物质的相互作用 ……………………………… (180)
　　四　材料的光老化机理 ………………………………… (182)
第五节　光与其他环境参数及过程的关系 …………………… (184)
　　一　光与温度之间的关系 ……………………………… (184)
　　二　水分对光氧老化反应的催化作用 ………………… (185)
第六节　环境光照的控制 ……………………………………… (186)
　　一　采光与照明 ………………………………………… (186)
　　二　光稳定化机理和途径 ……………………………… (190)

第八章　档案保护环境之气体 …………………………………… (192)
第一节　环境气体的定义 ……………………………………… (192)
　　一　环境气体的定义 …………………………………… (192)
　　二　环境气体的组成 …………………………………… (195)
第二节　环境气体污染 ………………………………………… (197)
　　一　空气污染与空气污染物 …………………………… (197)
　　二　空气污染指数 ……………………………………… (201)
第三节　环境气体对档案载体材料的影响 …………………… (202)

一　臭氧的影响 …………………………………………… (202)
　　二　二氧化硫的影响 ……………………………………… (203)
　　三　硫化氢的影响 ………………………………………… (203)
　　四　二氧化氮的影响 ……………………………………… (204)
　　五　氯气的影响 …………………………………………… (204)
第四节　环境气体的测量 ………………………………………… (204)
　　一　气体试样的采集 ……………………………………… (204)
　　二　气体污染物的测量 …………………………………… (206)
　　三　常用分析方法 ………………………………………… (207)
第五节　气体对其他环境参数的影响 …………………………… (214)
　　一　大气温室效应 ………………………………………… (214)
　　二　酸雨 …………………………………………………… (217)
第六节　环境气体污染的控制 …………………………………… (219)
　　一　空气污染源 …………………………………………… (219)
　　二　常规空气污染物控制 ………………………………… (219)
　　三　危险空气污染物控制 ………………………………… (221)
　　四　环境空气质量标准 …………………………………… (221)
　　五　室内空气质量标准 …………………………………… (223)
　　六　档案馆室内环境的相关标准 ………………………… (225)

第九章　档案保护环境之生物环境 ……………………………… (228)
第一节　生物环境 ………………………………………………… (228)
第二节　霉腐微生物 ……………………………………………… (230)
　　一　霉腐微生物的定义 …………………………………… (230)
　　二　霉腐微生物种类 ……………………………………… (231)
　　三　霉腐微生物的细胞结构 ……………………………… (234)
　　四　霉腐微生物的特点 …………………………………… (234)
第三节　微生物对档案载体材料的影响 ………………………… (237)
　　一　霉腐微生物对有机质档案的破坏 …………………… (237)
　　二　腐蚀微生物对无机质档案的破坏 …………………… (240)
第四节　档案害虫及其对档案载体材料的危害 ………………… (241)

一　档案害虫的种类 …………………………………………（241）
　　二　档案害虫发生的原因与传播途径 …………………………（243）
　　三　档案害虫生长发育过程 ……………………………………（245）
　　四　档案害虫的危害 ……………………………………………（247）
第五节　档案库房的鼠害及防治 …………………………………（247）
　　一　鼠的分类 ……………………………………………………（248）
　　二　鼠类的特征及特性 …………………………………………（248）
　　三　常见档案库房鼠类 …………………………………………（249）
　　四　档案馆鼠类的危害 …………………………………………（252）
第六节　档案库房生物与环境 ……………………………………（254）
　　一　微生物与环境 ………………………………………………（254）
　　二　档案害虫与环境 ……………………………………………（258）
　　三　鼠类与环境 …………………………………………………（259）
第七节　生物环境的控制 …………………………………………（262）
　　一　档案馆建筑的有害生物防治要求 …………………………（262）
　　二　档案中微生物的防治 ………………………………………（263）
　　三　档案害虫的防治 ……………………………………………（266）
　　四　档案馆鼠害的防治 …………………………………………（268）

参考文献 ……………………………………………………………（271）
　　一　著作 …………………………………………………………（271）
　　二　标准与规范 …………………………………………………（277）
　　三　期刊 …………………………………………………………（278）

后记 …………………………………………………………………（280）

第 一 章

档案学基础

中国是一个历史悠久的文明古国，拥有举世无双、十分丰富而又极其珍贵的历史档案遗产。我国古代就有"结绳记事""刻木为契"的历史传说。1947年，四川大学教授毛坤为黄彝仲所著的《档案管理之理论与实际》一书所作的序中写道："周官外史掌三皇五帝之书，老子为柱下史，今日胥谓图书馆之滥觞，实则所掌皆档案也。"同年，许同莘著的《公牍学史》认为"唐虞以前已有档案（唐虞是唐尧与虞舜的并称，亦指尧与舜的时代）"[①]。

社会发展至今天，经济建设和社会生活的各个领域都离不开档案，科学研究更离不开档案，档案的价值和作用均十分突出和重要，为了当前使用和以后的研究需要，档案的保护就显得十分必要。为了研究档案保护科学，首先需要明确了解档案的具体定义及相关的知识体系。

第一节 档案的定义

关于档案的定义有许多，但是这种差异也仅体现在定义的角度和具体的描述上，在其本质属性上仍然存在着共性。

中华人民共和国档案行业标准《档案工作基本术语（DA/T 1-2000）》规定了档案（acrchives）的定义为："国家机构、社会组织和个人在社会活动中直接形成的有价值的各种历史文献。"标准还指明了档案价值（archival value），即"档案对社会的有用性。"

---

① 吴宝康：《档案学概论》，中国人民大学出版社1988年版，第1页。

1987年9月5日，第六届全国人民代表大会常务委员会第二十二次会议通过了《中华人民共和国档案法》，1996年7月5日第八届全国人民代表大会常务委员会第二十次会议通过了《关于修改〈中华人民共和国档案法〉的决定》，1996年7月5日中华人民共和国主席令第七十一号公布，自公布之日起施行。该法明确规定："本法所称的档案，是指过去和现在的国家机构、社会组织以及个人从事政治、军事、经济、科学、技术、文化、宗教等活动直接形成的对国家和社会有保存价值的各种文字、图表、声像等不同形式的历史记录。"

中华人民共和国档案行业标准《档案工作基本术语》的发行，说明了档案行业的成熟程度以及行业操作的规范性，《中华人民共和国档案法》的颁布更代表了档案管理的严肃性，体现了档案管理和利用的法制强制性。一个学科或领域，其研究的对象依据标准和法律的双重规定，则反映了该领域研究的必要性和重要性。

关于档案的定义，美国现代著名档案学者谢伦伯格在其名著《现代档案——原则与技术》中指出：

> 不同国家的档案工作者对"档案"一词下了各不相同的定义。他们中间的每一个在下定义时，所考虑的都是如何能够适用于他所处理的材料……因此，"档案"一词显然并没有一个不可更动而必须优先采用的、最终的、最完备的定义。它的定义可以在不同的国家作不同的修改，以适应不同的需要。被采纳的定义都应该提供一个基础，使档案工作者能够在这个基础上有效地应付他们为之服务的政府所产生的各种材料。凡是有损于他们的工作效力的定义，就不应该接受。……
>
> 现代档案工作者确有必要，以一种比较适合自己工作要求的方式为档案下定义。……我给档案下的定义是："任何公司机构，在履行其法定职责过程中，或者在与其本职业务过程有关的情况下所制作或收到，并且作为其职能、政策、决定、程序、行动或者其他活动之证据，或者由于其所含内容具有情报价值，而被该机构或该机构之合法继承者所保存或者指定加以保存的一切簿册、证件、地图、照片和其他记录材料，而不论其物质形式和特性如何。"应该指出，

这一定义大体上以美国政府1943年7月7日《文件处置法》（44号美国法典，366—380）的定义为依据而略有改动。还应该记住，"机构"一词，可以适用于教会、商会、学会、联合会之类的组织，甚至还可以适用于私人家庭。①

从档案的定义可以看出，档案包含了四个基本要素，即社会性、历史性、原始记录性、确定性。也就是说，凡是同时具备了这四个基本要素者，无论其存在的形态如何，形成的过程怎样，是否集中保存，均可以称之为档案。②

（1）档案的社会性。档案是人们在从事社会活动中直接形成的，其内容是对社会活动的相关信息的原始记录，因此档案是社会的产物，而不是自然的产物。在自然界自然形成的原始记录，如动植物化石、树木的年轮、陨落的星体等，尽管其原始记录作用明显，记录的内容有些还十分精确，但它们属于自然科学的研究范畴，不属于档案的范畴，盖因其研究、管理的模式都与具有社会性的档案的研究、管理截然不同。

（2）档案的历史性。档案是历史记录，说明档案是过去的活动的原始记录，是历史上已经形成的。从时间上看，档案总是历史的产物，是人类在过去社会实践中所形成的记录物或遗留物，而不是正在或尚未形成的东西，因此，正在承办中、运转中的记录就还不能称为档案，只有办理完毕的记录形式才能转化为档案。

（3）档案的原始记录性。原始记录性是档案的本质特性，是档案的根本价值所在，也是档案区别于其他事物尤其是相邻事物的独一无二的本质规定性。如文学艺术作品、图书和报刊都不是档案，但其文稿、书稿以及发排稿却可以归类到档案，因为文稿、书稿和发排稿等都是直接形成于社会实践活动之中，具有最原始、最可靠、最真实的特点，它们记录了文学作品、图书和报刊等的内容以及形成过程的历史事实，并可将其流传于后人、后世，让历史明确无误地告知现在和未来。

---

① ［美］T.R.谢伦伯格：《现代档案——原则与技术》，黄坤坊译，档案出版社1983年版，第21页。

② 张辑哲：《维系之道：档案与档案管理》，中国档案出版社1995年版，第8页。

（4）档案的确定性。档案是记录信息与实存形体的统一体，档案的信息内容和存在的形体均是确定不变的，所以档案的确定性来自其信息内容和实存形体两个方面。一方面，档案的信息内容必须是清晰和确定的，也就是说，档案的内容必须是清清楚楚、明明白白的，必须是可以直读的。如一件具有纹饰的古陶瓷就可以作为档案，而一件无任何文字或图案修饰、只具有器形的陶器，就只能作为文物了。另一方面，档案必须具有确定的实存形体以及档案信息的载体存在，所以一些民间传诵的诗歌、传说等，也就不能成为档案了。①

关于档案信息是否必须有确定的载体存在，也存在争议。② 许多学者就提出口述档案的概念，当然口述档案的概念很不确定，称谓也多种多样，例如，口述档案、口头语档案、口头活档案、口述历史、口头传说、口述文献、口述资料、口头证据、民间故事等。但是，口述档案基本属于口述史已经形成一种共识，即口述史反映的不仅与人民生活的叙事诗文有关，而且还与对近期社会现象的调查有关。口述史是一个或多个民族过去的口头证据，这些口头证据已经流传了很长一段时间。口头史的调查结果和口头传说汇集组成了口头档案。③

各种文字、图表、声像等不同形式的历史记录，只要对国家和社会有保存价值的，都有资格转化为档案。但是，这些零散的历史记录还不是严格意义、科学意义上的档案。当然，关于这一点的认识，也有分歧。例如，《法兰西共和国档案法》（1979 年公布）："任何自然人或法人，任何国家机关或组织，任何私人机构或部门，在自身活动中产生或收到的文件整体，不管其形成日期、形式和制成材料，都是档案。"④ 美国档案学者谢伦伯格则认为：档案是"经鉴定值得永久保存的供查考和研究之用，业已藏入或者选出准备藏入某一档案机构的任何公私机构的文件。"⑤

---

① 冯惠玲、张辑哲：《档案学概论》，中国人民大学出版社 2006 年版，第 6 页。
② 陈子丹：《口述档案及其相关概念辨析》，《云南档案》2012 年第 7 期。
③ 韩玉梅：《外国档案管理》，档案出版社 1994 年版，第 82 页。
④ 中国档案学会对外联络部《档案学通讯》编辑部：《外国档案法规选编》，档案出版社 1983 年版，第 136 页。
⑤ 刘淑红：《浅析档案的定义及档案的特性》，《中国地名》2012 年第 3 期。

第二节　档案的分类

　　虽然对于档案的认识存在些许差异，但对档案进行归档，却是档案研究、利用和管理的必要步骤。并且，通常所说的档案，一般是指通过归档管理，按照一定的形式集中起来保存的历史记录。因此在归档管理时，就有必要按照一定的标准对其进行分类。分类是指以事物的某种属性作为划分的依据，把各种事物集合归类的过程。分类作为一种认识事物的方法，在学术研究上有着广泛的应用。

　　准确地划分档案的种类，便于人们从多角度去认识档案事物，便于掌握各种档案的特点以及形成规律，也便于各种档案的管理与利用。由于档案是一种十分复杂的事物，存在于社会的不同领域，从不同的角度反映了人们的社会实践活动，仅按照一种划分标准显然是不够的，必须根据某些方面的异同点进行分门别类，从多种角度逐层次地加以划分，每一相同层次根据一个标准划分，每一种划分都有各自的功能，可以揭示、反映档案某一方面的属性或特征，解决某一方面的问题。因此，对于档案的整理研究，应该进行科学有序的分类，划分时，可以按照档案的内容、历史时期、形成者、载体形态等依据进行划分。

　　按照档案信息内容的性质，大体可以把档案分为普通档案、科技档案和各种的专门档案三大类。其中，普通档案是反映党务、行政管理等活动的文书档案，是人类自我管理活动的原始记录；科技档案是人类进行科学研究、物质生产、基本建设等活动的记录，如科研档案、基建档案、设备档案、产品档案、地质档案、观测档案、测绘档案等；专门档案是为实现特定职能目标而从事的某些专业性活动的记录，反映专业领域活动的档案，如会计档案、人事档案、教学档案、公安档案、诉讼档案、税务档案、婚则档案、社保档案、病历档案等。这种分类方法虽然单从逻辑上看有其不够严密之处，但因其较好的理论涵盖与把握功能，仍然被当今中国档案界普遍使用。

　　档案的形成与历史进程、历史事实有密切的关系，所以选择以历史时期为档案的类型划分标准具有理论和实践意义。按照档案形成的时间远近，可以将档案分为历史档案与当代档案两部分。通常所说的历史档案，习惯上是指 1949 年 10 月中华人民共和国成立以前的档案。根据有关规定，将分期分批向社会开放形成时间已满 30 年的档案（除未解密或需要控制使用的以外）。因此，也可以把 30 年前形成的档案都称作历史档案。①

近年，随着认识的提高，理论界对档案的分类不仅从时间的早晚，还从档案的作用角度将档案分为历史档案和现行档案两类。历史档案是指形成时间较早，离现在较久远，且主要发挥历史作用的档案；现行档案是指形成时间较晚，离现在时间距离较近，且主要起现时性查考作用，亦即对人们的现实工作、生活依然有具体的实际作用的档案。历史档案和现行档案之间虽然没有清晰、严格的界限，但是其理论认识意义却是十分深刻的。这种划分的理论认识意义主要表现在，档案不仅具有现实作用，而且还有精神、文化意识和历史作用；不仅对实际工作、生活有具体的查考作用，还可以助推科学研究，增进历史探究，增长知识，丰富人的精神生活，陶冶文化情操等。因此，这种划分的实际意义表现在：便于历史档案与现行档案的管理与利用，在档案管理中，不仅要考虑档案对于当前引起的现时性查考作用，更要考虑到档案对现在和未来的历史文化传承作用。② 而且档案的这两种不同性质的作用随着时间的推移会渐渐发生变化，即档案形成后，开始以现实作用为主，后来渐次变化为以精神、意识和历史文化作用为主。所以，现行档案主要发挥现实作用，满足人们的现实查考需要，历史档案则主要发挥精神、文化意识和历史作用，满足人们科研或精神文化的需要。③

此外，常见的档案分类方法还有：（1）按档案的形成者划分，档案可分为机关档案、事业单位档案、企业档案、军队档案、社会团体档案、农村档案、个人档案等；（2）按档案的载体形式划分，档案可分为甲骨档案、金石档案、简牍档案、缣帛档案、泥陶档案、羊皮档案、纸质档案、机读档案、缩微档案、声像档案、电子档案等；（3）按档案内容所反映的社会实践活动的性质划分，档案可分为政治档案、军事档案、经

---

① 黄存勋、刘文杰、雷荣广：《档案文献学》，四川大学出版社 1988 年版，第 2 页。
② 朱玉媛：《档案学基础》，武汉大学出版社 2008 年版，第 26 页。
③ 冯惠玲、张辑哲：《档案学概论》，中国人民大学出版社 2006 年第 2 版，第 16 页。

济档案、科技档案、文化档案、宗教档案等。①

第三节 档案与文物

　　档案在现实社会中不仅实存形态广泛多样,而且与诸多事物有着较为复杂的关系,使人们往往难分彼此,甚至将其混为一谈。现实中与档案关系较近且不易分清的事物有信息、文献、文书或文件、图书、资料、文物等。其中文物是与档案(尤其是历史档案)在内涵上最为接近的概念和事物。

　　2002年10月28日,第九届全国人民代表大会常务委员会第三十次会议上通过的《中华人民共和国文物保护法》(简称《文物保护法》,根据2015年4月24日第十二届全国人民代表大会常务委员会第十四次会议《全国人民代表大会常务委员会关于修改〈中华人民共和国文物保护法〉的决定》第四次修正)对受国家保护的文物范围有明确的界定。《文物保护法》"第一章总则"的第二条规定②:

　　　　在中华人民共和国境内,下列文物受国家保护:
　　　　(一)具有历史、艺术、科学价值的古文化遗址、古墓葬、古建筑、石窟寺和石刻、壁画;
　　　　(二)与重大历史事件、革命运动或者著名人物有关的以及具有重要纪念意义、教育意义或者史料价值的近代现代重要史迹、实物、代表性建筑;
　　　　(三)历史上各时代珍贵的艺术品、工艺美术品;
　　　　(四)历史上各时代重要的文献资料以及具有历史、艺术、科学价值的手稿和图书资料等;
　　　　(五)反映历史上各时代、各民族社会制度、社会生产、社会生

---

　　① 柯友良、黎启业、张娟娟等:《高等学校档案管理基础》,广东高等教育出版社2014年版,第2页。
　　② 全国人民代表大会:《中华人民共和国文物保护法》,中国民主法制出版社2002年版,第2页。

活的代表性实物。

这就是说，凡是具有历史价值、艺术价值、科学技术价值的一切过去的文化遗存都属于文物的范畴，亦即文物首先是一个实形物体，而这一物体是由特定历史时期的人们所生产创造的，因此，这一物体必然蕴含着当时的社会政治、经济等各方面的信息。如果是天然物体，则必须是能够反映当时社会时代烙印的物体才能算作文物。这些物体必须同时具有历史、艺术、科技价值或至少具备其中一个价值。

过去对文物时间的概念，尚存在必须是古代的认识，但是随着对文物属性的认识的提高，人们意识到只要是符合文物价值的三个属性的一切过去的事物都可以称为文物，这里的过去可以认为是"相对于今天的昨天"。例如，陈景润的"哥德巴赫猜想"简要论文手稿，尽管其仅仅诞生于1966年，但由于其重要的历史和科学价值，也毫无争议地被作为一件珍贵的文物于1998年被中国革命博物馆（现中国国家博物馆）收藏。对文物时间认识的改变也使得文物与档案，特别是历史档案，更加趋于相似。

比较档案和文物的定义可以看出，文物和档案起码在三个方面是一致的，即：（1）都具有一定的价值；（2）都蕴含着许多方面的信息；（3）都有一个实形物体。例如，《文物保护法》"第一章总则"的第二条之（四）规定的文物就可以完全归为档案的范畴，其他类中也有较多的可以同样划分。可见，从逻辑上讲，档案与文物在内涵上有部分交叉和重合。档案，尤其是重要的档案，因其既有原始记录作用，又有突出的历史作用，可看作文物。而许多负载了原始记录信息的文物，亦同样可以称为档案，或者是历史档案。

档案与文物作为相邻事物，从理论上认真分析，其区别是明显的，二者的根本区别就是它们的内容信息是否清晰与确定，亦即其蕴含的信息内容是否能够清楚直读、解析确定。所以，古代带有铭文的青铜器物，就可以认为既是文物，又是档案，而一件纯粹的青铜兵器，就只能是文物，而非档案了。另外，对于"具有历史、艺术、科学价值的古文化遗址、古墓葬、古建筑、石窟寺和石刻"，如龙门石窟的洞窟中有很多佛龛造像都保留有造像题记，记录了当时造像者的姓名、造像年月及缘由，这些都是研究北魏书法和雕刻艺术的珍贵资料。这在中国众多石窟群中是独有的特点，而且碑刻数量众多，现今仍保留2800余方，但是由于它们体积庞大，无法收藏，也就无法满足档案的可保存性这一成为档案的必要条件。

但是，这一点事实上也存在争议，华林先生就将记载历史事件的《云南弥勒彝族纪义汉文岩刻》、题记诗文词律的《云南白沙岩脚纳西木氏土司诗文碑摩崖》，以及云南禄劝县明正统年间的《镌字岩彝文石刻》等摩崖石刻归类到历史档案中。[①] 特别是在西南地区，除文字历史石刻外，还遗存有丰富的少数民族图画石刻历史档案，如云南省文山州麻栗坡县城东面羊角老山南端的石壁上的大王岩画，生动地表现了少数民族先民原始崇拜的内容。如果将这些都自历史档案中剔除，无疑是档案研究的一大遗憾和损失。

谈及档案与文物的关系，实物档案的概念不得不提及，霍振礼先生在《实物档案的崛起与档案定义的表述》一文中指出：由于实物档案具有客观、真实、直观、形象和原始性强等特点，在档案家族中，以及现实的档案管理、利用中，实物档案的出现是必然的。例如某些矿物标本，反映了一种地质状况的客观实际，没有丝毫的人为主观成分，也没有任何仪器设备带来的测量误差，所以完全可以作为一种实物档案加以保管，这样不仅有利于当下对它的利用、查阅，还可以在科学进步、人类认识水平提高和仪器设备发展的情况下，让人们更准确地认识它。再如，某些企业的产品实物，都是企业发展和产品进化的原始记录，所以完全可以确认它也是一种信息载体。实物档案可以归纳为两类，一类是人类实践活动中取得的有价值的自然物，如地质岩心档案、昆虫标本档案等，它们实际上都是一种样品，真正的价值是它传递同类事物的有关信息以及人类认识自然、改造自然的信息，而不是它本身；另一类是人们实践活动所创造的实物成果，例如火花档案以及搪瓷、服装、雕塑或小型样机档案等，这些实物所含的信息内容，除表示它本身和同类事物外，主要表现了创造者的技术水平和成就，反映了人类创造性的活动和成果。

---

① 华林、谭莉莉：《西南少数民族石刻历史档案保护技术研究》，《广西民族研究》2005年第3期。

霍振礼先生在该文中还提到了实物档案除具有一般档案的作用外，还具有一些特殊作用。第一，它的形象性、直观性，便于人们直接感受，这和其他信息载体相比，对人们的作用是不同的。第二，它的原始性、客观性，在许多情况下必须拿实物档案进行验证。第三，现在的实物档案，就是将来的文物。人类发展到现在，再不能靠不幸事件（沉船、淹没）"创造"自己的文物了，有意识地"创造"文物的时代应该到了。①

按照实物档案这一概念，将类似摩崖石刻之类的文物亦归到历史档案的范畴，也就确无不妥之处。当然对待实物档案的说法，也存在否定、肯定和中立三种态度，至今人们仍未达成共识。但是，无论实物档案的概念是否正确和科学，它对于档案学科的基础理论建设和档案的收集、整理工作均有重要意义，这一点已成为大多数人的共识。现实工作中关于实物档案的提法虽没有被人们完全认同，却也已被许多人默许了。② 国家档案局局长杨冬权在 2014 年全国档案局长馆长会议上总结 2013 年度全国档案工作会议时，也提到了"南京与青奥组委会共同开展实物档案征集工作"。虽然目前尚未有一个统一规范的实物档案整理标准，但是也出现了一些地方或单位的实物档案的管理办法，如 2006 年 7 月 30 日起施行的《南京市实物档案管理办法》，发布于 2008 年 6 月 3 日的《上海理工大学实物档案管理办法》等，这说明加强实物档案的管理和研究已经越来越被认可。

档案与文物作为相邻事物，尽管从理论上认真分析，其区别是明显的，但是长期以来，在档案与文物的概念和保管范围上也的确存在着某些交错或混淆不清的事实。有些档案或文物具有双重甚至多重性质，因而在收藏范围上，档案馆与博物馆存在着某些交叉。对于一些既有文物又有档案性质的事物，由于没有法律上的明确规定，文物和档案部门一直没有在其收集和保管问题上取得一致的认识，因而影响了这部分资料的作用的发挥。《文物保护法》已先于《档案法》将一些藏品定为文物，《档案法》第十二条实事求是地对此做出了明确规定："博物馆、图书馆、

---

① 霍振礼：《实物档案的崛起与档案定义的表述——兼与李恕德、陈永斌同志商榷》，《档案学通讯》1993 年第 5 期。

② 马波粉：《浅析"实物档案"说》，《云南档案》2008 年第 1 期。

纪念馆等单位保持的文物、图书资料同时是档案的，可以……政法规的规定，由上述单位自行管理。档案馆与上述单位应……利用方面互相协作。"同样，某些具有文物性质的档案也要比……护法》的某些条款受到相应的规范，例如，《文物保护法》规……民所有的文物藏品出卖；私人收藏的文物严禁倒卖牟利，严……外国人；文物的出口、出境要申报、审批，海关凭一定手续验……此，《档案法》及其他档案法规都做了相似的规定。

　　档案法规与文物法有关条款的规定相互协调，确立了档案馆……馆等部门承认现状、相互协作的关系，有利于发展国家的文化事业……《档案法实施办法》第十三条中进一步对此进行了协调，指出"对于即……文物、图书资料，又是档案的，各级各类档案馆可以与博物馆、图书……纪念馆等单位相互交换重复件、复印件或者目录，联合举办展览，共同……编辑出版有关史料或者进行史料研究"。这一条不但协调了档案部门与其他部门的合作关系，同时也为档案馆的编研工作扩大了资料的来源。[①] 还有相当重要的一点就是，档案学的研究可以和文物学的研究互相借鉴，共促发展。

　　因此，正如谢伦伯格在《现代档案——原则与技术》中谈到档案定义时所说："档案一词显然并没有一个不可更动而必须优先采用的、最终的、最完备的定义。它的定义可以在不同的国家作不同的修改，以适应不同的需要。"任何一门学科要想成为完善的独立学科，一方面，必须拥有准确、完整、规范的概念体系；另一方面，又必须要充分汲取相近学科的合理成分与营养，二者缺一不可。

第四节　档案与文献

　　文献是另一类与档案有着非常密切关系的事物。2009 年 9 月 30 日发布、2010 年 2 月 1 日开始实施的中华人民共和国国家标准《文献著录·第 1 部分：总则》（GB/T 3792.1—2009）关于"文献"的定义是："文献（document）：记录有知识的一切载体。"在这一定义中，强调了"文

---

① 丁永奎：《档案学概述》，中国档案出版社 1995 年版，第 136 页。

...本属性：其一，文献的核心是知识；其二，文献赖以存在...是一切载体，这样，除了传统的书、刊等出版物外，凡载有...、金石、简帛、拓本、图谱乃至缩微胶片、视盘、声像资料...文献的范畴。这个定义既强调了文献的形式可以是一切载体，...了"知识"是文献的核心内容。

...09年9月30日发布、2010年2月1日开始实施的中华人民共和...准《信息与文献·术语》中也提到了文献的定义，它这样定义：...工作是为了存储、分类、检索、利用或传递，而对记录信息所进行...续和系统的汇编和处理。在文献工作中作为一个单位处理的记录信...实物对象。"在该标准中亦同时注明"文献在档案中也称文件"。

从关于文献与档案的定义中可以看出：文献经过了连续和系统的汇编和处理，所以文献的内容一般较系统和完整，而档案作为国家机构、社会组织以及个人从各类活动直接形成的历史记录则必然包括了大量的零星记录在内，如测试记录、签名等，这是文献与档案形式上的差别。这种形式上的差别直接造成了二者本质内涵的区别，即档案注重原始性，是社会实践活动的原始记录，是第一手的原始信息；文献则不一定是原始记录，非原始的信息记录也可以成为文献。

第五节　档案的载体材料

由于制作档案的材质或质地不同，所用材料多种多样，其要求存放环境也不同，所采取的保护处理方式以及修复保护材料、工艺也不相同，所以对档案按载体的形态即材质或质地分类优越性很大，这样就可以将相同材质的档案归类到一起，便于研究其近似的风化、破坏、腐蚀的机理和原因，并有针对性地选择保护措施、手段及有效的保护材料，达到长期保管和有效保护的目的。当今我国博物馆的文物藏品，也大都采用按质地分类，即按制成器物的材料进行归类，西方博物馆也大多采用这种方法对文物藏品进行分类，这样对于档案的保护就可以借鉴文物这一历史档案的相邻事物的相关保护技术，进行合理的利用与开发、改善。

作为当代档案，其载体材料一般是纸张以及含颜料、染料、填充料和连接料的书写材料，此外电子档案大量采用了类似磁带、磁盘、光盘

等磁记录材料。但是,作为历史档案,由于其形成
点决定了其载体材料的多样性。

在纸质档案出现以前,自从进入历史文明时
日新月异,档案内容日益丰富,档案文献浩瀚
也不断地发生变化,先后出现了甲骨档案、
档案等。

在少数民族地区,因为书写材料的
多样的,例如,杨中一先生在《中国少
出,除了普遍使用的纸质档案外,反
形态有①:

(1) 石刻碑碣:记载少数民族
习俗、农田水利、地界、盟约、

(2) 青铜、铁券:在青铜
法律、诰封、功勋、宗教
的实物或拓本。

(3) 竹、木简
会生活的实物材料

(4) 骨叶质
傣族以贝叶作书写

(5) 牛、羊皮

(6) 麻、棉、
少数民族社会生活

(7)
材料

少数民族历史档案出发,按照历史档案的载体质 档案进行分类。该书从西南少数民族历史档案的 石质、金属质、陶质、木质、骨质等西南少数民 性及其损毁规律,并继而探讨了其修复保护的 地区少数民族的历史档案,但在应用上仍具 成材料角度对历史档案进行分类,应首先 然后再进行更细的分类,即无机材料 (金、银、铜、铁、锡等);(2)石质 器、瓷器、玻璃、珐琅器等)。

质历史档案;(2)竹木器历史档案; 档案;(5)皮革类历史档案。①

第 二 章

档案保护学导引

档案具有其他事物不可替代的独特的、重要的、广泛的社会作用，所以各个国家、各类社会组织和个人都会保存档案，并传给后人。随着社会进步和人们认识的发展，档案的作用还在不断得以发掘，所以出于当前对档案的有效利用以及将来对档案的长久利用，必须对档案自觉有效地进行保护。从档案的产生形成、整理和管理、利用和研究等过程可以看出，档案自产生就伴随着档案的保护。档案的价值通过档案承载的信息体现，档案的信息又必然需要依附在档案的存在载体之上，如果档案载体的物质材料不存在了，档案自然也就不复存在，可以说档案保护是档案研究和利用的基础。

第一节 档案的保管与保护

保管与保护，字面上，一字之差，意思相近，但其含义仍有部分不同之处。《辞海》上讲："保管"是指保藏和管理；"保护"是指尽力照顾使不受伤害。

就档案而言，档案工作是指档案馆（室）直接对档案实体和档案信息进行管理并提供利用服务的各项业务工作的总称，又称为"档案管理"。档案管理包括：档案收集、档案整理、档案价值鉴定、档案保管、档案编目和检索、档案统计、档案编辑和研究、档案提供利用。这8项工作的划分只是相对稳定而不是绝对的，也有分为6个环节的，还有分为基础工作和利用工作两大部分的。由于现代档案管理工作已成为复杂的系统，故也有按多层次进行划分的方法。其第一层次分档案实体管理和档案信息开发两个子系统，各子系统又下分若干层次小系统。档案实体管理分收集、整理、鉴定、保管、统计等工作环节；档案信息开发又分信息加工和信息输出两部分，信息加工由编制目录、编辑文献汇编和编写参考资料构成，信息输出由提供阅览、复制、咨询、函调、外借以及出版、展览等多项服务活动构成。档案管理的最终目的是提供档案信息为社会实践服务，档案工作中每项工作都必不可少，它们组成一个有机整体，为实现档案管理系统整体功能而发挥各自的作用，同时也相互关联、相互制约。①

所以说，档案保管是整个档案管理业务的一个环节，但它又是一个相对独立的工作活动。《中华人民共和国档案法》（1987年9月5日第六届全国人民代表大会常务委员会第二十二次会议通过，根据1996年7月5日第八届全国人民代表大会常务委员会第二十次会议《关于修改〈中华人民共和国档案法〉的决定》修正）第二章"档案机构及其职责"之第七条规定："机关、团体、企业事业单位和其他组织的档案机构或者档案工作人员，负责保管本单位的档案，并对所属机构的档案工作实行监督和指导。"第八条规定："中央和县级以上地方各级各类档案馆，是集中管理档案的文化事业机构，负责接收、收集、整理、保管和提供利用各分管范围内的档案。"这里所说的保管，是泛指档案的日常管理工作。而作为科学管理档案的一项具体业务，档案保管是指根据档案的制成材料和保存状况，使用一定的设备和装具，采取适当的存放方法和安全防护措施，妥善地保存档案，延长档案的寿命，以便档案信息的长远利用。②

档案保管主要包含三方面的内容：（1）档案的库房管理，即对库房内档案科学管理的日常工作；（2）档案流动过程中的保护，即档案在流动过程各个管理环节中一般的安全保护；（3）保护档案的专门措施，即为延长档案的寿命而采取的诸如复制和修补等各种专门的技术处理。③ 可

---

① 中国大百科全书总编辑委员会：《中国大百科全书·图书馆学·情报学·档案学》，中国大百科全书出版社2002年版，第55页。
② 吴广平、向阳：《档案工作实务》，北京大学出版社2013年版，第197页。
③ 王显静：《水电水利工程项目档案答疑解难》，中国电力出版社2014年版，第239页。

以看出，后两项任务已经明显具有档案保护的内涵，但它仍然属于档案管理的范畴。

《中华人民共和国档案法》第一章"总则"之第三条规定："一切国家、武装力量、政党、社会团体、企业事业单位和公民都有保护档案的义务。"这里所指档案的保护与上述档案保管范畴的保护，其意义有所不同，前者注重的是技术，后者注重的是态度和认识理念。尽管如此，从档案法的描述中还是可以体会出，档案的保管和保护既有共性，又有不同。

档案的保护，是保管工作内容之一，是保护档案的专门措施，是为了延长档案的寿命而采取的诸如复制和修补等各种专门技术处理的一项工作。所以档案保护工作的内容包括：（1）采取一定的技术措施防止或减缓自然环境中各种有害因素对档案的破坏，即改善档案的保管条件，这属于档案保护的"防"的工作；（2）对于已经损坏或存在不利于永久保存因素的档案进行处理，尽可能地恢复其本来面目，改善其耐久性，提高有效利用的长期性，即档案的修复，这属于档案保护的"治"的内容。

《中华人民共和国档案法》第一章"总则"之第一条规定："为了加强对档案的管理和收集、整理工作，有效地保护和利用档案，为社会主义现代化建设服务，制定本法。"这说明，为了更好地利用档案，必须基于档案的管理、收集和整理，这些实际就是档案的日常管理工作，或者说是档案的保管。为了达到这一目的，必须对档案进行有效的保护。也就是说，如果档案的保管是目的，那么档案的保护就是达到这一目的的手段或有效途径。

档案作为各种社会实践活动的历史记录，需要内容系统、载体完好地保存下来，但是社会和自然的许多因素都可能使档案材料受到危害甚至遭受损毁。档案寿命长短依赖档案载体的完备，物质运动规律决定了档案实体不可能永久保存下去，档案都有消亡的一天，但档案存在寿命的长短与档案所处的环境直接相关。如果档案保存环境得当，保管方法科学，档案寿命就会大大延长，就能够发挥更加长远的作用，产生更大的社会效益和经济效益。一旦保管方法不当，恶劣的存放环境就会加速档案的损毁，档案的寿命就会缩短，以致造成不可估量的损失。

尤其是日前人类生存的环境日益恶化，危害档案寿命的因素也空前增多，如空气中的各种有害气体和尘埃、微生物、虫害等，令人防不胜防。这些都对档案保存环境工作提出了严格的要求。如果不能加速档案保管工作的研究，采取更加有效的应对措施，则档案所处的环境堪忧。

对于档案保管的研究，与档案保管的三项任务相对应，第一项可以看作是管理学方面的研究内容，后两项属于技术学的研究范畴，它的内容与档案保护的研究内容基本是交叉或者重合的。因此如果从技术角度考虑，后者的研究一般称为"档案保护技术"，针对档案的保存环境进行研究，与之对应也应该称为"档案保护环境学"，此概念较"档案保管环境学"也更合适。

第二节　档案及其保护（管）历史

档案的保护技术是随着档案的产生而出现，随着档案管理水平的提高而发展的。在我国，有据可查的最早的"档案馆"是 1936 年 6 月 12 日在安阳小屯发现的，我国考古学的开拓者之一李济先生在他的著作《安阳》中特别地以对这一发现的报道作为该部分学术报道的结束，他提到：

> 用这一报道来结束这一章，我想是可以理解的。……它把这一建立在理性推理和田野经验积累之上的事业推向了顶峰。H127 的发现不是侥幸之事，而是有系统的科学工作积累的结果。
>
> 从单纯考古观点来看，H127 档案库的发现仅是我已简要叙述过的多次安阳发掘中获得的许多令人惊异的成就之一。实际上，最后三次发掘积累的大量田野记录，以及任何科学标准都能给予最高评价的重要发现和田野资料，为至今了解安阳文化的真实性质提供了基本材料。H127 明显居于整个发掘过程的最高点，它好像给我们一种远远超过其他的精神满足。所以，不仅从单纯科学的观点来看，而且带着对我们欢欣鼓舞情形的回忆，我认为这是结束这章关于最后三次田野发掘的最合适主题。[①]

---

① 李济：《安阳》，上海人民出版社 2007 年版，第 95 页。

文中的"H127"就是一般公认的中华人民共和国成立前中央研究院主办的安阳前后十五次发掘中的最高成就和最伟大的业绩，被称作"地下档案库"的 H127，该坑共出土有字甲骨 17096 片。从上述文字中可以看出，即使过去了 40 年（《安阳》成书于 1977 年），李济先生还是掩饰不住自己内心的欢欣和惊异。

在《安阳》一书中，李济先生还转引了当时发掘领导人石璋如先生的一段话："H127 的口径约 1 公尺 8 寸，深距地面约 6 公尺。窖内的堆积上层为灰土，下层绿灰土，中间是一层堆积灰土与龟甲……所占的空间高约 1.60 公尺。还发现一个人骨架伴着这些古代档案……"从中可以看出，远在商代，档案已经开始被集中保管了。

在商代专门设置"史"这一官位，如在甲骨文中有"在北史其获羌"的文字，这里"史"与后世的"使"近似。后来商王在其左右设置史官、掌管祭祀和记事等。周时沿置，在王国及诸侯国均有之，如西周时有太史、内史等，春秋时更有称外史、左史、南史的。《尚书·金縢》："史乃册祝"，可见史掌著作、简册及祀神之事，或称"作册"。《礼记·玉藻》："动则左史书之，言则右史书之。"可见史又分左、右，分掌记事、记言之职。另外，"史"不但是古代的官名，还是古代官佐之称，官佐是指古代官员的副职或助理人员。如《诗·小雅·宾之初筵》："或佐之史。"《周礼·天官冢宰》记宰夫："掌治朝之法。以正王及三公、六卿、大夫、群吏之位，掌其禁令。……辨其八职：一曰正，掌官法以治要。二曰师，掌官成以治凡。三曰司，掌官法以治目。四曰旅，掌官常以治数。五曰府，掌官契以治藏。六曰史，掌官书以赞治。七曰胥，掌官叙以治叙。八曰徒，掌官令以征令。"郑玄注："赞治，若今起文书草也。"①

如果商代设置的"史"官，其职能还是记事的话，那么在周代已经出现了专门主管文书档案的官员，即"柱下史"②。《史记·张丞相列传》云："苍（张苍），秦时为御史，主柱下方书。"意思是说张苍是主掌藏书的御史，其实御史本职即是宫内主文书档案之官，与唐宋以后的御史意义完全不同。又《史记·老子列传》云："老子者，楚苦县厉乡曲仁里人

---

① 俞鹿年：《历代官制概略》，黑龙江人民出版社 1978 年版，第 408 页。
② 潘瑞新：《中国秘书词典》，海天出版社 1988 年版，第 6 页。

也，姓李氏，名耳，字聃，周守藏室之史也。"唐代司马贞撰写的《史记索隐》云："周秦皆有柱下史，谓御史也。所掌及侍立恒在殿柱之下，故老聃为周柱下史。今苍在秦代亦居斯职。……方为四方文书也。"① 谓老子为柱下史，即藏书之柱下，因以为官名。后世有称翰林官为柱史者，亦有称御史为柱史者。其实若与后世之官相比附，唯隋唐的秘书监较为相近。

而御史作为中国古代官制中的官名，其内涵随时间亦历经变化。战国时御史本作为国君的侍从史官，《史记·廉颇蔺相如列传》记秦、赵两君渑池之会曰："赵王鼓瑟。秦御史前书……秦王不怿，为一击缻。相如顾召赵御史书……"《史记·滑稽列传》中亦云："赐酒大王之前，执法在傍，御史在后……"自秦始御史作监察之官，一直延续到清朝。《汉书·百官公卿表》："监御史，秦官，掌监郡，汉省。"秦以后置御史大夫，职位仅次于丞相，主管弹劾、纠察官员过失诸事。御史大夫，从一品，负责监察朝廷、诸侯官吏的失职和不法行为，同时也负责保管朝廷的档案文件。御史大夫在御史台办公，由御史中丞（从二品）协助工作，下辖司法御史，掌管司法案件。《汉书·百官公卿表》："御史大夫，秦官。位上卿，银印青绶，掌副丞相。有两丞，秩千石。一曰中丞，在殿中兰台，掌图籍秘书……"

《汉书·百官公卿表》中的"兰台"是汉代设置的官署名，作为中央档案、典籍库，用以收藏地图、户籍等档案及图书，隶属于御史台，由御史中丞一员兼领，设置兰台令史，史官在此负责典校、修史等。后人从此引申，宫廷内的典籍收藏府库、御史台和史官，都曾被称为兰台。唐朝时，秘书省在唐高宗龙朔年间改称兰台，光宅年间改称麟台，唐中宗神龙年间又改回秘书省。唐朝白居易《秘书省中忆旧山》诗："厌从薄宦校青简，悔别故山思白云。犹喜兰台非傲吏，归时应免动移文。"

中国档案事业源远流长，波澜壮阔的历史长河里，历史的沿革，造成了档案从业人员及档案馆室曾有许多种别称或美称。这其中，以兰台最为普及。兰台史从汉代开始设置，由于当时时尚的推崇，以及兰台司

---

① 臧云浦、朱崇业、王云度：《历代官制、兵制、科举制表释》，江苏古籍出版社1987年版，第256页。

职者的苦心经营，名人名著辈出，可谓盛况空前。著名历史学家班固、傅毅、李尤等都曾担任此职，先贤的楷模风范，历来是人们追慕、学习的典范，为纪念成就卓著的业界前辈，档案工作者就自称为"兰台人"了。

另外，在历史发展的过程中，与档案有关的官署还包括秘书省与翰林院等。秘书省，是专门掌管修撰国史及管理国家藏书的官署。东汉桓帝时置秘书监一员，典司图籍，属太常。曹操掌权时，置秘书令，典尚书奏事。曹丕时改令为监。西晋惠帝时置秘书监，南朝梁时改称秘书省，其主官为秘书监。唐代曾改称兰台及麟台。明以后其职务并入翰林院。翰林院是唐代开始设置的一个官署，唐玄宗初由翰林待诏起草、批答文书，后又将制书诏敕由翰林供奉与集贤学士分掌。晚唐以后，翰林学士院演变成了专门起草机密诏制的重要机构。明以后被内阁等代替，成为养才储望之所，负责修书撰史，起草诏书，为皇室成员侍读，担任科举考官等。清袭明制，设翰林院，负责国史编修及记帝王起居注，进讲经史，并草拟与典礼有关的文件。"掌制诰、文史，以备天子顾问。凡陈书讲幄，人承僾直，出奉皇华。职司纂重也。"[①]

在档案的发展过程中，不但档案从业人员的官职发生了一系列的变化，档案的具体存放或保存的地点也随着历史的演进产生了系列的更迭（见表2-1），我国历代存储档案的机构主要有天府、石渠阁、兰台等。

表2-1　　　　　中国古代档案存储机构的演变简表

朝代	档案存储机构	存储档案类别
周	天府	图版、盟约、谱牒、诰、誓、政典、记注等档案
西汉	石渠阁	档案典籍、图书
西汉	兰台	档案典籍，主要包括舆图、律令、章奏等各项重要档案文件和其他典籍
东汉	东观	档案典籍，诏书、奏章等重要档案
唐	史馆	档案文献
唐	甲库	甲历档案

---

① 陶喜圣、沈任远：《明清政治制度》，台湾商务印书馆1967年版，第74页。

续表

朝代	档案存储机构	存储档案类别
宋、金、元、明	架阁库	
明、清	皇史宬	皇家档案库房，皇族的玉牒、历代皇帝的实录、圣训

　　天府，西周时期宗庙名称，也是储存档案的库房。① 西周时期国家机关庞大，档案种类明显增多。王朝中央保存的档案主要有图版（地图与户籍）、盟约、谱牒（王室世系记录和贵族族谱与家谱），史官保管的有诰、誓、政典、记注等档案。上述档案大多有副本多份，正本存于天府，藏于"金縢之匮"，副本则分存于太史、内史、司会及六官等处。据《周礼·春官》载，当时"功书藏于天府"，"纪邦之大盟约、莅其盟书而登天府"，"乡老及大夫群史献贤能之书于王，王再拜受之登于天府"②。

　　因此，天府是收藏珍贵档案的管理机构，这也是我国历史上有确切史料记载的最早的中央政府正规档案管理机构。有关天府的记载始见于《大戴礼记·少闲》篇。西周宗法制度逐渐完备，宗庙设置与收藏更趋完善，于"春官"下设"天府"，"掌祖庙之守藏与其禁令"。天府属"九府"之一，地位颇高，不同于一般的档案库房，负责保管天府档案的史官称"守藏史"。这时一些极机密、极重要的珍贵档案的存储还采取了收贮于"金縢之匮"的做法，所谓"金縢之匮"，就是把重要的文书档案放置于金属带子捆缚的匣子之中。《尚书·金縢》记载："武王有疾，周公作策书告神请代武王死。事毕，纳书于金縢之匮。遂作金縢。"《史记·鲁周公》记载"周公藏其策金縢匮中，诫守者勿敢言。明日，武王有"③。"纳书于金縢之匮"，亦即把载有祷辞之册秘藏起来。周公"纳书于金縢之匮"的做法也为此后历朝所继承。

　　石渠阁是西汉时期中央收藏档案典籍的机构。西汉统治者对汇集于王朝中央的档案典籍非常注意保管，在宫内外修建了许多收藏档案典籍

---

① 陈文清：《文秘词典》，辽宁人民出版社1987年版，第468页。
② 杨树森、张树文：《中国秘书史》，安徽大学出版社2003年版，第152页。
③ 刘中一：《探询国学》，人民出版社2014年版，第109页。

的处所，石渠阁是其中之一，相传它是西汉首任丞相萧何于公元前 200 年前后专为收藏从咸阳收集来的秦代的档案图籍而修建的，由于西汉社会经济、政治、文化的高度发展，所以建造石渠阁时考虑到了保管档案典籍的特殊要求，设有排水渠，以防档案典籍受潮霉变，这在当时的历史条件下非常不易，石渠阁也因此得名。它除藏有档案典籍外，还收藏着许多图书，同时也是群儒议订五经、校勘书籍和从事著述的处所。西汉末年，石渠阁被毁弃。①

东观是东汉时期中央收藏档案典籍的处所。据记载，东观有极为丰富的藏书，学者称东观为"老氏藏室"，还收存有部分诏书、奏章等重要档案，东观还是群儒议订五经、校勘书籍和从事著述的场所，集保管档案资料和著书立说为一体是我国封建社会初期档案收藏机构的一个特点。

唐朝时期，官方档案文献编纂机构主要为史馆，所以史馆也是档案文献的主要存放机构。② 此外，唐朝中央保管甲历档案的专用库房称作"甲库"，甲历档案是我国封建社会中期在铨选、任用官员过程中形成的一种专门档案。

架阁库是宋朝从中央到地方普遍建立的存储档案的机构。宋朝实行严密的封建集权专制制度，对档案工作的控制也很严密，在最高军事机关的枢密院，最高财政机关的三司以及处理日常政务的尚书省六部和一些寺、院，分别设置了存储各种不同档案的机构——架阁库，并选择有名望者管理，体现了宋统治者对任用主管架阁库官员的重视。到宋仁宗时，宋代各级地方机关也普遍设置了收藏文书档案的架阁库，并由知州、令、丞、主簿等地方的主要执政官员掌管。宋代各级架阁库的普遍设置，不仅对巩固宋王朝的统治有积极作用，而且对我国古代档案工作的发展也具有重要意义，在以后的后金、元、明朝都沿用了宋代的架阁库制度。③

皇史宬是明代皇家档案库房，建于明世宗嘉靖十三年（1534），至十

---

① 李默：《代表中国皇室文化艺术的 50 座帝王宫殿》，广东旅游出版社 2013 年版，第 25 页。

② 李晓菊：《唐宋档案文献编纂研究》，社会科学文献出版社 2014 年版，第 46 页。

③ 陈兆祦、曹喜琛、李鸿健：《档案工作全书》，中国人民大学出版社 1992 年版，第 346 页。

五年（1536）七月竣工。它是明朝统治者为妥善收藏皇族的玉牒、历代皇帝的实录、圣训而仿照古代的"金匮石室"建造的专用库房，位于明代东苑（今紫禁城东侧）宫殿群中（今东城区南池子大街南口东侧），是一个独立的院落。由皇史宬门、皇史宬主殿、东西配殿组成（清代在主殿东增建御碑亭），外围红色高墙，是一组结构奇特而紧凑的古建筑群。院正中为正殿，坐北朝南，整个建筑在两米的石基上，台四面有滴水龙头，围汉白玉石栏，望柱头上浮雕翔凤盘龙。台南有御路，为汉白玉浮雕双龙戏珠。正殿东西共九楹，南北约四丈，庑殿顶，黄琉璃瓦盖顶，其脊、鸱吻、垂兽、仙人均用黄琉璃砖烧制，殿前正上方高悬"皇史"匾额，既体现了我国宫殿式的建筑风格，又具备了保管档案的条件。皇史宬全部用砖石砌成，墙体用灰砖砌成，厚达5米，厚而坚实，南北墙体上辟有汉白玉石窗，以使其内外通风，保持室内外较小的温差，有利于典籍的保存。额枋、斗拱、门、窗，均用汉白玉雕成。正门五，南向；门分两层，外层为实踏大门，内层为朱红隔扇门。皇史宬四周上下俱用石甃，主殿顶部成拱券式，全用石砌，无梁柱，俗称"无梁殿"。又因整个皇史宬主殿全为石砌，又称"石室"，以防火灾。主殿内筑有一米多高、雕着海水游龙图案的汉白玉石台，在这个巨大的石台上，放置二十个鎏金雕龙的铜皮樟木柜，这就是"金匮"。金匮内收藏着皇家的实录、圣训等皇家档案，这样的保管条件，在防尘、防光、防虫、防潮、防霉变和控制温湿度等方面起到了良好的作用。皇史宬的建造反映了我国古代高超的建筑水平，是我国封建社会建造的档案库房的杰出代表，是我国古代档案事业的一份珍贵遗产。到清嘉庆十二年（1807），皇史宬又被重新修整，并仍被用作收藏皇家重要档案的场所。新中国成立以后，皇史宬被列为国家重点文物保护单位。①

天府、兰台等只是我国档案保管历史上比较重要和具有代表性的主要存储机构，另外，历朝历代还存在着其他一些机构也起到了档案文献的保管存储功能，例如"凌烟阁"。凌烟阁是古代专门陈列功臣画像的档案库房建筑，名称始见于北周。唐太宗贞观十七年（643）图画开国功臣长孙无忌、杜如晦、魏征、尉迟敬德等二十四功臣于长安凌烟阁，由大

---

① 贺树德：《北京通史，第六卷》，北京燕山出版社201年版，第431页。

画家阎立本画像，大书法家褚遂良题阁，太宗本人作画像赞。①

在档案及其保管的发展过程中，档案的保护经历了从自发到自觉、从经验到理论、从探索到成熟的历程。特别是发展到今天，档案保护已经不单是一项专门的技能，它具备了自己独特的研究对象和特定的研究任务，形成了系统化的专门知识，作为一门独立学科的条件已经成熟。第二次世界大战以后，联合国教科文组织、国际档案理事会、国际图联、国际博物馆协会等国际组织的成立，为档案保护建立了一个崭新的平台，档案保护从此走向了科学化的发展道路。

经过不断的研究和探索，档案保护逐渐得到了改进和完善，形成了比较明确的内容体系。一般认为，档案保护是以档案长期存储与利用为目的，以档案的载体材料为基点，以档案保护技术的研发与应用为重点，研究如何延长档案寿命的一门综合性的应用科学。该学科体系大致包括4个内容板块：（1）档案制成材料特性及其损毁规律的揭示；（2）档案制成材料保管环境的调控；（3）档案有害生物的防治；（4）档案修复技术方法的运用。②

第三节　档案保护的原则

档案面临的危害因素复杂多样，如果没有合理保护，具有保存价值的档案将很难永久保存。因此，档案保护工作的好坏，不仅关系到能否使档案寿命得到延长，而且关系到档案的永久保存。"以防为主、防治结合"是长期以来档案保护工作的基本原则。在这一思想的指导下，档案保护工作从简单的人工保管、手工修复，发展到采用现代化设备和保护方法。利用各种现代化技术手段抢救和修复损毁档案，使档案保护从理论到实用技术两方面都发生了根本的变化。

档案自身的唯一性和档案制成材料的性质都要求档案保护的重点是预防，即采用技术措施防止或减缓各种不利因素对档案制成材料的破坏

---

① 陈文清：《文秘词典》，辽宁人民出版社1987年版，第464页。
② 周耀林、戴旸、林明等：《档案文献遗产保护》，武汉大学出版社2012年版，第1—4页。

作用。只有抓好了"防",才能保证档案信息的完整和档案制成材料的完好,只有抓好了预防,才能减少修复和抢救档案的工作量。所以,我们只有防患于未然,将"以防为主"贯彻到档案保护工作的每个环节,加强保管力度,不断改善保管设施和档案装具,才能保证档案的安全和完善。"以防为主"概括讲,其内容包括两点:一是尽可能阻止或减轻外界环境因素对档案制成材料内在自然属性的破坏作用;二是尽可能提高档案制成材料自身对外界因素破坏作用的抵抗能力,这是档案延长寿命的最根本措施。

在做好"以防为主"各项工作的基础上,还需要对因各种原因损毁或存在不利于长期保存因素的档案进行及时处理,这就是"治",对已经破损的档案如不及时修复,而是带"病"继续利用,就会加重损毁程度,最终产生彻底损毁的后果。由于档案信息是依附于其制成材料而存在的,而档案制成材料的自然损坏是在潜移默化地进行着,总有一定数量的档案因自然或人为因素而老化或损坏。"治"的任务总是存在的,"治"的工作也是长期存在的。对发生一定程度损坏的档案,通过修复与保护等治理措施,阻止损坏情况的继续恶化,同时,延长档案的使用寿命,这也是档案的"治"的根本目的。①

档案的"防"与"治"两方面概括了档案保护的全部,可以说档案损害的预防与治理是延长档案使用寿命的不可缺少的两个方面,它们都需要引进现代化技术手段,更应随着档案事业的发展而逐步加强。只有做好档案的损害预防,为档案存放提供较好的环境,加强其日常保管,才能最大限度地延长档案的寿命。在注重"防"的前提下,还应注意"防"与"治"的结合。对已经发现问题的档案,应及时修复抢救,并使其在信息完整和制成材料耐久性两个方面都达到保管要求。因此,如果想更好地保护档案,使其充分发挥作用,就必须在实际工作中切实贯彻"以防为主、防治结合"的档案保护原则。②

"以防为主、防治结合"的档案保护原则给广大档案保护工作者提供

---

① 杨岩、贾宝萍:《档案保护应"以防为主、防治结合"》,《兰台世界》2008年第7期。
② 宗培岭:《全面落实档案保护"以防为主,防治结合"的方针》,《档案学通讯》1991年第5期。

了工作的指导方针，但在具体的档案保护修复、治理时又需要注意些什么？修复的度在哪里？这些仍然是一个值得思考和探讨的问题，它们在档案保护的"以防为主、防治结合"的原则中并没有得到充分的阐释。

档案保护技术是一门综合性应用技术，只有吸收相关学科的成果，才能较好地解决本学科以及档案保护实践中的问题。作为档案的相邻事物，文物保护的技术方法及保护材料的研发，都可以为档案的保护提供有力的支持。特别是文物保护也有它本身的指导原则，更是应该能够对档案保护，尤其是历史档案的保护，起到一定的启示和借鉴作用。

文物是不可再生的文化资源，其保护受到世界各国的普遍重视，且随社会发展和文明程度提高而备受关注。文物作为特殊的保护对象，它的保护处理并非是一种简单的技术手段，同档案保护一样，也一定要遵循一定的原则。

随着国际历史与艺术品保护协会、国际古迹博物馆协会、国际古迹遗址理事会的成立，尤其是联合国教育、科学、文化组织下设的世界文化遗产委员会、国际文物保护与修复研究中心所发挥的巨大作用，文物保护的理论与实践已成为一个国际化问题，逐步达成了一些共同遵守的国际性协议。例如，1933年8月，国际现代建筑学会拟定通过的《雅典宪章》（清华大学营建学系于1951年翻译，原名为都市计划大纲）；1964年，国际古迹遗址理事会（ICOMOS）于威尼斯通过的《国际古迹保护与修复宪章》（通称《威尼斯宪章》）；1972年，联合国教育、科学及文化组织大会第17届会议通过的《保护世界文化和自然遗产公约》；1977年12月，一些城市规划设计师聚集于利马（LIMA），以《雅典宪章》为出发点讨论，并于12月12日在马丘比丘古文化遗址签署了《马丘比丘宪章》；1981年5月21日，国际古遗址理事会与国际造林师联合会合办的国际历史园林委员会在佛罗伦萨召开会议，决定起草一份以该城市命名的历史园林保护宪章，即《佛罗伦萨宪章》，并由国际古迹遗址理事会于1982年12月15日登记作为涉及有关具体领域的"威尼斯宪章之附件"[①]。

世界各国在文物保护方面，普遍同意文物保护的最基本原则就是

---

① 郭宏：《论"不改变原状原则"的本质意义——兼论文物保护科学的文理交叉性》，《文物保护与考古科学》2004年第1期。

"不改变文物原状的原则",即所有对文物的保护与修复方法都应有足够的研究资料为证,应该避免对文物材料有任何结构上和装饰上的改变。这条原则的本质意义在于文物是历史的产物,文物的价值具体体现在它的结构、形状、色彩上。考古学家受时代特征的局限,不能完全揭示一件文物所包含的各种信息,必须把文物健康的现状保存下去,以待后人去研究揭示;如果改变了现状,则已不是文物而是一个"半现代"的制品。根据实践经验,具体实施时必须坚持保存文物原有的形状、结构、制作材料、制作工艺。[①] 这一基本原则反映了现在人们对文物保护的认识和传统的观念已经有所不同,反映了一种"和谐性保护"的概念。

当然对于文物原状的理解,目前存在一些差异。例如圆明园的保护,谈到圆明园的原状,究竟是以它在康熙四十八年(1709)开始建设,至乾隆年间圆明园三园格局形成时富丽堂皇的样子为原状,还是1860年被英法联军焚烧后的凄惨样子为原状?抑或是其后,圆明园的遗物又长期遭到官僚、军阀、奸商巧取豪夺后的衰败样子为原状?如果我们进行修复,究竟需要恢复到哪一种状态?应该说这三个阶段的圆明园经历了火劫、木劫、石劫,记载了封建帝王的腐朽、殖民者的掠夺、豪绅的贪婪,圆明园在这几个阶段的样子,都记载了一段中华民族无法忘却的回忆,它促使我们反省、自强。所以,这几段时期的圆明园都是文物的原状,无论对其进行任何的改变,都将抹掉那一段历史。可以这样理解,只要是一些重大历史事件在文物上留下了影响的痕迹,那其后的样子都可以认为是原状。但是任何的言语一定要放在该言语的语境下来理解,文物保护要保留重大历史事件对它的留痕,绝对不可以成为今天对其进行不合理的甚至是破坏性的利用与改造的借口和托词。

我们国家也制定了适合于本国国情的文物保护条例,与上述国际性协议进行比较,多数原则都是与国际协议(《如威尼斯宪章》)统一的。在我国历次颁布的《文物保护法》中,明确规定了"文物保护修复时必须坚持不改变文物原状原则"。例如,1982年11月19日,五届全国人大常委会第二十五次会议通过的《中华人民共和国文物保护法》第十四条规定:核定为文物保护单位的革命遗址、纪念建筑物、古墓葬、古建筑、

---

① 郭宏:《论文物保护科学研究的内容与方法》,《文物保护与考古科学》2003年第3期。

石窟寺、石刻等（包括建筑物的附属物），在进行修缮、保养、迁移的时候，必须遵守不改变原状原则。2002年10月28日，全国人民代表大会常务委员会第三十次会议通过新《中华人民共和国文物保护法》。其中，"第二章第二十一条"重申了"对不可移动文物进行修缮、保养、迁移，必须遵守不改变文物原状的原则"；第四章第四十六条规定：修复馆藏文物，不得改变馆藏文物的原状。

2007年12月29日第十届全国人民代表大会常务委员会第三十一次会议第二次修正的《中华人民共和国文物保护法》的第一章"总则"之第四条明文规定：文物工作贯彻保护为主、抢救第一、合理利用、加强管理的方针。俗称"文物保护的十六字方针"。全面贯彻文物保护工作的方针，必须准确、完整理解这四句话的科学内涵和它们相互之间的辩证关系。十六字方针中"保护为主，抢救第一"的"保护为主"是界定"文物保护与利用的关系"，"抢救第一"是界定各种保护事务之间的优先性。

"保护为主"表述的是文物工作的中心任务。文物是不可再生的文化资源，一旦被破坏就不能再恢复。这个客观规律决定了文物工作应当始终以文物保护为中心，把确保文物安全放在首位。"抢救第一"强调了文物保护工作的重点，即文物保护工作要集中力量抢救那些面临损害、破坏危险的文物，防止因工程建设、旅游参观、环境污染等原因对文物造成破坏；对于受目前科技水平限制，发掘后不能得到有效保护的古墓葬等文物，不要急于进行考古发掘。"合理利用"则要求文物部门充分认识文物在文化教育、科学研究等方面的作用，利用文物独特的资源优势，在不损害文物本身的前提下发挥文物在精神文明和物质文明建设中的作用。"加强管理"是实现文物有效保护和合理利用的保证。只有管理水平上去了，才能在保护好文物的前提下，合理利用文物。文物的保护与利用是辩证统一的，只有保护好了，文物才能得以长久的保存，利用才有物质基础；反过来，合理的利用在很多时候又是对文物积极的保护。首先，对文物的利用必须是合理的，是符合文物工作客观规律的，是以确保文物的安全为前提的，对文物的过度开发超过文物承受能力的利用都不是合理利用；其次，现有技术条件如不能保证文物的安全利用，就应当待条件成熟以后再行利用。①

　　文物工作的十六字方针和"文物保护不改变文物原状的基本原则"对于历史档案保护的具体实践操作具有非常明显的、合理的指导意义。"保护为主，抢救第一"就意味着"以防为主"，"加强管理"则是"防治结合"的保障，而档案的有用性，决定了档案必须在使用中才能充分发挥其凭证和查考的价值，但是这种使用必须以不损害档案为前提。另外，如果档案发生了损毁或破坏，其保护修复也要与文物保护一样，不应该改变档案的原状。例如，在对发生破缺的石刻进行修复保护时，如果使用完全一致的石材进行补缺，再用颜色一致的石粉对裂缝做一些伪饰，使之完全与原来的石刻融合在一起，并将缺失的文字，结合上下文的语义，根据自己的理解进行填补，这样看似非常完美，可是这些补全的信息与原来的是否一致？尤其是后人再利用之进行研究时，如果无法辨析出哪些是原有的，哪些是后人修补的，可能就会误导得出错误的结论。那么，是否就无须对其进行保护修复呢？答案当然是否定的，因为不进行保护修复，石刻可能就会发生更深层次的破坏，而且缺失的信息可能会影响我们对于其整体信息的理解。比较合适的做法是在补全修复时，选择物理化学性质一致、颜色近似的石材或石粉，这样后人就能够很清晰地辨析出哪些不是石刻最初的，而是后人补上去的。同时，材料物化性质与石刻一致就不至于因不兼容产生保护性伤害，颜色近似就可以既能清晰辨析出，又不至于因颜色之间的突兀造成视觉美学上的影响。

第四节　档案保护材料的要求与档案保护环境的重要性

　　基于档案保护"以防为主，防治结合"的原则，并借鉴文物保护坚持"不改变文物原状"的原则，进行档案保护时，对保护材料的选择应该在以下诸方面加以注意：

　　（1）最低人为干预原则：最好对档案所处环境实施控制，而使档案

---

① 徐玉麟：《全面准确理解文物工作方针，认真贯彻实施文物保护法》，《文物工作》2003年第3期。

制成材料处于稳定状态，尽可能不要直接在档案上采取保护措施，只有在十分必要的情况下，才能对档案实施保护性处理。

（2）符合所有物品内在要求原则：档案的损坏部分应尽可能得到保护，而使其不再转移，不应出现"保护性"损害，保持档案表面的美观。

（3）过程可逆性原则：修复后的档案一旦需要更换修复材料或不需要原修复材料时，可简单或设法除去，并使档案能恢复到修复处理前的状态，以便于为将来更先进的保护技术和更好的材料留下足够的空间。

（4）与环境统一原则：在选择保护材料和保护方案时，必须考虑保护修复的条件和对周围环境的影响，符合生态要求。

（5）档案材料自身老化的结果不应伪装起来或除掉原则：例如青铜器的无害锈。这条原则包括一个附加原则：后来增加的东西不应在自然老化生成的物质遮蔽之下保留下来。

（6）预防永远优于弥补的原则。

因此，档案保护的首选应该是档案存放环境的改善和保护，这一点与档案保护"以防为主"的基本原则也是一致的。基于此，对档案保护环境进行总结和完善，其意义就显得十分重要了。

第三章

档案保护环境学的基本特征及理论基础

第一节 档案保护环境学的基本特征

一 档案保护环境学的定义

尽管人们在档案的管理与利用工作中，越来越认识到档案保管与保护的重要性，也日益重视对档案保存环境的控制与改善，但是档案保护作为"档案学"的一个分支，档案学又是"图书馆、情报与文献学"的次级学科，这些学科本身就是新兴的正在发展中的学科，人们对它的对象、任务、研究范围都在不断完善中，更别提"档案保护环境学"的确切定义了。其实，这并不一定是坏事，因为档案学以及档案保护，涉及内容十分广泛，学科交叉性很强，人们对它的理解不能不受到人们原先的专业知识范围、研究经验、兴趣及对关于档案问题的不同认识等因素的影响。正是这种不同的理解和认识，会促使不同学者从不同角度，各有侧重地去研究问题，由此可能会大大丰富和充实这门学科的内容和发展。

笔者学习专业是物理化学，在短暂的质量与环境检验工作后，长期从事历史档案等文化遗产制成材料的保护研究工作，所以在文中不可避免地会留下这些研究工作的影响和痕迹。这样看来，我所谓的"档案保护环境学"也仅是我从自己专业角度的管窥之见，如果能够抛砖引玉，就已经实属万幸了。

在工作中，我受许多喜欢的科学家影响，坚持以下原则：反对形式，提倡内容；反对概念，提倡本质。但研究工作总是始于研究对象的限定，所以在此还是首先给出我对"档案保护环境学"的认识，再言其他。

在自然科学研究中，对于环境的定义是与系统（或称体系）相对的。用观察、实验等方法进行科学研究时，需要首先确定所要研究的对象，把一部分物质与其余的分开（可以是实际的，也可以是想象的）。这种被划定的研究对象，就称为系统，而在系统以外与系统密切相关的，影响所能及的部分，则称为环境。

在档案保护中，所研究的对象也就是保护的对象，即档案，档案周围的一切就是档案保护的环境，例如档案保存库房的温度、湿度、气体、微生物等。世界上一切事物总是有机地互相联系，互相依赖，互相制约的，系统和环境之间并无固定的界限，所以研究的体系和环境的界定并不是一成不变的。如果把归档管理的档案看作一个研究系统，那么库房的条件就可看作环境，但是如果把档案以及库房视为一个整体作为一个系统的话，那么库房所在地的大气条件等就是档案和库房的环境。

隔开系统与环境的界面可以是实际存在的，如档案馆、博物馆与周围的外部环境；也可以是假象的虚拟界面，如把保管档案的非封闭档案架与档案综合作为研究的系统，档案室内作为保护环境，二者之间就不存在一个真实的界面。

档案保护环境学是在化学、生物、生态等学科的传统理论和方法的基础上发展起来的，以各种环境因素——温度、湿度、光照、空气污染物、地质灾害、有害微生物、昆虫等因素，在环境中出现而引起的档案保护环境问题作为研究对象，这些问题主要包括：各种环境因素对档案的腐蚀、侵蚀、破坏机理及其控制预防方法，档案保护环境学是以解决档案保护环境为目标的一门新兴学科。

二　档案保护环境学的任务

档案保护环境学是一门研究有害因素或物质在环境介质中的存在、物理化学特性、行为和效应及其控制的化学原理和方法的科学，既是档案保护学的重要分支和核心组成部分，又由于档案和图书、情报、文献、文物等事物的重要关联性，决定其必然可以为其他文化遗产的保护提供重要的借鉴作用。

档案保护环境学要回答的问题包括：

（1）档案保护环境中，存在着哪些潜在的有害因素和物质？

（2）这些有害物质从哪里来，浓度水平如何？其迁移、转化的规律如何？

（3）潜在有害因素和物质的危害程度与暴露程度的依赖关系如何？

（4）有什么方法和措施能够缓解或消除已知的有害因素和物质？

因此，档案保护环境学是从微观的原子核分子水平研究宏观的环境现象与变化的物理化学机制及其防止途径。档案保护环境中，既有温度、湿度、气压等天然环境状况，又有气体成分、大气污染物、尘埃等由人类活动产生的人为环境，二者又因为共存相互作用，产生更进一步的不良反应，这就决定了档案保护环境学具有如下的特点：

（1）档案保护环境学研究的对象是一个多组分、多介质、多相变、开放性的动态复杂体系。例如，档案保护环境中的空气成分主要是由 N_2 和 O_2 组成，看似简单，却左右着档案保护环境这个复杂系统中的无机和有机系统，特别是生物系统中的物质转化。N_2 虽然性质稳定，但它却是极重要的生命元素，是蛋白质的组成元素。生物生命活动中的固氮作用，将大气中的 N_2 转入生物圈，反硝化作用又会将生物圈中的 N_2 归入大气中。O_2 是空气中的活跃成分，参与岩石风化与有机物质的分解、降解以及生物体的新陈代谢，结果形成 CO_2 排于空气中。所以，单论空气成分而言，即可以看出档案保护环境的复杂性了。

（2）气体污染物在档案保护环境中的含量很低，一般只有"mg/kg"或"g/kg"级水平，甚至更低，但是即使是这样的低含量，其造成的危害也是巨大的。而且它们在环境中分布广泛，迁移速度快，在不同的时空条件下有明显的动态变化。

（3）影响档案保护环境变化的因素很多，包括物理、化学、生物和机械等诸多方面。

（4）档案保护环境是一个敏感而易变的系统，档案保护环境与档案实体之间始终处于不平衡状态，档案保护环境中的一切过程都是自发的、不可逆的，造成的档案破坏也是不可逆的。单用一门理论处理这类复杂体系的变化有可能远离实际情况。

第二节　档案保护环境学的理论基础

一　物理化学基础

化学变化表面上千变万化，错综复杂，但从本质上说都是原子或原子团的重新组合，在组合过程中，一些化学键拆散了，一些新的化学键形成了。化学变化在客观上存在着一定的规律性，物理化学即是研究所有物质体系的化学行为的原理、规律和方法的学科，它涵盖从宏观到微观与性质的关系规律、化学过程机理及其控制的研究，它是化学以及在分子层次上研究物质变化的其他学科领域的理论基础。

物理化学是基于物理和化学之间的相互联系，并且加以总结，逐步形成的一门独立的学科分支，它是从物质的物理现象和化学现象的联系入手，来探求化学变化基本规律的一门科学，在实验方法上也主要是采用物理学中的方法。

作为化学学科的一个分支，物理化学与其他学科（如生命科学、材料科学等）之间有着密不可分的联系。这主要是因为物理化学是化学学科的理论基础，它的成就（包括理论和实验方法）大大充实了其他学科的研究内容和研究方法。这些学科的深入发展，已经离不开物理化学。

物理化学作为化学学科的一个分支，它所担负的主要任务是探讨和解决以下几个方面的问题：[①]

（1）化学变化的方向和限度问题：一个化学反应在指定的条件下能否朝着预定的方向进行？如果该反应能够进行，则它将达到什么限度？外界条件如温度、压力、浓度等对反应有什么影响？如何控制外界条件使我们所设计的新的反应途径能按所预定的方向进行？对于一个给定的反应，能量的变化关系怎样？它究竟能为我们提供多少能量？研究这一类问题是属于化学热力学的范畴，它主要解决变化的方向性问题，以及与平衡有关的一些问题。化学热力学也为设计新的反应、新的反应路线提供理论上的支持。

例如，档案在某种环境介质中是否会发生反应，反应进行的程度等

[①] 傅献彩、沈文霞、姚天扬：《物理化学》（上册），高等教育出版社2005年版，第3页。

就可以据此理论得到结论。

（2）化学反应的速率和机理问题：一个化学反应的速率究竟有多快？反应是经过什么样的机理（或历程）进行的？外界条件（如温度、压力、浓度、催化剂等）对反应速率有什么影响？怎样才能有效地控制化学反应、抑制副反应的发生，使之按我们所需要的方向和适当的速率进行，以及如何利用催化剂使反应加速，等等。研究这一类的问题构成物理化学中的另一个部分即化学动力学。它主要是解决反应的速率和历程问题。

例如，金属制的档案会发生腐蚀反应，其反应速率如何？是否能够改变环境条件抑制腐蚀反应的发生或降低腐蚀反应的速度？其依据的理论就是属于化学动力学的研究范畴。

（3）物质结构和性能之间的关系：物质的性质从本质上说是由物质内部的结构所决定的。深入了解物质内部的结构，不仅可以理解化学变化的内因，而且可以预见到在适当外因的作用下，物质的结构将发生怎样的变化。根据研究此类问题的方法和手段，又可区分为结构化学和量子化学两个分支。结构化学的目的是要阐明分子的结构，如研究物质的表面结构、内部结构、动态结构等。由于新的测试手段不断出现，测试的精度日新月异，为探索生物大分子、细胞、固体表面的结构等提供了有力的工具。量子化学是量子力学和化学相结合的学科，对化学键的形成理论以及对物质结构的认识起着十分重要的作用。特别是有了电子计算机之后，通过对模型进行模拟计算，了解成键过程，从而可进行分子设计。

关于此理论在档案保护中的应用十分明显，档案保护即是通过对档案制成材料的了解，有针对性地采用其他材料或技术，改善档案材料的耐腐蚀破坏的能力。所以研究物质结构及其与性能之间关系的结构化学和量子化学必能够发挥巨大的作用。

二　分析化学基础

档案保护环境的分析与测量，其主要理论依据就是分析化学。分析化学是研究获取物质的组成、含量、结构和形态等化学信息的分析方法及相关理论的一门科学。欧洲化学联合会分析化学部定义分析化学为："发展和应用各种方法、仪器和策略获取有关物质在空间和时间方面的组成和性质的信息的一门科学。"分析化学以化学基本理论和实验技术为基础，广泛吸收融合物理学、生物学、数学、计算机学、统计学、信息学等学科知识，为科学与技术发展提供其所必需的物质信息数据源。

分析化学的主要任务是通过各种方法与手段，获取图像、数据等相关信息用于鉴定物质体系的化学组成、测定其中有关成分的含量和确定体系中物质的结构与形态。主要内容包括定性分析、定量分析、结构分析和形态分析。定性分析的任务是鉴定物质由哪些元素、离子、基团或化合物组成。定量分析的任务是测定物质中有关成分的含量。结构分析的任务是研究物质的分子结构（包括构型与构象）、晶体结构。形态分析的任务是研究物质的价态、晶态、结合态等存在状态及其含量。例如，测定档案保存环境的气体成分组成属于定性分析，测定气体成分的含量则属于定量分析，而对于金石档案载体材料的物相分析就属于结构和形态分析了。

可以根据分析任务、分析对象、测定原理、试样用量与待测组分含量的不同以及工作性质等对分析化学进行分类，前述的定性分析、定量分析、结构分析和形态分析即是根据分析任务进行分类。根据分析对象的不同，分析化学可分为无机分析和有机分析。针对不同的分析对象，相应的分析要求和使用的方法也有较大差异。无机分析的对象是无机物，由于组成无机物的元素种类较多，通常要求鉴定物质的组成（元素、离子、原子团或化合物）和测定各成分的含量。像档案保存环境的气体成分分析，这是因为气体成分主要是 O_2、N_2、CO_2 等无机物。有机分析的对象是有机物，构成有机物的主要有碳、氢、氧、氮、硫和卤素等有限的几种元素，但自然界有机物的种类有数百万之多且结构复杂，故分析的重点是官能团分析和结构分析。如竹简木牍等有机质历史档案的材料表征，或者其老化机理的分析，就会运用到大量的有机分析。

以物质的化学反应及其计量关系为基础的分析方法称为化学分析法。化学分析是分析化学的基础，其历史悠久，常称为经典分析法，主要有重量分析法和滴定分析法等。重量分析法和滴定分析法主要用于常量组分（待测组分在试样中的含量大于1%）测定。重量分析法准确度高，至今仍是一些组分测定的标准方法，但其操作烦琐，分析速度较慢。滴定分析法特点是仪器设备简单，操作简便，省时快速结果准确（相对误差±0.2%），是重要的例行分析方法。仪器分析法是以物质的物理性质和物理化学性质为基础的分析方法，故又称为物理分析法和物理化学分析法，这类方法常通过测量物质的物理或物理化学参数来进行，需要较特殊的仪器，所以常称为仪器分析。

根据分析过程中需要试样量的多少分类，分析化学的方法可分为常量分析、半微量分析、微量分析和超微量分析。各种分析方法的试样用量为：常量分析，试样质量大于0.1g，试液体积大于10ml；半微量分析，试样质量0.01—0.1g，试液体积1—10ml；微量分析，试样质量0.1—10mg，试液体积0.01—1ml；超微量分析，试样质量小于0.1mg，试液体积小于0.01ml。化学分析中一般采用常量分析或半微量分析，微量分析和超微量分析常在仪器分析中使用。

此外，根据试样中待测组分相对含量的多少，又可分为常量组分（>1%）分析，微量组分（0.01%—1%）分析，痕量组分（<0.01%）分析和超痕量组分（约0.0001%）分析。必须注意待测组分的含量和取样量属于不同的概念，痕量组分的分析不一定是痕量分析，切勿混淆。①

三 其他理论基础

由于档案保护环境涉及温度、湿度、气体、地质、微生物、昆虫等多因素，所以档案保护环境学属于多学科交叉的边缘学科，其理论基础也必然涉及许多理论学科，即使如学科之名称亦不能一言蔽之，更不论其学科理论了，对此也只能简单介绍而已。其他如：

微生物学，这是研究微生物及其生命活动规律和应用的科学。研究内容包括微生物的形态结构、生理生化、生长繁殖、遗传变异、生态分布、分类鉴定及其在工业、农业、医疗卫生、环境保护和生物工程等方面的应用。微生物学的任务是研究微生物及其生命活动的规律。研究它们与人类的关系，发掘微生物资源，充分利用微生物的有益作用，消除其有害影响，造福人类。②

昆虫学，以昆虫为研究对象的科学，对昆虫进行观察、收集、饲养

---

① 张梅、池玉梅、李锦等：《分析化学》，中国医药科技出版社2014年版，第1页。
② 蔡信之、黄君红：《微生物学》，科学出版社2011年版，第4页。

和试验，并对昆虫的生物学规律，包括进化、生态学、行为学、形态学、生理学、生物化学和遗传学等方面，进行研究的科学。昆虫学的研究除了基础研究、揭示昆虫生长发育之规律外，在很多情况下主要是对有害昆虫的防治研究及有益昆虫的利用研究。昆虫学的任务就在于掌握自然规律，控制昆虫、管理昆虫，使其"有害不害，有益更益"。

地质灾害学，它是地质学与灾害学的交叉科学，与气象灾害学、生物灾害学等一样，是灾害学的一门重要分支学科。它的定义是，研究自然及人为地质作用破坏自然平衡条件所发生的地质事件，造成人类生命、财产、资源、环境损失的现象与规律以及研究灾害预测、监测、防灾、减灾和评估的科学。地质灾害学研究的主要对象和内容包括：形成地质灾害的地质作用，地质灾害发生和发展的条件和运动过程，地质灾害造成破坏的现象和规律，地质灾害预测、监测、防灾、减灾和评估的理论、方法及措施。[①]

---

① 向缉熙：《地质灾害经济评价系统》，地质出版社1996年版，第3页。

第 四 章

档案保护环境之温度

第一节 温度的定义

一 温度与温标

冷热是人们对自然界的一种最普通的感觉，作为直观定量地表达物质冷热程度的一个概念，温度亦就成了日常生活中大家比较常用和熟悉的概念。从专业角度讲，温度是表示物体冷热程度的物理量，微观上即是物体分子热运动的剧烈程度的反映。温度只能通过物体随温度变化的某些特性来间接测量，而用来度量物体温度数值的标尺叫温标。它规定了温度的读数起点（零点）和测量温度的基本单位。常用的温标有摄氏温标、华氏温标、热力学温标三种。

摄氏温标（t_C），其单位是摄氏度，单位符号为℃。摄氏温标是1742年瑞典天文学家摄尔修斯（A Celsius）建立的。摄氏温标规定：在标准大气压下，把冰水混合物的温度规定为0℃，水的沸腾温度规定为100℃，其间分成100等份，每个等份称为1℃。

华氏温标（t_F），其单位是华氏度，单位符号为°F。华氏温标是德国物理学家华伦海特（Daniel Gabriel Fahrenheit）于1714年基于虎克的研究提出的。华氏温标规定：在一个标准大气压下，水的结冰点是32°F，水的沸点为212°F，其间分成180等份，每个等份为1°F。

热力学温标（T），又称绝对温标、开尔文温标，简称开氏温标，其单位是开尔文，单位符号为"K"。它对应的物理量是热力学温度，为国际单位制中的基本物理量之一，也是热力学和统计物理中的重要参数之一。热力学温标是由威廉·汤姆森（William Thomson）和第一代开尔文男爵

（1st Baron Kelvin）于 1848 年利用热力学第二定律的推论（卡诺定理）引入的。热力学温标规定：水的三相点（水、水蒸气和冰共存的状态，不包括空气）的温度为 273.15 K，1 K 为水三相点热力学温度的 1/273.15。

摄氏温度、华氏温度和热力学温度三者之间的换算关系为：

$$t_F = 32 + \frac{9}{5}t_C \tag{4.1}$$

$$T = t_C + 273.15 \tag{4.2}$$

二 温度的微观意义

从理论体系上讲，温度、温标的概念都属于热力学的研究范畴。热力学研究的是自然界物质与冷热关系有关的性质及这些性质变化的规律，它是根据大量实验事实总结出的关于热现象的宏观理论，其主要内容是两条基本规律——热力学第一定律和热力学第二定律。这些定律都具有高度的普遍性和可靠性，但是它们都不涉及物质的内部具体结构。而从物质的微观结构出发，可以更深刻地揭露热现象以及热力学定律的本质。

如果从微观结构出发，对热现象进行研究，或者考察温度的微观意义，有两种途径：其一，以每个微观粒子遵循的力学定律为基础，利用统计规律来导出宏观的热学规律，这样形成的理论称为统计物理学或统计力学，统计力学在经典力学的基础上发展为系统的经典统计力学（以经典统计力学与经典力学、经典电磁场理论为三大支柱的经典物理体系，称为经典物理学）。其二，是通过建立在量子力学的基础上的量子统计力学。[①] 与经典物理学相对，以量子物理学为代表的物理学体系称为现代物理学。

无论是经典物理学，还是现代物理学，其本身就是一门比较复杂的学问，系统地描述显然超出了本书的范围，所以只能就事论事，对温度的微观意义作一个简要的介绍。

"温度是表征粒子热运动剧烈程度的物理量"，这个定性的结论在任何情况下都是成立的。具体说来，在经典物理描述的范围内，这个"剧烈程度"体现在粒子的平均动能上，即温度标志着物体内部分子无规则

---

① 张三慧：《大学物理学·热学》，清华大学出版社 1999 年版，第 1 页。

运动的剧烈程度，是分子运动的平均动能的量度，并且对每一个自由度都有一个定量的结果。在温度为 T 的热平衡状态下，分子的每一个自由度，平均地具有同样的动能（1/2kT）。分子的平均动能愈大，对应的温度愈高，则平均说来，分子的无规则运动愈强烈。正是由于这一点，通常就把分子的无规则运动称为分子的"热运动"。上述描述中之所以反复强调"平均"二字，是因为温度所对应的是大量分子的集体行为的效果，一个分子是没有温度的。关于这一点在第六章"气压"第二节"气体分子运动论与气体压强的微观本质"中再作进一步的解释。

按照量子力学，微观粒子的运动状态是量子化的，粒子的能量对应着不连续的能级。能量的量子化导致了温度微观意义的描述方式与经典物理学的不同。在量子力学描述的范围内，粒子按能级的分布方式唯一地取决于系统的温度，所以"温度表征的粒子热运动剧烈程度"体现在粒子按能级的分布上，它需要通过粒子在能级上的分布情况来体现。温度愈高，处在高能级上的粒子数愈多。也就是说，随着温度的升高，粒子将比低温时更多地占据能量较高的能级。[①]

第二节　环境温度的测量

一　热力学第零定律与温度测量的基本原理

温度是热学中用来描述系统状态的一个独特的宏观状态参量，它是和热平衡概念直接相联系的。

一个处于任意平衡状态的系统，在没有体积功的条件下，依靠系统与外界直接相互作用，以改变系统状态的方式称热接触（或热交换）。两个热力学系统发生热接触，系统原来的平衡状态一般都将发生变化，经过足够长的时间后，系统的状态不再发生变化；这时可以认为两个系统处于热平衡。如果两个系统热接触时，状态没有发生变化，则说明两个系统已是互为热平衡的。

两个（或许多）热力学系统处于同一热平衡状态时，它们必然具有某种共同的宏观性质，这一共同的宏观性质就是系统的温度。因此，可

---

① 薛国良：《温度概念及其发展》，河北教育出版社 2006 年版，第 55 页。

以说处于热平衡的多个系统具有相同的温度，同样地，具有相同温度的几个系统放到一起，它们也必然处于热平衡，可以认为互为热平衡的两个系统的冷热程度相同。这样理解的温度含义和前述的温度概念（冷热程度）是一致的。

若有 A、B、C 三个处于任意确定的平衡态的系统，而系统 A 和系统 B 是互相绝热的。令 A 和 B 同时与系统 C 相互热接触，经过足够长的时间后，A 和 B 都将与 C 达到热平衡。这时使 A 和 B 不再绝热而相互热接触，实验证明，A 和 B 的状态都不发生变化，即 A 和 B 也是处于热平衡的。此实验事实说明，如果两个热力学系统各自与第三个热力学系统处于热平衡，则它们彼此也必处于热平衡。这一实验结论叫作热平衡的传递性，或叫作热平衡定律，又称为热力学第零定律。

温度的测量就是根据热力学第零定律和温度的这种概念进行的。测量时，选择合适的系统作为标准，把它叫作温度计，使温度计与待测系统接触，经过一段时间待它们达到热平衡后，温度计的温度就等于待测系统的温度。

二　温度测量方法的分类

根据温度传感器的使用方式，温度测量方法通常分为接触法与非接触法两大类。

（一）接触法

由热平衡原理可知，两个物体接触并经过足够长的时间达到热平衡后，则它们的温度必然相等。如果其中之一为温度计，就可以用它对另一个物体实现温度测量，这种测温方式称为接触法。其特点是：温度计要与被测物体有良好的接触，使两者达到热平衡，因此，该种测温方式准确度较高。其缺点是：用接触法测温时，感温元件要与被测物体接触，往往要破坏被测物体的热平衡状态，并受被测介质的腐蚀作用。因此，对感温元件的结构、性能要求比较严格。常见的热电偶、热电阻、玻璃液体温度计等都属于接触法测温方式。

（二）非接触法

非接触法是利用物体的热辐射能随温度变化的原理测定物体温度的测温方式。它的特点是：不与被测物体接触，也不改变被测物体的温度分布，且热惯性小。从原理上看，用这种方法测温无上限。通常用来测定1000℃以上的移动、旋转或反应速度快的高温物体的温度。随着科学技术的发展，辐射测温的准确度越来越高，它的应用范围会越来越广。[①]

三 常见温度计

按测温原理可将温度计量器具分为玻璃温度计、压力式温度计、双金属温度计、电阻温度计、热点温度计、辐射温度计等六类。

（一）玻璃温度计

玻璃温度计又称为液体膨胀式玻璃温度计。根据物体热胀冷缩原理制成的温度计统称为膨胀式温度计，它的种类很多，如液体膨胀式玻璃温度计、液体和气体膨胀式压力温度计、固体膨胀式双金属温度计等均属于膨胀式温度计。

玻璃温度计所用玻璃都是特殊制备的，分为普通、高温及特种玻璃三种，这些玻璃在使用的范围内都不能发生变形。采用的感温液体有水银、有机液体（酒精、煤油等）或汞合金等。其测温原理是利用感温液体在透明玻璃感温泡和毛细管内的热膨胀作用来测量温度的，感温液体的体膨胀与温度的关系是：

$$V_{t_2} = V_{t_1} + (t_2 - t_1)\alpha V_{t_1} \tag{4.3}$$

式中，α 为感温液体的体膨胀系数；V_{t_2} 为感温液体在温度 t_2 时的体积；V_{t_1} 为感温液体在温度 t_1 时的体积。

（二）压力式温度计

压力式温度计亦属于膨胀式温度计的一种，根据所用介质的不同，分为液体压力式温度计和气体、蒸气压力式温度计。压力式温度计是由充有感温介质的温包、传感元件（毛细管）及压力敏感元件（弹簧管）构成的全金属组件，即充灌式感温系统。温包内充填的感温介质有气体、液体及蒸发液体等。测温时，将温包置于被测介质中，温包内的工作物质因温度升高体积膨胀而导致压力增大。该压力变化经毛细管传给弹簧管并使其产生一定的形变，然后借助齿轮或杠杆等传动机构，带动转动，

---

① 辽宁省质量计量检测研究院：《计量技术基础知识》，中国计量出版社2001年版，第14页。

指出相应的温度。由测温方式可知，压力式温度计就是指利用充灌式感温系统测量温度的仪器，其原理是液体的膨胀定律。一定质量的液体，在体积不变的条件下，液体压力与温度之间的关系可表示为：

$$P_t - P_0 = \frac{\alpha}{\beta}(t - t_0) \tag{4.4}$$

式中，P_t 为液体 t 时的压力；P_0 为液体 t_0 时的压力；α 为液体的膨胀系数；β 为液体的压缩系数。在密闭系统中，气体、蒸气的压力与温度之间亦成一定的函数关系，这就是压力式温度计的测温原理。[①]

（三）双金属温度计

双金属温度计是利用两种金属的膨胀系数不同的原理制成的测温仪器，属于固体膨胀式温度计。可分为杆式和双金属片式两大类。

杆式温度计的主体元件是芯杆和外套，它们的金属材料具有不同的膨胀系数，当温度变化时，芯杆和外套间产生相对运动，经杠杆系统放大后直接指示温度。双金属片式温度计是由两种线性膨胀系数不同的金属薄片叠焊在一起制成的，温度的改变导致双金属片曲线形状的改变。如随着温度的升高，具有较大膨胀系数的金属片膨胀较大，引起双金属片向一侧弯曲。弯曲量的大小取决于温度变化量、双金属材料和长度。温度越高则产生的线膨胀差越大，引起的弯曲角度也越大。[②] 其关系可以表示为：

$$x = G \frac{l^2}{d} \cdot \Delta t \tag{4.5}$$

式中，x 为双金属片自由端的位移，mm；l 为双金属片的长度，mm；d 为双金属片的厚度，mm；Δt 为双金属片的温度变化，℃；G 为弯曲率，是指将长度为 100mm、厚度为 1mm 的线状双金属片的一段固定，当温度变化 1℃ 时，另一端的位移。

（四）电阻温度计

利用导体或半导体的电阻值随温度变化这一性质制成的测温元件称电阻温度计。电阻温度计通常是由热电阻体（感温元件）、连接导线、显示或

[①] 王魁汉：《温度测量技术》，东北工学院出版社 1991 年版，第 17 页。
[②] 王振成、张雪松、刘爱荣等：《工程测试技术及应用》，重庆大学出版社 2014 年版，第 158 页。

记录仪表构成的。用电阻温度计测量温度时,温度发生变化,感温元件的电阻随温度而变化,并将变化的电阻值作为电信号输入显示仪表,通过测量回路的转换,在仪表上显示出温度的变化值,这就是电阻温度计的工作原理。按照感温元件的材质,热电阻可分为金属与半导体两类,金属导体有铂、铜、镍、铑铁合金、铂钴合金等,半导体有锗、碳和热敏电阻。

在普通精度要求的条件下,金属导体的电阻值与温度变化的关系可表示为:

$$R_t = R_0(1 + \alpha t) \tag{4.6}$$

式中,R_t 为温度 t 时的电阻值;R_0 为温度 0℃ 时的电阻值;α 为电阻的线性温度系数。

热敏电阻是利用半导体材料的电阻率随温度变化而变化的性质制成的,常用的半导体材料有铁、镍、锰、钴、钼、钛、镁、铜等的氧化物或其他化合物,根据产品性能不同,进行不同的配比烧结而成。根据其组成的不同,可以调整它的常温电阻及温度特性。例如负温度系数热敏电阻 NTC(Negative temperature coefficient thermistor),其特点是电阻随温度的升高而降低,具有负的电阻温度系数,故称为负温度系数热敏电阻。它的电阻与温度特性呈非线性,可表示为:

$$R_T = R_{T_0} e^{(\frac{1}{T} - \frac{1}{T_0})} \tag{4.7}$$

式中,R_T、R_{T_0} 为温度 T、T_0 时的电阻值;T 为热力学温度。[①]

(五) 热电温度计

热电温度计是以热电偶作为测温元件,用热电偶测得与温度相应的热电动势,由仪表显示出温度的一种温度计,由热电偶、补偿导线及测量仪表构成。

热电偶是热电温度计的敏感元件,其测温原理基于 1821 年塞贝克(Seebeck)发现的热电现象。将两种不同成分的导体两端连接在一起,构成一个闭合回路,当两个接合点的温度不同时,在回路中就会产生电动势,这种现象称为热电效应,这种电动势称为"塞贝克温差电动势",简称"热电动势"或"热电势"。热电偶就是利用这种原理进行温度测量

[①] 宋文绪、杨帆:《传感器与检测技术》,高等教育出版社 2009 年版,第 29 页。

的,其中,直接用作测量介质温度的一端叫作工作端(也称为测量端),另一端叫作冷端(也称为补偿端)。冷端与显示仪表或配套仪表连接,显示仪表会指出热电偶所产生的热电势。所以热电偶实际上是一种将热能转换为电能的能量转换器,热电温度计就是通过测量所产生的热电势来实现测量温度的。

(六)辐射温度计

凡是由测量热辐射体的辐射通量而给出按温度单位分度的输出信号的仪表,均称为辐射温度计。所有温度高于热力学温度0K 的物体表面都会辐射出电磁波,辐射温度计就是以物体辐射的这种电磁波为测量对象来进行温度测量的。由热辐射定律可知,实际物体的辐射亮度 L 与温度 T 的关系为:

$$L = \varepsilon(T)\frac{\sigma}{\pi}T^4 \tag{4.8}$$

式中,σ 为斯忒藩 - 玻尔兹曼常数;$\varepsilon(T)$ 为实际物体的全发射率。

依据该特性,通过测量物体的辐射亮度就可确定其温度,这就是辐射测温的基本原理。和利用热传导的温度计(热电偶、电阻温度计等)对比,辐射温度计可进行非接触测温和快速测温。[1]

目前,我国在温度测量的某些方面已达到国际先进水平,未来的温度测量的发展趋势是:(1)利用红外技术、激光技术、传感器和计算机等,由静态测试转向动态测试。(2)提高测试精度,展宽量限,向两端量限发展,减小试样尺寸,扩大装置功能等实现测试的高速化和自动化。(3)测试装置的小型化,以便对温度计量参数直接进行现场测试。(4)由接触式的计量转向非接触式的计量,从而改善计量条件,扩大计量范围。(5)量值传递方式的多样化。[2]

第三节 温度与其他环境参数或过程的关系

在第三章"档案保护环境学的基本特征及理论基础"第一节"档案

---

[1] 王常珍:《冶金物理化学研究方法》,冶金工业出版社2013年版,第54页。
[2] 辽宁省质量计量检测研究院:《计量技术基础知识》,中国计量出版社2001年版,第15页。

保护环境学的基本特征"对档案保护环境进行定义时，针对环境，谈到了体系或系统的概念。对体系及环境进行研究时，温度、湿度、压力等都常常被用来描述体系或环境的热力学状态。一方面，这些宏观性质易于观测；另一方面，它们之间互相联系、互相影响，当这些参量发生变化时，也将引起体系状态的变化，或者反之。通过对这些参量变化的研究，可以推得热和其他形式能量之间的转换关系，进而可以得到前述物理化学欲解决的几个问题的答案，诸如化学变化的方向、限度、速率等。这些问题的答案对于揭示档案环境的变化规律、档案制成材料的腐蚀破坏规律，以及发现相应的控制和防止措施都是十分关键的基础。由于部分概念（如湿度）之前尚未说明，故在此暂不作说明，后面提到时再作详细阐释。

一 温度与压力的关系（气体状态方程）

当体系处于一定状态时（或者简称定态），体系的性质只决定于它现在所处的状态，而与过去的历史无关。若外界条件不变，体系的各种性质就不会发生变化，而当体系的状态发生变化时，它的一系列性质也随之而改变。改变多少，只取决于体系的开始和终了状态，而与变化所经历的途径无关，无论经历多么复杂的变化，只要体系恢复原状，则这些性质也恢复原状。在热力学中，具有这些特性的物理量叫作状态函数，如体系的温度 T、压力 p、体积 V、组分等都是状态函数。

对于一定量的单组分均匀体系，状态函数 T、p、V 之间有一定的联系，可表示为：

$$T = f(p, V) \tag{4.9}$$

式中，f 是与体系性质有关的函数，所以 T、p、V 三个变量之间，只有两个是独立的。换句话说，也就是 T、p、V 三个变量其中任意两个确定了，第三个变量也就确定了，不可以独立任意改变。体系状态函数之间的定量关系式称为状态方程，状态方程的建立常成为研究物质其他性质的基础。

液体和固体这两种凝聚态，其体积随着压力和温度变化很小，即等温压缩率和体积膨胀系数都很小，故在通常的物理化学计算中常忽略其体积随着压力和温度的变化。与凝聚态相比，气体在改变温度和压力时，体积变化较大，具有较大的等温压缩率和体积膨胀系数，因此通常物理化学中只讨论气体的状态方程。

对于档案保护环境而言，一般也是气体环境，所以研究气体的性质以及温度、压力和体积的变化规律，对档案保护环境的研究具有重要的理论与实际意义。气体分为理想气体和真实气体。理想气体是人们为了研究的便利提出的抽象气体模型，它在微观上具有两个基本特征：分子间无相互作用力，分子本身不占有体积。理想气体并不是现实中的真实存在，但它可以看作是真实气体在压力趋于零时的极限情况。

档案保护的气体环境一般均是在低压条件下，所以处理时可以使用理想气体状态方程，尽管存在偏差，但由理想气体模型可知，低压情况下，使用理想气体状态方程引起的偏差较小。而且，这样的处理为计算低压气体的性质提供了直接的近似方法，还为处理真实气体提供了参照标准，同时为许多有关档案保护环境的问题研究提供了重要基础。

对于气体，人们经过大量的实验研究，总结出气体的状态参量关系的四个经验定律，这四个经验定律对各种纯气体在低压时都适用。

（1）波义尔（Boyle）定律：1662年波义尔发现，一定质量的气体，若温度保持不变，则其压强与体积成反比，即

$$pV = 常数 \qquad (4.10)$$

（2）盖吕萨克（Gay Lussac）定律和查理（Charles）定律，这两个定律分别表示一定量的气体在压力或体积保持不变时，状态参量间的关系。其中，盖吕萨克定律表示的是等压过程（式4.11），查理定律表示的是等体积过程（式4.12）。

$$\frac{V}{T} = 常数 \qquad (4.11)$$

$$\frac{p}{T} = 常数 \qquad (4.12)$$

（3）阿伏伽德罗（Avogadro）定律：1869年阿伏伽德罗提出，在相同的温度、压力下，1mol任何气体占有相同的体积，即

$$\frac{V}{n} = 常数(T,p 一定) \qquad (4.13)$$

在以上四个定律的基础上，人们归纳出理想气体状态方程：

$$pV = nRT \tag{4.14}$$

式中，R 是一个对各种气体都适用的比例常数，称为摩尔气体常数，其数值约为 8.314472，单位为 $J \cdot mol^{-1} \cdot K^{-1}$。通过该公式，就可以很清楚地求得体系温度和压力之间的关系了。

对于多组分均相体系，体系的状态还与组成有关，可表示为：

$$T = f(p, V, n_1, n_2 \cdots) \tag{4.15}$$

式中，n_1、n_2……是物质 1、2、……的物质的量。

真实气体的状态方程一般分为两类：一是有一定物理模型的半经验方程，二是纯经验公式。其中，最具代表性的，前者如范德华方程，后者如维里方程。

范德华方程是 1873 年荷兰科学家范德华（van der Waals）提出的，他从理想气体与真实气体的差别出发，用硬球模型来处理真实气体，提出压力修正项、体积修正项来修正压力和体积，导出了适用于低压力下的真实气体状态方程。

$$\left(p + \frac{a}{V_m^2}\right)(V_m - b) = RT \tag{4.16}$$

式中，a、b 称为范德华；V_m 是气体的摩尔体积，将 $V_m = V/n$ 代入上式，即得物质的量为 n 的气体的范德华方程。

$$\left(p + \frac{n^2 a}{V^2}\right)(V - nb) = nRT \tag{4.17}$$

维里方程是卡莫林·昂尼斯（Kammerlingh Onnes）于 20 世纪初作为纯经验方程提出的，后来从统计力学的角度得到了证明。"维里"一词来源于拉丁文 virial，是"力"的意思。该方程一般有两种形式：

$$pV_m = RT(1 + Bp + Cp^2 + Dp^3 + \cdots) \tag{4.18}$$

$$pV_m = \left(1 + \frac{B'}{V_m^2} + \frac{C'}{V_m^3} + \frac{D'}{V_m^4} + \cdots\right) \tag{4.19}$$

式中，B、C、D……与 B'、C'、D'……分别称为第二、第三、第四……维里系数，它们都是温度的函数，并与气体本性有关。

在维里方程的基础上，我国著名学者侯虞钧先生与 J. Martin 在分析了不同化合物的 p、V、T 数据后，于 1955 年发表了一个精度较高、常数的确定比同类方程简便、适用范围广的解析型状态方程，称为马丁 - 侯方程，1959 年又作了修改，方程的表达式为：

$$p = \frac{RT}{V} + \frac{A_2 + B_2 + C_2 e^{-KT}}{(V-b)^2} + \frac{A_3 + B_3 + C_3 e^{-KT}}{(V-b)^3}$$

$$+ \frac{A_4 + B_4 + C_4 e^{-KT}}{(V-b)^4} + \frac{A_5 + B_5 + C_5 e^{-KT}}{(V-b)^5} \quad (4.20)$$

式中，常数称为马丁-侯方程常数，这些常数的值不是由经验拟合得出，而是由一般实际气体所共有的许多特性来确定的。马丁-侯方程适用于水、氨、烃类气体等的状态计算，在工程中得到广泛应用。[①]

【例1】 在 300K 时，体积为 10 升的钢瓶中贮存有压力为 7599.4kPa 的氧气，试用理想气体状态方程和范德华方程分别计算钢瓶中氧气的物质的量。

解：

（1）由理想气体状态方程（式4.14），得

$$n = \frac{pV}{RT} = \frac{7599.4 \times 10^3 \times 10 \times 10^{-3}}{8.314 \times 300} = 30.47(\text{mol})$$

（2）由范德华方程（式4.16），得

$$abn^3 - aVn^2 + (bp + RT)V^2 n - pV^3 = 0$$

该式对 n 或 V 皆为完整的一元三次方程，可采用牛顿迭代法求得近似解。

将已知的 p、V、T 数据及氧的范德华常数 $a = 0.1378 \text{Pa} \cdot \text{m}^6 \cdot \text{mol}^{-1}$，$b = 3.183 \times 10^{-5} \text{m}^3 \cdot \text{mol}^{-1}$ 代入上式，并将（1）根据理想气体状态方程计算所得的 n 值作为初始值，通过牛顿迭代法即可求得

$$n = 32.56 \text{ mol}$$

通过比较（1）、（2）的计算结果，可以看出，两种方法计算同一体系得到的物质的量相差 2.09mol。

二 平衡温度与平衡压力之间的关系（克拉贝龙方程）

在一定的温度和压力下，某物质的两个相成平衡，若温度改变 dT，相应的压力改变 dp 后，两相仍然呈平衡状态，则存在如下关系式：

[①] 胡英：《流体的分子热力学》，高等教育出版社1982年版，第215页。

$$\frac{dp}{dT} = \frac{\Delta H}{T\Delta V} \tag{4.21}$$

式中，ΔH 是物质发生相变时的焓变，ΔV 为变化前后的体系体积的改变，该式称为克拉贝龙方程式。它描述的是纯物质两相平衡时，平衡压力 p 与平衡温度 T 之间满足的关系式。

对于任何纯物质的两相平衡体系都可使用，如蒸发、熔化、升华、晶型转变等，这些两相之间的变化，都是档案保护过程中，环境、保护材料或档案材料经常出现的现象。例如，温度改变，水分蒸发；饱水的竹简木牍等脱水，为了防止脱水过程，有机质材料的皱缩，可采用冷冻，使水分由固态升华成气态的方式；保护材料从非稳定相晶型转变称为稳定相，等等。

在蒸发、升华过程中，平衡压力 p 即为衡温度 T 时的饱和蒸气压，dp/dT 即为气—液、气—固平衡时，饱和蒸气压随温度 T 的变化率。而对于熔化、晶型转变过程，则一般关注熔点、晶型转变温度 T 随压力 p 的变化情况。

根据式（4.21），可以得出物质发生相变时，相变温度与压力之间的变化关系，如室外碑刻等石质档案的保护时，我们想知道，在冬季低温情况下，低海拔与高海拔地区压力发生变化时，石材中可能存在的冰的变化情况，就可以据此获悉。

【例2】 在 273.2K 和标准压力 p^θ 时，冰和水的密度分别为 916.8kg·m^{-3} 和 999.9kg·m^{-3}，冰的熔化热为 333.5kJ·kg^{-1}，求冰的熔点随压力的变化率。

解：

由克拉贝龙方程式，可知

$$\frac{dT}{dp} = \frac{T\Delta_{fus}V}{\Delta_{fus}H} = \frac{273.2 \times \left(\frac{1}{999.9} - \frac{1}{916.8}\right)}{333.5} = -7.42 \times 10^{-8}(\text{K} \cdot \text{Pa}^{-1})$$

这也就意味着，压力每改变 1Pa，冰的熔点温度相应就有 -7.42×10^{-8}K 的改变。

对于有气体参加的两相平衡，固体和液体的体积与气体的体积相比，前两者可以忽略不计，结合理想气体状态方程（式4.14），可将克拉贝龙方程进一步简化为：

$$\frac{d\ln p}{dT} = \frac{\Delta_{vap}H_m}{RT^2} \qquad (4.22)$$

式中 $\Delta_{vap}H_m$ 是该液体的摩尔蒸发焓。此式称为克劳修斯 – 克拉贝龙方程（简称克 – 克方程）的微分式。

若假设液体的摩尔蒸发焓与温度无关，或因温度变化范围很小，摩尔蒸发焓可以视作常数，对式（4.22）进行积分，可得

$$\ln p = -\frac{\Delta_{vap}H_m}{R} \cdot \frac{1}{T} + C \qquad (4.23)$$

式中 C 是积分常数，此式为克 – 克方程的不定积分式。

如果物质分别处于状态 I 和状态 II，两个状态分别的平衡温度和平衡压力满足的关系式，可由式（4.22）定积分得到式（4.24），即为克 – 克方程的定积分式。

$$\ln\frac{p_2}{p_1} = \frac{\Delta_{vap}H_m}{R}\left(\frac{1}{T_1} - \frac{1}{T_2}\right) \qquad (4.24)$$

若已知两个不同温度下的饱和蒸气压，即可利用克 – 克方程的积分式计算摩尔蒸发焓；若已知摩尔蒸发焓及一个温度下的饱和蒸气压，则可计算出另一温度下的饱和蒸气压。或者说式（4.24）中 p_1、p_2、T_1、T_2、$\Delta_{vap}H_m$ 5 个量，已知其中任意 4 个，都可以通过式（4.24），求得第 5 个量。

【例3】 已知在我国沿海地区，大气压力为 101.325kPa，水的沸点为 100℃，水的摩尔蒸发焓 $\Delta_{vap}H_m = 40.668\text{kJ}\cdot\text{mol}^{-1}$，假设其不随温度变化。试求昆明地区水的沸点。

解：

以昆明市呈贡新区大学城云南大学所在地为例，该地海拔约为 1984 米，大气压力约 80.13kPa。

将之代入克 – 克方程的定积分式（4.23），则有

$$\ln\frac{80.13}{101.325} = \frac{40.668 \times 10^3}{8.314}\left(\frac{1}{373.15} - \frac{1}{T_2}\right)$$

解之，得

$$T = 366.59\text{K}$$

$$t = 93.44$$

即在昆明海拔约为 1984 米的地区，水的沸点约为 93.44℃。

前已说过，克拉贝龙方程或克-克方程对于任何纯物质的两相平衡体系都可使用，档案保护材料合成时，经常需要涉及晶型转变，如何确定晶型转变温度？即可利用该方程解决。

【例 4】 在斜方硫与单斜硫的晶态转变点附近，它们的蒸气压公式分别是：

斜方硫 $\lg p = -\dfrac{5267}{T} + 11.866$

单斜硫 $\lg p = -\dfrac{5082}{T} + 11.3646$

计算硫的晶态转变温度以及转变点时的晶型转变热。

解：

（1）转变温度时，两种的蒸气压相等，故

$$-\frac{5267}{T} + 11.866 = -\frac{5082}{T} + 11.3646$$

解之，得

$$T = 366.59K$$

（2）由 $\dfrac{d\ln p}{dT} = \dfrac{\Delta_s H_m}{RT^2}$，得

$$\Delta_s H_m(\text{斜方}) = RT^2 \frac{d\ln p}{dT} = 2.303 RT^2 \frac{d\lg p}{dT}$$

$$= 2.303 RT^2 \frac{5267}{T^2} = 2.303 \times 5267 \times R$$

同理

$$\Delta_s H_m(\text{单斜}) = 2.303 \times 5082 \times R$$

因此，由斜方→单斜，得

$$\Delta_{trans} H_m = \Delta_s H_m(\text{斜方}) - \Delta_s H_m(\text{单斜}) = 3542J$$

三 温度对系统过程的影响

当系统从一个状态变化至另一个状态时，系统即进行了一个过程。但是系统可以从同一起始状态，经过不同的途径变化至同一终了状态，

所以"过程"与"途径"是两个不同的概念。物理化学中，按照系统内部物质变化的类型，过程可以分为单纯 pVT 变化、相变化和化学变化三类。

热力学的主要内容是两条基本规律——热力学第一定律和热力学第二定律。热力学第一定律的本质是能量守恒定律，能量守恒定律可以表述为"一个封闭（孤立）系统的总能量保持不变"。能量守恒定律是自然界普遍的基本定律之一，它表明能量既不会凭空产生，也不会凭空消失，只会从一种形式转化为另一种形式，或者从一个物体转移到其他物体，而能量的总量保持不变。

系统的总能量一般包括：系统整体运动的动能、系统在外力场中的位能以及内能，而在热力学研究中，通常研究的系统是静止的，没有整体上的运动，并且一般没有特殊的外力场，因此，只注意内能。

在化学热力学中，系统从状态（Ⅰ）变化至状态（Ⅱ），根据能量守恒定律，若在过程中，系统从环境中吸入了热 Q，且环境对系统做了功 W，则系统的内能 ΔU 变化为

$$\Delta U = U_2 - U_1 = Q + W \tag{4.25}$$

若系统发生了微小的变化，内能的变化 dU 为

$$dU = \delta Q + \delta W \tag{4.26}$$

式（4.25）或式（4.26）就是热力学第一定律的数学表达式。利用热力学第一定律可以解决过程的能量衡算问题。作为自然界的普适定律，违背了热力学第一定律的变化过程是一定不能发生的，例如著名的第一类永动机，这种机器不消耗任何能量，却可以不断地对外做功，显然是不可能造成的。但是不违背热力学第一定律的变化过程却未必能自动发生，例如两个不同温度的物体接触后，会达到平衡，温度一致，但其逆过程却不能自动发生，尽管逆过程作为封闭系统，并无能量的产生或消失。

在实际工作中，我们可能会遇到判断档案保护环境的某一变化过程是否自动发生？档案载体材料的破坏腐蚀反应是否会自发进行？诸如此类问题的解决，就需要用到自然界的另一普遍规律，即热力学第二定律。

热力学第二定律的基础，简单说就是："自发变化是热力学的不可逆过程。"所谓"自发变化"是指能够自动发生的变化，即该变化无须任何

外力的任何作用即可发生，而其逆过程则不能自动进行。热力学第二定律有几种不同的表述，克劳修斯的说法是："不可能把热从低温物体传到高温物体，而不引起其他变化。"开尔文的说法是："不可能从单一热源取出热使之完全变为功，而不发生其他变化。"开尔文说法的另一种表述为："第二类永动机是不可能造成的。"所谓第二类永动机是指一种能够从单一热源吸热，并将所吸收的热全部转变为功，而无其他影响的机器。它并不违反能量守恒定律，但却永远造不成。

热力学第二定律的数学表示式是

$$dS - \frac{\delta Q}{T} \geq 0 \tag{4.27}$$

或

$$dS \geq \frac{\delta Q}{T} \tag{4.28}$$

式（4.27）和式（4.28）中，δQ 是实际过程的热效应，T 是环境的温度。S 是一个热力学中非常重要的概念——熵。对于熵的定义，可以理解为：如果从状态 A 变化至状态 B，并且假设 S_A 和 S_B 分别代表了起始和终了状态的熵，则可以将熵定义为

$$\Delta S = S_A - S_B = \int_A^B \left(\frac{\delta Q}{T}\right)_R = \sum_i \left(\frac{\delta Q_i}{T}\right)_R \tag{4.29}$$

若 A、B 两个平衡状态非常接近，则可写作微分的形式

$$dS = \left(\frac{\delta Q_i}{T}\right)_R \tag{4.30}$$

对于绝热体系（体系与环境没有热传递）中所发生的变化，$\delta Q = 0$，所以

$$dS \geq 0 \quad \text{或} \quad \Delta S \geq 0 \tag{4.31}$$

不等号表示不可逆，等号表示可逆。也就是说，在绝热体系中，只可能发生 ΔS 大于或等于 0 的变化。在可逆的绝热过程中，体系的熵不变；在不可逆的绝热过程中，体系的熵增加，体系不可能发生 ΔS 小于 0 的变化。换言之，一个封闭体系从一个平衡态经过绝热过程到达另一个平衡态，它的熵不可能减少。这是热力学第二定律的一个重要结果，它在绝热条件下，明确地用熵函数的增加和不变来判断可逆或不可逆过程。这就是著名的熵增加原理："在绝热条件下，趋向平衡的过程使体系的熵

增加。"

对于隔离体系（体系和环境没有物质交换，但有能量交换），由于体系与环境之间没有功和热的交换，所以它必然是绝热的。因此，可以用式（4.32）判断自发变化的方向。

$$dS_{隔离} \geqslant 0 \qquad (4.32)$$

由于通常体系都与环境有着相互的联系，如果把与体系密切有关的环境部分包括在一起，当作一个隔离体系，则有

$$\Delta S_{隔离} = \Delta S_{体系} + \Delta S_{环境} \geqslant 0 \qquad (4.33)$$

当用熵增原理来判断自发变化的方向时，体系必须是隔离的，但是通常反应总是在等温、等温等压或等温等容的条件下进行的，而且对隔离体系必须同时考虑环境的熵变，这很不方便。因此，为了在一定的条件下不必考虑环境，直接利用体系自身的函数变量，就可以判断自身变化的方向，亥姆霍兹（H. L. F. von Helmholz）和吉布斯（J. W. Gibbs）分别定义了两个状态函数——亥姆霍兹自由能（或称亥姆霍兹函数、亥氏函数，其定义式如式 4.34 所表达。）和吉布斯自由能（或称吉布斯函数、吉氏函数，其定义式如式 4.35 所表达。）

$$F = U - TS \qquad (4.34)$$
$$G = H - TS \qquad (4.35)$$

利用亥姆霍兹函数和吉布斯函数判断过程的变化方向，有两条重要的结论，分别是：

（1）亥姆霍兹自由能判据：在等温、等容不做其他功的条件下，对体系任其自然，则自发变化总是朝向亥姆霍兹自由能 F 减少的方向进行，直至体系达到平衡。亥姆霍兹自由能判据可以表示为

$$(dF)_{T,V,W_f=0} \leqslant 0 \qquad (4.36)$$

（2）吉布斯自由能判据：在等温、等压不做其他功的条件下，对体系任其自然，则自发变化总是朝向吉布斯自由能 G 减少的方向进行，直至体系达到平衡。吉布斯自由能判据可以表示为

$$(dG)_{T,P,W_f=0} \leqslant 0 \qquad (4.37)$$

用熵 S 来判断过程的变化方向时必须是隔离体系，除了考虑体系自身的熵变以外，还要考虑环境的熵变，但用亥姆霍兹自由能 F 和吉布斯自由能 G 来判断，则只需考虑体系自身的性质足矣。

在现实中，许多档案材料的腐蚀破坏，有些是纯物理过程，有些则是化学变化过程，对于常见的腐蚀变化我们可以根据经验判断，但是对于未知的反应是否可以发生，就可以根据上述的几个判据来进行判断，而不需盲目地得出错误的结论。

【例5】 试判断 298.2K，p^θ 下的空气（其中氧的含量为 20% vol）能否将 Fe(s) 氧化为 Fe_2O_3(s)？

已知下列反应在 298.2K 时的标准摩尔反应焓为：

① $Fe_2O_3(s) + 3C(石墨) = 2Fe(s) + 3CO(g)$

$$\Delta_r H_{m,1}^\theta = 489 kJ \cdot mol^{-1}$$

② $2CO(g) + O_2(g) = 2CO_2(g)$

$$\Delta_r H_{m,2}^\theta = -564 kJ \cdot mol^{-1}$$

③ $C(石墨) + O_2(g) = CO_2(g)$

$$\Delta_r H_{m,3}^\theta = -393 kJ \cdot mol^{-1}$$

且 $O_2(g)$，$Fe(s)$，$Fe_2O_3(s)$ 的 S_m^θ(298.2K) 分别为 205.0J·mol^{-1}，27.15J·mol^{-1}，90.0J·mol^{-1}。

解：

Fe(s) 在空气中氧化为 Fe_2O_3(s) 的反应 4

$$2Fe(s) + \frac{3}{2}O_2(g) = Fe_2O_3(s)$$

反应 4 可由题目中 3×3 − 1 − 3/2×2 得到，因此

$$\Delta_r H_{m,4}^\theta = 3\Delta_r H_{m,3}^\theta - \Delta_r H_{m,1}^\theta - \frac{3}{2}\Delta_r H_{m,2}^\theta = -822 kJ \cdot mol^{-1}$$

同理

$$\Delta_r S_{m,4}^\theta = -271.8 J \cdot K^{-1} \cdot mol^{-1}$$

$$\Delta_r G_{m,4}^\theta = \Delta_r H_{m,4}^\theta - T\Delta_r S_{m,4}^\theta = -740 kJ \cdot mol^{-1}$$

$$\Delta_r G_{m,4} = \Delta_r G_{m,4}^\theta + RT \ln \frac{1}{(p_{O_2}/p^\theta)^{\frac{3}{2}}} = -734 kJ \cdot mol^{-1} < 0$$

因此，298.2K，p^θ 下的空气能将 Fe(s) 氧化为 Fe_2O_3(s)。

根据吉布斯自由能判据还可以判断物质不同结构状态的稳定性，对档案载体材料的稳定性做出可靠的结论。

【例6】 p^θ，298.2K 下，碳的两种同素异性体，金刚石的摩尔燃烧

焓为 395.3kJ·mol^{-1}，摩尔熵为 2.42K·J^{-1}·mol^{-1}；石墨的摩尔燃烧焓为 393.4kJ·mol^{-1}，摩尔熵为 5.69K·J^{-1}·mol^{-1}。

求 p^θ，298.2K 下，石墨转变为金刚石的 $\Delta_r G_m^\theta$？

解：

p^θ，298.2K 下

$\Delta_r H_m^\theta = \Delta_C H_m^\theta(石墨) - \Delta_C H_m^\theta(金刚石) = 1.88\text{kJ·mol}^{-1}$

$\Delta_r S_m^\theta = S_m^\theta(石墨) - S_m^\theta(金刚石) = -3.263\text{J·K}^{-1}\text{·mol}^{-1}$

故

$\Delta_r G_m^\theta = \Delta_r H_m^\theta - 298.2\Delta_r S_m^\theta = 2.852\text{kJ·mol}^{-1}$

由该题目知，298.2K，p^θ 下石墨转变为金刚石的 $\Delta_r G_m^\theta = 2.852\text{kJ·mol}^{-1} > 0$。这说明在该情况下，石墨比金刚石更稳定。既然石墨更稳定，为什么自然界中金刚石也能长期存在呢？这是因为虽然热力学上石墨比金刚石稳定，但从金刚石转变为石墨需要活化能，即需要动力学条件。常温常压不能满足这种现实条件，故金刚石在自然界中亦能长期存在。那么，常压下加热，是否可以是石墨转变成金刚石呢？

在解决化学反应问题时，常常需要自某一反应温度的 $\Delta_r G$ 求另一温度时的 $\Delta_r G$，即需要研究吉布斯自由能与温度的关系，解决这一问题的理论依据就是吉布斯－亥姆霍兹方程（式4.38）。

$$\left[\frac{\partial(\Delta G/T)}{\partial T}\right]_p = -\frac{\Delta H}{T^2} \tag{4.38}$$

根据吉布斯－亥姆霍兹方程，可以看出，常压下加热，$\Delta_r G^\theta$（石墨→金刚石）≫0，即升温更加不利于石墨转变为金刚石。

四 温度对化学反应速率的影响

对于档案保护来讲，总是希望档案的载体材料不要发生任何不利的材料相变化和化学变化，为了这一目标的实现，总存在两个欲解决的问题：第一，此反应是否可能发生或实现（即变化的方向和限度），以及外界条件对变化方向和限度的影响；第二，此反应达到最后的结果需要多长的时间（即变化的速率），以及反应的历程（机理）。前者属于化学热力学的范畴，后者归属于化学动力学的范畴。前述的化学热力学可以解决档案材料在环境中发生腐蚀破坏的可能性，或者说了解反应进行的方向和最大限度,即在给定条件下,反应能不能发生?发生到什么程度?至于如何把可能性变为现实性以及过程进行的速率如何,单凭热力学不能做出回答。这是因为在经典热力学研究方法中既没有考虑到时间因素,也没有考虑到各种因素对反应速率的影响以及反应进行的其他细节。

例如,氢和氧化合成水,此反应的摩尔吉布斯自由能等于 $-237.2 kJ \cdot mol^{-1}$,其自发趋势是很大的。但实际上将氢和氧放在一个容器中,好几年也觉察不到有生成水的痕迹,这是因为此反应的速率太慢了。如果升高温度到1000K以上时,该反应却以爆炸的方式瞬时完成。如果选用适当的催化剂(如用钯作为催化剂),则即使在常温常压下氢和氧也能以较快的速率化合成水。而盐酸和氢氧化钠的中和反应的摩尔吉布斯自由能等于 $-79.91 kJ \cdot mol^{-1}$,反应趋势比水的合成反应要小,但此反应的速率却非常快,瞬间就可以完成。所以说,化学热力学只解决了反应的可能性的问题,对于这个反应需要多长时间却不能提供任何启示,能否实现该反应还需化学动力学来解决。

通过反应速率和反应机理的研究,可以知道如何控制反应条件,提高有益反应的速率,降低或抑制不利反应的速率。反应进行速率问题的重要性,在档案保护中的重要性是不言而喻的。在档案保护过程中,人们总是希望能降低腐蚀破坏反应的速率,例如档案材料的老化,金属制档案的腐蚀,石刻档案的风化等。而对于保护材料的生成,人们则希望反应生成的速率加快。这些问题的解决都可以通过化学动力学所提供的知识得到启示。

化学动力学的基本任务之一就是要了解反应的速率,了解各种因素对反应速率的影响,如温度、压力、浓度、介质、催化剂、分子结构等,从而使人们能够选择反应条件、掌握控制反应进行的主动权,使化学反应按我们所希望的速率进行。

在物理学中,物体运动的速度是位移随时间改变的变化率,亦即位移对时间的一阶导数,它是一个既有大小又有方向的矢量。而在化学中,化学反应速率一般表示成标量,它同样是一阶导数,亦即一个表示了变化率的量,它表示的是浓度随时间的变化率。

假设发生如下反应

$$aA + bB = cC + dD \tag{4.39}$$

则化学反应速率 r 可定义为：

$$r = -\frac{1}{a}\frac{d[A]}{dt} = -\frac{1}{b}\frac{d[B]}{dt} = -\frac{1}{c}\frac{d[C]}{dt} = -\frac{1}{d}\frac{d[D]}{dt} = \frac{1}{\nu_i}\frac{d[I]}{dt} \tag{4.40}$$

ν_i 为化学反应式中物质 I 的系数，对反应物为负值，生成物为正值，化学反应速率 r 的量纲为（浓度·时间$^{-1}$）。

表示反应速率与浓度等参数之间的关系，或表示浓度与时间关系的方程称为化学反应的速率方程，又称动力学方程。

对于化学反应的速率方程，如果该反应发生过程中，反应物分子在碰撞中相互作用转化为生成物分子，则称该反应为基元反应，其速率方程可以直接写为速率常数 k（亦称反应比速，是一个与浓度无关的量）与各反应物浓度的幂（指数为相应反应物的系数）的乘积。例如，对于基元反应（式 4.41），其速率方程即可写作为式（4.42）：

$$aA + bB + \cdots \rightarrow 产物 \tag{4.41}$$

$$r = k[A]^a[B]^b\cdots \tag{4.42}$$

或

$$r = kc_A^a c_B^b \cdots \tag{4.43}$$

对于基元反应而言，这个规律称为质量作用定律。如果一个复杂的反应需要经过若干个基元反应才能完成，这个复杂的反应就是非基元反应，称为总包反应或总反应。总反应包含的基元反应代表了反应所经过的途径，化学动力学上称之为反应机理或反应历程。对于非基元反应，化学反应式并不表示其所代表的反应的历程，而只是表达了反应物和生成物之间的一种计量关系。如果式（4.41）不是基元反应，则该反应的速率方程可表示为：

$$r = k[A]^{n_A}[B]^{n_B}\cdots \tag{4.44}$$

或

$$r = kc_A^{n_A} c_B^{n_B} \cdots \tag{4.45}$$

式中各浓度的方次 n_A 和 n_B 等（一般并不等于反应式中各组分的计量系数 a 和 b），分别称之为组分 A 和 B 等的反应分级数。反应总级数（简称反应级数）为各组分反应级数的代数和：

$$n = n_A + n_B + \cdots \tag{4.46}$$

根据反应级数的定义，反应级数与反应的分子数是两个不同的概念。只有基元反应，反应级数和反应分子数是一致的，当然零级反应除外，因为即使是零级反应也必须有反应物分子的参与。对于非基元反应，只有反应级数，不存在反应分子数为几的问题，故不能直接对化学反应式应用质量作用定律，反应级数和分级数与组分的计量系数无关，必须通过实验测定。

温度对反应速率的影响可以根据范霍夫近似规则粗略估计，这条规则是范霍夫（van't Hoff）根据实验事实总结出的一条近似规律，该规则指出：温度每升高 10K，反应速率增加 2—4 倍，即

$$\frac{k_{T+10}}{k_T} = 2 \sim 4 \tag{4.47}$$

根据式（4.47），即使保守地估计，也可以看出温度对化学反应速率的影响是非常显著的，但由于这个经验规则相对粗略，只能借此定性地认识到温度会显著影响化学反应速率。如果要定量探讨温度对反应速率的影响，就需要进一步引入阿累尼乌斯经验公式。

阿累尼乌斯经验公式描述了反应速率常数与温度的关系，其具体形式如下：

$$\ln k = -\frac{E_a}{RT} + B \tag{4.48}$$

或

$$k = A\exp\left(-\frac{E_a}{RT}\right) \tag{4.49}$$

E_a 称为反应的实验活化能或阿累尼乌斯活化能，具有能量单位。A 称为"指数前因子"，A 与 k 具有相同的量纲。将式（4.48）对 T 微分，得

$$\frac{d\ln k}{dT} = \frac{E_a}{RT^2} \tag{4.50}$$

或

$$E_a = RT^2 \frac{d\ln k}{dT} \tag{4.51}$$

在其他条件相同的情况下，活化能越大，反应的速率常数越小，反应越慢；活化能越小，反应的速率常数越大，反应越快。假设 E_a 与

温度无关，对式（4.50）定积分，即得到反应速率常数与温度之间的关系式：

$$\ln\frac{k_2}{k_1} = -\frac{E_a}{R}\left(\frac{1}{T_2} - \frac{1}{T_1}\right) \tag{4.52}$$

【例7】 设平行反应（1）$A \xrightarrow{k_1} B$，（2）（1）$A \xrightarrow{k_2} B$，其动力学数据：（1）$E_{a,1} = 108.8 \text{kJ} \cdot \text{mol}^{-1}$，$A_1 = 1.00 \times 10^{13} \text{S}^{-1}$；（2）$E_{a,2} = 83.7 \text{kJ} \cdot \text{mol}^{-1}$，$A_2 = 1.00 \times 10^{13} \text{S}^{-1}$。

求（1）提高温度时，哪一个反应的反应速率增加较快？（2）提高反应温度，能否使 $k_1 > k_2$？

解：

由阿累尼乌斯公式 $k = A\exp\left(-\frac{E_a}{RT}\right)$，$\frac{d\ln k}{dT} = \frac{E_a}{RT^2}$，知

（1）$\frac{d\ln k_1}{dT} = \frac{E_{a,1}}{RT^2}$，$\frac{d\ln k_2}{dT} = \frac{E_{a,2}}{RT^2}$

$E_{a,1} > E_{a,2}$

$\therefore \frac{d\ln k_1}{dT} > \frac{d\ln k_2}{dT}$

即提高温度，反应（1）的反应速率 k_1 增加较快。

（2）已知 $A_1 = A_2$，故有

$$\frac{k_1}{k_2} = \exp\left(\frac{-E_{a,1} + E_{a,2}}{RT}\right) = \exp\left(-\frac{3019\text{K}}{T}\right) < 1$$

即 $k_1 < k_2$ 即使 $T \to \infty$，也只能使 $k_1 \to k_2$。

五 温度对化学反应平衡的影响

在众多化学反应中，只有极少数的化学反应能够完全转化成产物，即反应能进行到底，如燃烧反应，这种只能向一个方向进行的反应，称为不可逆反应。一般情况，在一定条件下，大多数化学反应既可按反应方程式从左向右进行（正反应），也能从右向左方向的变化（逆反应），这就是化学反应的可逆性。如在恒温1473K下，将等体积的二氧化碳和氢气放入密闭容器中，经过一段时间反应后，混合体系中生成的一氧化碳和水蒸气各占30%，尚未反应的二氧化碳和氢气各占20%。相反，若

在容器中优先放置的是相同体积的一氧化碳和水蒸气,则反应完成后也会生成各占20%的二氧化碳和氢气,反应可表示为:

$$CO_2(g) + H_2(g) \rightleftharpoons CO(g) + H_2O(g)\cdots \quad (4.53)$$

上述反应称为可逆反应,也就是既能从左向右又能从右向左的反应。可逆反应是化学反应的普遍特征,几乎所有的反应都具有可逆性,只是可逆程度因反应的性质、反应物和生成物状态等不同而有很大差别。甚至可以说,不可逆反应也仅是可逆性较小,从反应的整体上看,基本上式朝着一个方向进行到底而已。[①]

可逆反应具有反应不能进行到底的特点,即反应物不能完全转化成为生成物,无论反应进行多久,在封闭体系中进行的反应,总是反应物和生成物同时存在。因此,这类反应方程式中使用"$\rightleftharpoons$"来表示反应的可逆特点。

人们将在宏观上反应物和生成物的量(指浓度或分压)不再随时间而改变、按一定比例共存的状态称为化学平衡状态。此时正、逆反应速率相等,体系处于动态平衡。化学平衡是可逆反应体系的终点,体现出该反应在指定反应条件下可完成的最大限度。进一步的实验研究表明,无论初始反应体系中各物质的量如何组成以及化学反应是从哪一个方向(正向或逆向)开始到达平衡,只要保持化学反应温度一直不变,到达平衡时,尽管反应物、生成物的浓度在各体系中各不相同,但各生成物的浓度以反应方程式中计量系数为指数幂的乘积与各反应物的浓度以计量数为指数幂的乘积之比是一个常数,即对于在一定温度下进行的任意可逆反应:

$$aA + bB \rightleftharpoons eE + fF \quad (4.54)$$

在一定温度下达到平衡,有

$$K_c = \frac{c^e(E) \cdot c^f(F)}{c^a(A) \cdot c^b(B)} \quad (4.55)$$

式中,$c(A)$、$c(B)$、$c(E)$、$c(F)$表示平衡时A、B、E、F的浓度,单位$mol \cdot L^{-1}$。K_c称为浓度平衡常数。

对于任意的气相可逆反应:

[①] 李梅、韩莉:《普通化学》,上海交通大学出版社2015年版,第50页。

$$aA(g) + bB(g) \rightleftharpoons eE(g) + fF(g) \quad (4.56)$$

在一定温度下达到平衡,各生成物分压幂的乘积与各反应物分压幂的乘积之比也是一个常数,称为分压平衡常数(K_p),其表达式:

$$K_p = \frac{p^e(E) \cdot p^f(F)}{p^a(A) \cdot p^b(B)} \quad (4.57)$$

式中,$p(A)$、$p(B)$、$p(E)$、$p(F)$ 表示平衡时 A、B、E、F 的分压。K_c、K_p 均是由实验得到的,称为实验平衡常数。

与实验平衡常数相对,还有标准平衡常数,又称热力学平衡常数,是由热力学计算得到的,用符号"K^θ"表示。热力学中将平衡常数中的浓度和分压进行了统一的规定。

对于多相反应系统

$$aA(s) + bB(aq) + fH2O \rightleftharpoons mC(aq) + nD(g) \quad (4.58)$$

达到平衡时,反应的标准平衡常数表达式为

$$K^\theta = \frac{[c(C)/c^\theta]^m \cdot [p(D)/p^\theta]^n}{[c(B)/c^\theta]^b} \quad (4.59)$$

式中溶液用相对浓度"c/c^θ"表示,简化表示为 c',c^θ 称为标准浓度,$c^\theta = 1 mol \cdot L^{-1}$;气体分压用相对分压"$p/p^\theta$"表示,简化为 p'、p^θ 称为标准压力,$p^\theta = 100kPa$。标准常数单位为 1。[①]

掌握化学平衡的特点,对指导档案保护有重要的意义。档案不可避免发生腐蚀破坏反应时,可以通过改变反应的平衡条件,使腐蚀反应中的平衡常数尽可能地降低,就可以达到档案材料保护的目的。例如,可以改变反应物或生成物中的某一项,这时尽管平衡常数不变,但是反应系统中其他组分的浓度或气体分压就会发生相应的改变,以维持恒定的平衡常数。而温度变化对化学平衡的影响,则是化学平衡常数发生了改变。

温度对化学平衡常数的影响可由范特霍夫(van't Hoff)方程计算得到,该方程为

$$\frac{d\ln K^\theta}{dT} = \frac{\Delta_r H_m^\theta}{RT^2} \quad (4.60)$$

---

① 王艳玲:《无机化学》,石油工业出版社 2008 年版,第 63 页。

范特霍夫方程是计算不同温度下 K^θ 的基本公式。该式表明温度对标准平衡常数的影响与反应的标准摩尔反应焓 $\Delta_r H_m^\theta$ 有关：

$\Delta_r H_m^\theta < 0$ 时，反应为放热反应，K^θ 随 T 的升高而减小，升温对正反应不利；

$\Delta_r H_m^\theta > 0$ 时，反应为吸热反应，K^θ 随 T 的升高而增大，升温对正反应有利。

式（4.60）为 $K^\theta - T$ 关系的微分式，利用它可进行 K^θ 随 T 变化趋势的定性分析。对于定量计算某一温度下的 K^θ，只需对式（4.60）进行积分计算即可。

第四节　环境温度对档案载体材料的影响

档案载体材料，即档案制成材料，是承受并反映档案内容的物质材料。其种类很多，但大体上可分为纸张材料、书写材料、片基和带基材料、感光材料、磁记录材料、光盘材料以及金属质、陶瓷质、石质、植物质、动物质和织物质材料等。随着社会的发展和科学技术的进步，今后还将会出现新的档案制成材料。

温度对档案载体材料的破坏，主要有两个方面：一是来自温度对其他破坏因素的促进，如岩石风化时，温度可以加快发生化学风化作用的化学反应速率，影响盐结晶的结晶速率和程度，影响水在岩石表面的集聚和结晶等；二是温度的变化引起的档案载体材料的机械破坏。

一　温度对纸张的影响

纸张在不同温度条件下会发生一系列变化，例如：水分蒸发干燥、皱缩变脆、卷曲变色、破碎炭化，直至变成灰烬。根据纸张受热程度及其表观状态的不同，大体上可将变化分为三个阶段。

（1）焦化阶段，150—210℃，纸张干燥、起皱、边缘翘起、面积缩小并卷曲，颜色由白变黄、变褐、转黑。

（2）炭化阶段，250—350℃，纸张炭化、断裂，并逐渐开始灰化，呈灰黑色。

(3) 灰化阶段，350℃以上，纸灰逐渐变成灰白色，形成粉末状灰烬。①

部分纸张在不同温度下颜色的变化情况如表 4-1 所示。

表 4-1　　　　　　　　纸张在不同温度下的颜色变化情况

纸张种类	温度/℃					
	150	200	250	300	400	500
复印纸	未变化	变黄	棕黄	灰白	灰白	白灰
书写纸	未变化	变黄	棕黄	黑色	黑灰	灰色
新闻纸	发黄	黄棕	棕黄	棕黑	黑灰	白色
热敏纸	变黑	黑灰	黄白	灰黑	黑灰	黑白

二　温度对岩石风化的影响

岩石的风化作用，从破坏机理看大致可分为两类，即机械破坏与化学破坏，相应地可把风化作用的类型分为物理风化作用与化学风化作用。岩石的化学风化是指岩体在空气、水与微生物的作用下发生的化学反应过程，主要有酸化、氧化、水化、碳酸盐化、溶解、水解与盐基交换等多种化学反应。由"第三节　温度与其他环境参数或过程的关系"可知，温度的变化会加剧这些化学反应的速率或风化破坏的程度。

温度变化引起岩石的机械破坏表现在由于岩石是热的不良导体，岩石传热过程缓慢，外界温度发生变化时，吸热与散热过程不平衡，导致产生温差应力。一方面，白天阳光照射下，岩石表层因吸热而升温，并处于相对热膨胀状态，而岩体深层仍处于较低的温度之下，相对处于冷缩状态；但在夜间则相反，岩体表层因散热而降温，相对处于冷缩状态，岩体里层却因白天吸收的热量不能及时散发而处于相对热膨胀状态。这样的反复作用，在岩体内产生较大的温差应力，引起各种形态的裂缝，久而久之，这些裂缝日益扩大增多，被这些裂缝割裂开来的岩石表皮层层脱落。原本完整的雕刻，就因温度的变化而表面松散，形态逐渐

---

① 谢朋、胡祖平：《文件制成时间检验》，浙江大学出版社 2015 年版，第 134 页。

模糊。①

另一方面，岩石是由多种矿物成分组成的，组成岩石的不同矿物具有不同的热膨胀系数，如石英为 31×10^{-6}，长石为 17×10^{-6}，即使是在同一温度下，由于岩石内部各个部位热胀冷缩的程度不同，也会使矿物颗粒之间产生应力，这样连在一起的岩石矿物颗粒就会彼此脱开，使完整的岩石破裂松散②。

三　温度对金属腐蚀的影响

金属腐蚀包括化学腐蚀和电化学腐蚀两类，这是根据金属腐蚀过程的特点对金属腐蚀的分类。如果根据金属腐蚀的环境温度，金属腐蚀分为常温腐蚀和高温腐蚀。温度对于任何化学反应都是非常重要的影响因素，一般来讲，温度会加快化学反应的速度。常温条件下发生的金属腐蚀就是常温腐蚀，如果金属的腐蚀是金属在高温状态下与周围环境气体介质发生了破坏反应，就称为高温腐蚀。但是高温腐蚀所指的高温，只是一个相对概念，它与金属材料的熔点和活性有关，例如：$\alpha-Fe$ 的熔点为 909℃，450℃以上为高温；Al 的熔点为 660℃，故 200℃以上就是高温了；而 $\beta-Ti$ 的熔点为 1660℃，所以 500℃以上才为高温。一般地，只要金属在某一温度下发生了明显的腐蚀现象，那么这一温度对于该金属而言就属于高温。③

高温腐蚀是金属材料与各种高温的腐蚀介质发生的破坏反应，最常见也是最基本的就是高温氧化，即金属与氧气形成金属氧化物的反应，这是由于氧气是自然界和人为环境中最常见的气体介质。事实上，高温腐蚀范畴的金属高温氧化尚有一个更宽泛的定义，广义的金属氧化反应是指金属与含硫、碳、卤素、氮等非氧气体介质反应形成金属化合物的过程，主要包括：金属与硫的硫化反应形成低硫化合物，金属与碳的碳化反应形成碳化合金，金属与卤素的卤化反应形成卤化物，金属与氮气的氮化反应，等等。由于高温氧化反应一般是在非溶液的相对干燥环境

---

① 刘强：《石材加工与利用》，科学出版社 2015 年版，第 35 页。
② 奚同庚：《无机材料热物性学》，上海科学技术出版社 1987 年版，第 213 页。
③ 李美栓：《金属的高温腐蚀》，冶金工业出版社 2001 年版，第 1 页。

下进行，所以早期也有干腐蚀、气体腐蚀等称谓，但是目前国内外已经统一采用高温氧化这一专业术语。① 从金属的高温腐蚀现象可以看到，温度对金属腐蚀的严重影响。

温度对金属腐蚀的影响主要表现在对各种腐蚀因素的促进作用上，例如，温度与环境相对湿度互相关联，干燥的环境下，气温再高金属也不容易锈蚀。但是当相对湿度达到临界值时，温度的影响明显加剧，温度每增加10℃，锈蚀速度就会提高两倍。另外，在潮湿条件下叠加了其他有害因素就会引起金属的腐蚀。温度的变化会影响相对湿度的变化，间接影响了暴露在大气中的金属物表面的干湿状态以及改变了气体（特别是氧气）的溶解度，同时也改变了某些腐蚀产物的溶解度，从而生成不同的腐蚀反应产物，导致金属表面状态变化。

四 温度对陶劣化的影响

温度对陶器的破坏主要体现在当器物存放环境的温度变化时，器物存放环境的相对平衡状态被破坏，使得环境对器物的扰动作用加强，如温度变化时，湿度（包括水的相态）发生改变，微生物的存活也会随之变化。不仅如此，器物存放环境温度改变时，环境中的水汽就会在器物表面冷凝聚集，引起器物的含水量增加，导致后续的一系列伤害的发生，这些伤害主要集中在四个方面：其一，温度的改变致使可溶性盐类对陶器造成损坏。其二，温度的改变加剧了可溶性盐与陶器中的金属矿物质的置换反应，改变了陶器的内部组成结构，造成了陶器的劣化。其三，出土后暴露在空气中的陶器由于原有的温、湿度平衡被破坏，温、湿度变化造成的损坏更大，若温度低于0℃，陶器中的水分就会结冰，水由液态变成固态时，其体积膨胀8%，由此而产生的膨胀力大约为6×10^3kg/cm^2；当温度高于0℃时，冰又融化成水，这个力随之消失，如此反复作用，陶器质地就会变得疏松，甚至出现裂隙。其四，若是处于高温的夏季，气候干燥，空气湿度小，陶器中水分挥发速度加快，也易使陶器出现裂隙。若遇梅雨季节，温度高、湿度大，霉菌的繁殖速度和各种化学

---

① 陈鸿海：《金属腐蚀学》，北京理工大学出版社1995年版，第19页。

反应速度加快，同样会对陶器造成巨大的伤害。①

五　温度对木材的影响

环境温度对木材的强度有直接影响。在通常的气候条件下，温度的变化不会引起木材化学成分的改变。但当环境温度升高时，木材中的胶结物质会逐渐软化，强度和弹性均会随之降低；温度降低时，木材还将恢复原来的强度。当木材长期处于40—60℃温度时，会发生缓慢炭化；当木材长期处于60—100℃温度时，会引起木材水分和所含挥发物的蒸发；当温度在100℃以上时，木材开始分解为组成它的化学元素。通常在长期受热环境中，如温度可能长期超过50℃时，在工程中就不应采用木结构了。当环境温度降至0℃以下时，木材中的水分结冰，强度增大，但木材变得较脆，一旦解冻，各项强度都将比未解冻时的强度低。②

温度对木材的破坏主要表现在对木质干裂和翘曲的影响上，由于在干燥过程中，一方面木材沿年轮径向和弦向干缩率的差异而产生的干燥应力使木材沿着其薄弱面发生分离破坏，其薄弱面一般在沿树轴方向排列的组织和木射线的边界上。另一方面，木材结合水沿截面内外分布和蒸发速度不均，因而收缩时沿年轮弦向产生拉应力，同时，木材内的相邻组织含水率的差异会引起不同干缩量，这些各种不同的应力破坏的综合作用使木材产生翘曲或者是开裂，即干裂，因此木材的干裂是难以避免的。特殊的，由于制材和干燥或蒸煮，在木材上产生的离开平面的任意的变形称翘曲。

一般干缩裂缝均为径向，即沿木纹的木材组织的分离破坏，由表及里的发展。最早出现的第一条裂缝宽度深度最大，称为主裂缝。在干燥过程中，当含水率处于平衡含水率（15%—18%）时，干缩裂缝的发展即趋于稳定。当木材有斜（扭）纹时，干缩裂缝必然沿着斜纹方向发展而形成危险的斜裂缝。

干缩裂缝的大小轻重程度及其位置与树种、制作时的含水率和选材措施等因素有关。制作时木材的干燥程度和选材是否正确对裂缝的影响

---

① 王成兴、尹慧道：《文物保护技术》，安徽大学出版社2005年版，第95页。
② 孙凌：《土木工程材料》，人民交通出版社2014年版，第279页。

很大，制作时含水率低，翘曲、裂缝就轻而小。这一点在后面"水分对木材的影响"中还有讨论。

六 温度对骨质腐蚀的影响

由于骨是各向异性的，在骨的轴向和纵向，其强度存在明显差异，所以当温度发生变化时，骨内含的水由于冰冻体积膨胀，在骨上产生机械性裂纹，发生翘曲、开裂等形变，进而导致骨的破裂和剥落。

温度的波动还会加速骨的风化速度。骨的风化主要受细菌的影响，而一般腐败细菌多属于中温菌，最适宜的温度在20—35℃。在这种温度环境中，腐败细菌易于生长繁殖，骨的腐败风化就会发展得很快。低温0—1℃以下一般细菌的发育受到抑制，55—60℃以上的高温环境中，一般细菌被杀死。

七 温度对织物老化的影响

织物的老化主要表现在：织物变脆、弹性下降等力学性质的劣化；织物褪色、泛黄、光泽暗淡、破损、出现霉斑等外观特征的退化等。老化的作用形式除力、热、光、电、水等因素的物理作用以及菌、酶、微生物、昆虫的分解和吞食等生物作用，其他如酸、碱、有机溶剂、染料及气态化学物质及其复合降解或化学反应作用引起的化学作用，对织物的老化也起到了重要的影响。化学作用主要是对纤维的分子结构和分子间结构的化学溶解、降解、开键、交联等作用，会改变大分子的聚合度、破坏分子间的相互作用，形成活性较强的低分子物或极性基团，使纤维的物理、化学可及性增大，纤维的结构变得不稳定甚至被破坏，由此引起纤维的变脆、变色、变形而导致性能失效，织物的形状也随之劣化和最终被破坏，如前所述，温度对化学反应的影响无论是反应速率，还是反应的方向和平衡常数都是十分显著的。

第五节 环境温度的控制

一 环境温度控制工程

温度对档案馆内档案的保藏有着十分重要的影响，一般认为，博物馆室内标准温度在 15—25℃ 时对档案保存比较适宜。这个温度范围是泛指各类档案而言，有些质地的档案对温度有更严格的要求，如以植物纤维为原料的纸张、漆、木、竹器、棉麻织物及以蛋白质脂肪为主要原料的丝织品、皮革制品，都是吸湿性的物质，对温度要求比较严格。所以，对不同质地的档案分类保管，有区别地控制湿度，是最理想的办法。

  档案保护环境温度的控制，首先要在修建档案馆其他存放馆室之前，结合当地气候条件，选择好馆室的类型；其次，要做好馆室外围护结构的设计，使外围护结构（主要是墙体和屋顶）的隔热性能（热阻值）达到档案保存用建筑的标准；再次，结合馆室有害气体的控制，考虑保温要求，做好通风系统的设计和安装。较热地区炎热季节可考虑屋顶水平送风系统对送入空气的降温，寒冷地区寒冷季节可考虑屋顶水平送风系统对送入空气加温。

  为此，我国专门制定了以下标准或规范文件严格规范了档案馆的建筑设计和施工：

  （1）档案馆建筑设计规范（JGJ 25—2010），行业标准，2010 年 8 月 3 日批准，2011 年 2 月 1 日起施行。该规范不仅适用于新建、改建、扩建的档案馆建设设计，而且对档案馆建筑的各个部分也明确给出了定义，例如：

  档案馆（archives）：集中管理特定范围档案的专门机构。

  中央级档案馆（national archives）：收藏党和国家中央机构的以及具有全国意义档案的、并经国家有关部门批准建立的档案馆。

  档案库区（area of repository）：档案库及其服务的更衣室、缓冲间和交通通道占用区域的总称。

  馆区（archives area）：档案馆各类业务用房及附属公共设施所占的整个区域。

  档案库（archival repository）：收藏档案的专门用房。

  对外服务用房（opening areas for public）：档案馆中对公众开放的用房，包含阅览室、展览厅、报告厅等。

  利用者（user）：查阅利用档案的人员。

  缓冲间（buffer room）：在进入档案库区或档案库的入口处，为减少外界气候条件对库内的直接影响而建的沟通库内外并能密闭的过渡房间。

封闭走廊（closed corridor）：为减少外界气候对档案库的直接影响，在档案库外建的、用墙和窗与外界隔开的走廊（一面或多面以及绕一圈的环廊）。

档案装具（archives container）：用于存放档案的器具，包括档案柜、档案架、密集架等。

主通道（main passageway）：档案库内的主要交通、运输通道。

密集架（compact shelving）：为节省空间而设计的可沿轨道水平移动的活动存储装置。

消毒室（disinfection room）：用化学或物理方法进行杀虫、灭菌工作的专设房间。

珍贵档案（precious archives）：具有重要凭证作用和价值的、不可替代的、年代久远的档案。

特藏库（repository for precious archives）：存放珍贵档案的高标准档案库。

母片库（repository for master）：专门存放缩微母片的档案库。

有了这些关于档案馆建筑的专门术语，就可以在档案馆的建设、设计以及今后涉及档案馆的日常工作中对相关工作进行严格的规范，提高档案保护、保藏和利用的水平。

在该规范文件中，涉及档案馆温度要求的内容包括：

①5.1.1 档案防护内容包括温湿度要求，外围结构要求，防潮、防水、防日光及紫外线照射，防尘、防污染、防有害生物和安全防范等。

②5.1.2 温湿度要求应根据档案的重要性和载体等因素确定。

③5.2.1 纸质档案库的温湿度要求应符合表5.2.1的规定（见表4-2）。

表4-2　　　　　　　　纸质档案库的温湿度要求

用房名称	温度/℃	相对湿度/%
纸质档案库	14—24	45—60

④5.2.2 特藏库、音像磁带库、胶片库等特殊档案库的温湿度要求应

符合表 5.2.2 的要求（见表 4-3）。

表 4-3　　　　　　　　特殊档案库的温湿度要求

用房名称		温度/℃	相对湿度/%
特藏库		14—20	40—55
音像磁带库		14—24	40—60
胶片库	拷贝片	14—24	40—60
	母片	13—15	35—45

⑤5.2.3 档案库在选定温、湿度后，每昼夜温度波动幅度不得大于±2℃，相对湿度波动幅度不得大于±5%。

⑥5.2.4 部分技术用房和对外服务用房温湿度要求应符合表 5.2.4（见表 4-4）的规定。

表 4-4　　　　　　部分技术用房和对外服务用房温湿度要求

用房名称	温度/℃	相对湿度/%
裱糊室	18—28	50—70
保护技术实验室	18—28	40—60
复印室	18—28	50—65
音像档案阅览室	20—25	50—60
阅览室	18—28	—
展览厅	14—28	45—60
工作间（拍照、拷贝、校对、阅读）	18—28	40—60

⑦5.3.2 库房屋顶应采用保温、隔热措施，并应符合下列规定：平屋顶上采用架空层时，基层应设保温、隔热层；架空层应通风流畅，其高度不应小于 0.30m……

⑧档案库门应为保温门；窗的气密性能、水密性能及保温性能分级要求应比当地办公建筑的要求提高一级。[①]

---

① 中华人民共和国住房和城乡建设部、中华人民共和国国家档案局：《中华人民共和国行业标准·档案馆建筑设计标准》，中国建筑工业出版社 2010 年版，第 10 页。

（2）档案馆建设标准（建标 103—2008），2008 年 7 月 1 日施行。为了加强和规范我国的档案馆建设，提高工程项目投资决策和建设管理水平，维护档案的完整与安全，便于社会各方面利用，制定了该标准。该标准适用于省（自治区、直辖市、计划单列市、副省级市）、市（地、州、盟）、县（市、区、旗）三级综合档案馆的新建、扩建、改建工程项目，是档案馆建设的全国统一标准，是编制、评估和审批档案馆建设项目建议书、可行性研究报告和初步设计的依据，也是有关部门对档案馆工程项目建设全过程监管检查的依据。该标准虽然没有对档案馆的温度做出明确规定，但在"第五章建筑设计"之"第三十二条"规定了库区内应设工作人员更衣室，其余附属用房不应设在库区内，其原因是"档案库温度较低，与室温差距较大，设立更衣室可以让工作人员更换或暂时存放衣物，不但有利于工作人员的身体健康，也可以避免将外部灰尘等带入库房，影响档案安全保管"。这说明与室温比较，档案库的温度较低。[①]

（3）档案库房技术管理暂行规定，国家档案局 1987 年 8 月 29 日颁布，自 1987 年 8 月 29 日施行。其中，"第三章温湿度控制"规定：

第七条 档案库房（含胶片库、磁带库）的温度应控制在 14—24℃，有设备的库房日变化幅度不超过 ±2℃；相对湿度应控制在 45%—60%，有设备的库房日变化幅度不超过 ±5%。

第八条 保存母片的胶片库温度应控制在 13—15℃，相对湿度应控制在 35%—45%。

第九条 各库房及库外应科学地安设温湿度记录仪表，潮湿地区应配备去湿机，专门库房应安装空调设备。

第十条 库房内外温湿度应定时测记，一般每天两次，掌握温湿度变化情况，随时予以控制调节。注意积累库房温湿度变化的资料，每年进行一次综合分析，以便掌握库内外温湿度变化规律，制订综合管理计划。

---

① 中华人民共和国国家档案局：《档案馆建筑设计标准》，中国档案出版社 2008 年版，第 9 页。

第十一条　空调、去湿或增湿设备应定期检修、保养。温湿度记录仪表应按设备要求定期校验。[①]

二　环境温度控制技术

在档案保护工作中，不仅要对档案保护环境的温度进行准确的测量，更重要的是要对档案保护环境中的温度进行精确地控制，这是因为档案的保管和保护等日常工作都要求温度参数稳定在一定的数值下或按一定的规律变化，这一点从前面《档案馆建筑设计规范》中的要求也可以看到。在档案馆中一般可采取以下三种方法控制温度。

第一，宏观系统控制：主要依靠中央空调系统控制档案馆的温度，尽量使中央空调的温度在20℃左右，辅助进一步的微环境调控。

第二，微环境控制：档案柜、档案架等档案装具内（或所处）的微环境直接影响着档案的寿命。要加强档案装具微环境的控制，在重要档案的保藏区域可安装恒温恒湿系统。

第三，重要档案单独控制：由于不同种类的档案对温度的要求各不相同，因此对于一些重要的档案要进行单独控制，如在档案柜中安装独立的恒温恒湿系统，设定这种档案的最佳温湿度范围，使之更好地保存。

但在实际档案保护中由于各种原因（外部干扰）温度总要偏离给定值或不按要求的规律变化。这就需要采取一定的方法，使温度保持不变或按规定的程序变化，这就需要对温度进行人工或自动的调整，这种调整过程就叫温度控制，用作调整的仪表就叫温度控制仪表。所以随着温度控制技术的发展，档案馆的温度控制不应该理解为只是简单的空调应用技术，事实上，温度控制是涉及各类仪表仪器的复杂的自动化工程。

在档案馆实现了温度参数的自动控制，不仅有利于档案的储藏和保管，也有利于提高档案保护的质量和效率，而且对于改善档案从业人员的工作环境、防止档案馆中有害气体产生、降低尘埃都是十分有利的。此外，实现温度调节对于档案馆内存放档案的器具设施的安全亦有着极为重要的作用，而且便于分析档案保管和保护中各环节所出现的各种问

[①] 全国人民代表大会常务委员会法制工作委员会：《中华人民共和国法律行政法规规章司法解释分卷汇编·行政法卷》，北京大学出版社1998年版，第429页。

题，并加以适当处理。

温度自动控制系统主要由调节对象、检测装置、调节器和执行器组成，如图4-1所示。图中，t为被调温度，它是控制工艺过程中要求控制的物理量；z为测量值，它是检测装置的输出量；s为给定值，它是控制工艺过程中规定的被调参数值；g为调节参数，它是用来克服干扰作用的物理量；f为干扰量，它是引起被调参数变化的物理量；e为偏差值，它是给定值与测定值之差，偏差又叫静差。① 例如，档案馆的温度自动控制系统即是由被控对象（档案馆温度调节设备，如空调）、检测装置（温度测量仪表）、调节仪表和执行器等组成。在温度调节时，它利用调节仪表控制，采用触发器触发可控开关来自动改变供给空调设备的功率大小，从而达到自动调节档案馆环境温度的目的。

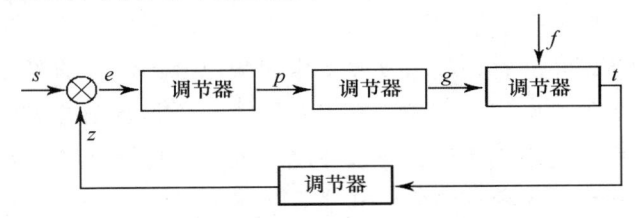

图4-1 温度自动控制系统组成方框图

日常常用的温度调节系统主要有以下几种：（1）程序调节系统。程序调节系统的被调参数（温度）是随着给定的程序而变化的。程序是根据要求制定的，可以是被调参数随时间变化的时间程序，也可以是被调参数随着其他已知的参数变化的参数程序。（2）随动调节系统。随动调节系统的被调参数是随着另外的过程而变化的，而这个过程是未知的。这种调节系统一般多用于多温区的温度控制。其中一温区作主控，其他温区作副控以跟随主控进行跟踪控制。（3）定值调节系统。定值调节系统又叫自动镇定系统，其作用是克服系统的扰动对被调量的影响，以维持被调参数的恒定。这种调节系统，在工业生产的温度控制中用得最多。

温度自动控制系统的组成必须遵循以下原则：要满足温度控制的要求，要根据仪表维修人员的技术水平，要考虑经济价值。

---

① 刘常满：《温度测控仪表使用与保养问答》，国防工业出版社2007年版，第3页。

第五章

档案保护环境之湿度

第一节 湿度的定义与湿空气的状态参数

水是档案破坏的重要因素，水的破坏一方面来自它对档案材料的直接破坏，如冰冻和溶解，另一方面水作为其他破坏因素的媒介带来的间接破坏可能更甚，例如，如果没有水，酸性气体和石刻的制成岩石发生化学反应作用的概率就很低，所以环境中水分的检测和控制对档案保护尤为重要。在档案保护环境中，除非发生了事故或灾难，否则直接存在大量液态水分的可能性很低，可是在空气中气态水的存在是不可避免的。事实上，空气作为一种混合气体，通常都含有水蒸气。水蒸气亦称水汽，它是由水汽化或冰升华而成的气态水，空气就是由氮、氧等气体和水蒸气所组成。完全不含水蒸气的空气称为干空气，含有水蒸气的空气称为湿空气，湿空气就是由干空气和水蒸气所组成的混合气体。

在一般情况下，往往将空气中水蒸气的影响忽略，但是档案馆这类对温、湿度有特殊要求的场所，在需要通风、空调及干燥的工程时，为使空气达到一定的温度及湿度，以符合档案保管和保护的要求，就不能忽略空气中的水蒸气。

湿空气中的水蒸气虽然含量较少，但它与干空气却有所不同，湿空气中水蒸气的含量和相态都可能发生变化，大气中发生的雨、雪、雾、霜等自然现象都是湿空气中水蒸气的相态变化所致，因此必须对湿空气的一些性质进行研究才能够达到改善档案保护环境与保护档案的目的。为了明确和规范此领域的研究，国家质量监督检验检疫总局发布了由全国物理化学计量技术委员会监管下，中国计量科学研究院、上海计量测试技术研究院负责起草的中华人民共和国国家计量技术规范《湿度与水分计量名词术语及定义（JJF1012—2007）》，该规范2007年11月21日批准，并自2008年5月21日施行，规范中规定了有关湿度与水分计量的常用名词术语和定义。

在《湿度与水分计量名词术语及定义》规范中，除了湿空气和干空气的概念外，还有"干气"和"湿气"这一对术语，干气是指不含水蒸气的气体，而干气和水蒸气组成的混合物即是湿气，并注明"绝对不含水蒸气的干气是不存在的，所谓干气仅仅是相对的"。此外，日常生活中经常使用的"水分"一词与水也非一个概念，液体或固体中水的含量才是严格意义上的水分。

一 液体的饱和蒸气压

在第四章第三节之"温度与压力的关系（气体状态方程）"部分内容中，提及气体分为理想气体和真实气体，理想气体的一个基本特征就是分子间无相互作用力。因为理想气体分子间没有相互作用，所以在任何温度、压力下都不可能液化。而真实气体则不同，其分子间相互作用势能随分子间距离的变化而发生改变，例如，降低温度与增加压力可使气体的摩尔体积减小，即分子间距离减小，这可使分子间相互吸引作用增加，导致气体变成液体。与之相对，增加温度与降低压力可使气体的摩尔体积增大，即分子间距离增加，这可使分子间相互吸引作用减小，导致液体变成气体。

可以设想，在一个抽空的密闭容器中装有部分某种纯物质的液体，在某一适当温度下，液体与其蒸气可达成一种动态平衡，即单位时间内由液体分子变为气体分子的数目与由气体分子变为液体分子的数目相同，宏观上说即液体的蒸发速度与气体的凝结速度相同。人们把这种状态称为气—液平衡，处于气—液平衡的气体称为饱和蒸气，液体称为饱和液体，饱和蒸气所具有的压力称为饱和蒸气压。

饱和蒸气压首先是由物质的本性决定的，所以不同物质在同一温度下具有不同的饱和蒸气压。而对于同一种物质来说，不同温度下具有不同的饱和蒸气压，所以饱和蒸气压又是温度的函数，这一点在第四章第三节之"平衡温度与平衡压力之间的关系（克拉贝龙方程）"中已讨论。

由克拉贝龙方称可知，饱和蒸气压随温度的升高而迅速增加。当饱和蒸气压与外界压力相等时，液体沸腾，此时相应的温度称为液体的沸点。通常将101.325kPa外压下的沸点称为正常沸点，如水的正常沸点为100℃。在101.325kPa的压力下，如果把水从低于100℃情况下开始加热，随温度的上升，水的饱和蒸气压会不断上升。当加热到100℃时，水的饱和蒸气压达到101.325kPa，这时不仅液体表面的水分子会发生汽化，液体内部的水分子也会发生汽化，在液体内部产生气泡，使液体沸腾。在高原地带，大气压力较低，故水的沸点较低。而在压力高于101.325kPa下加热水（如在高压容器中），水的沸点又会相应升高。例如，在第四章"例3"中已讨论：在我国沿海地区，大气压力为101.325kPa，水的沸点为100℃，而在云南省昆明市，其海拔约为1984米，水的沸点降为93.44℃。

一般情况下，当外部压力不是很高时，纯物质的饱和蒸气压不受其他气体存在的影响，只要这些气体不溶于该液体。例如，液体水在大气中的饱和蒸气压与它单独存在于容器中时基本是一样的。

在一定温度下，某一物质的蒸气压力如果小于其饱和蒸气压，液体将蒸发变为气体，直至蒸气压力增至该温度下的饱和蒸气压，达到气液平衡为止。反之，如果某物质的蒸气压力大于其饱和蒸气压，则蒸气将部分凝结为液体，直至蒸气的压力降至该温度下的饱和蒸气压，达到气液平衡为止。水在20℃时的饱和蒸气压为2.338kPa，在大气环境中尽管有其他气体存在，只要大气中水的分压小于2.338kPa，液体水就会蒸发成水蒸气。反之，如果大气中水蒸气的分压大于该温度下的饱和蒸气压，水蒸气就会凝结成液体水。

档案保护环境的空气一般是湿空气，即干空气和水蒸气的混合物。干空气可视为理想气体，而存在于大气中的水蒸气，由于分压力通常是很小的，一般只有3—4kPa，大都处于过热度较大的过热蒸气状态，分子间距离足够远，可以视为理想气体，其状态参数间的关系也可用理想气体的状态方程来描述。因此，适用于理想气体的一些定律及其混合气体的计算公式也都适用于档案保护环境的湿空气。

设以p_w表示水蒸气的分压力，p_a表示干空气的分压力，通常在档案馆烘干、通风、空调等工程中都采用外界的大气作为工质。此时，气压

表的读数就是湿空气的总压力，湿空气的总压力为 p，则有

$$p = p_a + p_w \tag{5.1}$$

二 饱和空气和未饱和空气

空气中的水蒸气由于其含量的不同，即分压力 p_w 的大小不同以及温度不同，可以处于过热蒸气状态或干饱和蒸气状态。湿空气中水蒸气的状态由其分压力和湿空气的温度确定，如果水蒸气的分压力低于该温度下所对应的水蒸气的饱和分压力，水蒸气处于过热蒸气状态，由干空气与过热水蒸气组成的湿空气称为未饱和空气。

若在该温度不变的情况下，向湿空气中继续增加水蒸气量，则水蒸气压力将不断增加，直至达到最大值，即饱和分压力，水蒸气为饱和水蒸气，这种由干空气和饱和水蒸气组成的湿空气称为饱和空气。此时，如果温度维持不变，饱和空气不能再接受更多的水汽，继续向饱和空气加入水蒸气，则将有水滴出现，而湿空气将保持饱和状态。相应地，在一定温度下，未饱和空气则能够继续接受一定量的水蒸气。

三 绝对湿度和相对湿度

湿度用来表示气体中水蒸气的含量，$1m^3$ 湿空气中所含水蒸气的质量称为空气的绝对湿度。由于湿空气是空气和水蒸气的均匀混合物，所以绝对湿度在数值上等于单位体积湿空气中水蒸气的含量，故亦称作体积水分浓度，用 d_v 表示，单位 kg/m^3。将湿空气中的水蒸气看作理想气体，由绝对湿度的定义和理想气体状态方程可得绝对湿度的计算公式为

$$d_v = \frac{m_w}{V} = \frac{p_w}{R_w T} \tag{5.2}$$

式中：V 为湿气的体积，单位 m^3；R_w 为水蒸气的气体常数。

绝对湿度只能说明湿空气中所含水蒸气量的多少，而不能说明湿空气所具有的吸湿能力大小，因此常用相对湿度来说明湿空气吸收水蒸气的能力及其潮湿程度，或说明空气接近饱和的程度。相对湿度就是单位体积湿空气中实际所含水蒸气的质量与同温度下最大可能含有的水蒸气的质量的比值，即湿空气的实际绝对湿度与同温度下的最大绝对湿度的比值；也可以表示为水蒸气的摩尔分数与相同温度和压力条件下饱和水

蒸气的摩尔分数之百分比,或者湿气中水蒸气的分压值与相同温度下饱和水蒸气压的比值,用 U 表示,单位%RH。

$$U = \left(\frac{x_v}{x_{mv}}\right) \times 100 \tag{5.3}$$

式中:x_v 为水蒸气的摩尔分数,单位 mol/mol;x_{mv} 为饱和水蒸气的摩尔分数,单位 mol/mol。

相对湿度值介于 0 和 1 之间,其值越小,就表示湿空气距离饱和状态越远,尚有吸收更多水蒸气的能力,即空气越干燥,吸收水蒸气的能力越强;反之,相对湿度的值越大,湿空气吸收水蒸气的能力越弱,即空气越潮湿。当相对湿度值为 0 时,则为干空气;当相对湿度值等于 1 时,则为饱和湿空气,再也不能吸收水分了。所以,无论湿空气的温度如何,由相对湿度值的大小就可以直接看出湿空气的干燥程度。相对湿度反映了湿空气中水蒸气接近饱和状态的程度,故又称饱和度。

四 饱和湿度和饱和湿度差

饱和湿度是指在一定温度下,单位体积空气所能容纳的最大水蒸气量或水蒸气所能具有的最大压力。环境湿度升高,空气的饱和湿度增大,也就是饱和蒸气压增大。空气的饱和湿度差是指空气的饱和湿度与同温度下空气的绝对湿度之差,即

饱和湿度差 = 饱和湿度 − 绝对湿度 = 饱和湿度 ×(1 − 相对湿度)

环境水分含量变化的直接诱因是饱和湿度差的存在,温度对饱和湿度差有重要影响。除了温度外,空气绝对湿度和空气流速等也会对饱和湿度差产生影响。如果温度固定而绝对湿度变化(增大或减小)时,饱和湿度差和相对湿度也随之变化,绝对湿度与饱和湿度差的变化呈负相关,与相对湿度的变化则呈正相关。

五 结露和露点

对于未饱和的湿空气而言,若在水蒸气分压力不变的情况下加以冷却,使未饱和空气的温度下降,虽然湿空气中水蒸气的含量不会变化,但较低温度下水蒸气的饱和蒸气压亦相应降低,所以,水蒸气的分压力即使不变也仍然达到或高于该温度下的水蒸气饱和蒸气压。如果再冷却,

则水蒸气开始凝结，生成水滴或结露。因此，在等压的条件下将气体冷却，当气体中的水蒸气冷凝成水并达到相平衡状态时，此时的气体温度即为气体的露点温度。可见，露点是对应于湿空气中水蒸气分压力的饱和温度。

在气压一定时，露点的高低只与空气中的水蒸气含量有关，水蒸气含量愈多，露点愈高，所以露点也是反映空气中水蒸气含量的物理量，测量空气露点可用温度计或露点仪测量。

湿空气的露点在工程中是一个十分有用和重要的参数。例如，在空调调节中，为了减少湿空气中水蒸气的含量，可设法使湿空气冷却到温度低于露点，水蒸气便以水滴形式析出。在冬季采暖季节，房屋建筑外墙内表面的温度必须高于室内空气的露点温度，否则，外墙内表面会产生蒸气凝结现象。在日常生活中也常遇到结露现象，如夏季白天温度较高，水分蒸发，夜间温度下降，大气中的水蒸气定压冷却，当气温下降到露点时，就开始结露。在实际大气中，空气经常处于未饱和状态，露点温度常比气温低，因此，根据露点温度和气温的差值，可以大致判断空气距离饱和的程度。

秋季夜晚，温度降低，大气中水蒸气的分压大于其饱和蒸气压，于是结出露珠。北方冬季的相对湿度一般在30%左右，而夏季的相对湿度最高时可达到约90%，接近于饱和蒸气压，这时液体水不再容易变为水蒸气。这就是人们在冬季感觉气候干燥、夏季感觉天气闷热的原因。虽然冬季的相对湿度较低，由于水的蒸发还与温度有关，所以冬季液体水也并不容易蒸发为水蒸气，这也是类似北极等极寒地区，尽管环境中有大量液态水的存在，但仍然十分干燥的原因。

和液体类似，固体也存在饱和蒸气压。固体升华成蒸气、蒸气凝华成固体的现象，与液气之间的蒸发、凝结现象是类似的，在此不再赘述。在等压条件下将气体冷却，当气体中的水蒸气冷凝成霜并达到相平衡状态时的气体温度即为气体的霜点温度。

第二节 环境湿度的测量

一 湿度测量方法的分类

湿度是一个重要环境参数，档案保存环境的湿度影响着档案载体材料中的水分，引起档案材料的表观物理量（如尺寸、颜色等）的变化，或者是档案材料的腐蚀破坏（如金石档案的水解、锈蚀等），甚至决定了档案的存废（如纸质档案的破碎）。而且，大气中的水蒸气还影响着档案保护环境中的物理、化学和生物过程。因此在档案保管、保护等部门，经常需要对环境湿度进行测量及控制，对环境温度、湿度的测量、控制和分析已成为比较普遍的档案保护技术条件之一。

在环境检测中，温度是个独立测量的参数，而湿度却受其他因素（大气压强、温度）的影响，因此湿度的测量比温度的测量要复杂得多。湿度的表示方法也较多，有绝对湿度、相对湿度、露点、湿气与干气的比值（重量或体积）等，一般用相对湿度来表示环境中的湿度状况。

当湿度变化时，器件的物理参数、化学参数或其他参数呈现相应变化，这类器件称为湿敏元件。湿敏元件与其他（电量的或非电量的）元器件一起即组成湿敏传感器，湿敏传感器就是可以把湿度物理量转换成电信号或非电信号的器件，它能够向配套仪表输出电量的或非电量的信号。

随着科学技术的发展，现代湿度测量技术有了长足的进步。从传统的干湿球法、露点法、电解法到各种电湿度测量方法再到吸收光谱法，各种方法不断完善、成熟，逐渐应用到了不同的湿度测量领域中。湿度测量正向着更快捷、更准确、更灵敏的方向发展。湿度测量现已发展成为一个成熟的计量领域，它有自己的检定系统、基准标准和检定规程。

湿度的测量原理包括光、热、电和磁等各种物理和物理化学方法。近年来，随着新技术的不断涌现，测量湿度和水分的仪器也采用了最新的电子、光学、化学和计算机技术，其各种功能更加完善，操作也日趋简单，相应的检定、校准装置的技术性能也在逐步提高，从而能适应多种生产、检测需求，使得测量湿度和水分更加方便和准确。

湿度测量的原理、方法非常多，但根据测试的输出参量区分，主要分为以下几类：利用物质几何尺寸变化的测湿法（伸缩法）、干湿球法、冷凝露点法、电湿度测量法（电阻法、电容法）、电解法（库仑湿度计）以及其他测湿方法。各种湿度传感器都是基于其功能材料能发生与湿度有关的物理效应或化学反应的基础上制造的。[①]

二　常用的湿度测量方法

（一）伸缩法

物质在湿度发生变化时其长度会随之变化，例如人的头发有一种特性，它吸收空气中水蒸气的多少随相对湿度的增大而增加，而毛发的长短又和它所含有的水分多少有关。当相对湿度从 0 变到 100% 时，通常人类毛发的总长度会伸长 2.5%。这一变化可以通过机械装置放大用指针指示出来，或通过机械—电量的转换，输出表征湿度水平的电信号，从而进行湿度的测量和控制，这种方法就叫伸缩法。

伸缩法测湿的典型应用就是毛发湿度计，这种湿度计是最为简单的机械湿度计，它以一束毛发作为感应元件，由毛发、刻度盘、指示传动机构等部分组成，毛发随湿度而伸长或缩短，通过传动机构直接指示在表盘上，因此毛发湿度记录仪是能自动连续记录相对湿度随时间变化的仪器。

制造毛发湿度计时，要用酒精将毛发中的油脂洗净去除，以多根毛发组成一束。其中的一种毛发湿度计是将一端固定，而另一端挂一小砝码，为扩大头发长短的变化的效果，而将头发绕过一个滑轮，同时在滑轮上安装一个长指针，由于砝码本身的重量作用，而使头发紧紧地压在滑轮上。当头发伸长时，滑轮就作顺时针方向转动，并带动指针沿弧形向下偏转。而当头发缩短时，指针则向上转动，这样标示了相对湿度变化值。

目前有一种新的毛发湿度计，它的工作原理是，将一缕直径约 $60\mu m$、去掉硬角质层并经不同的热湿度条件处理过的黑发丝的一端固定，另一端与一金属片相连，金属片上有一个可移动的矩形窗口，金属片的另一端连接一个螺旋形弹簧，矩形窗口的两侧分别放置一个 LED 和光二

[①] 黄素逸、王献：《动力工程测试技术》，中国电力出版社 2011 年版，第 131 页。

极管，调整使 LED 发射的光的强度经窗口照射到光二极管时的相对湿度恰好为 50%，即光电流的中间值。当被测湿度改变时，毛发的伸长或收缩将推拉金属片，从而改变窗口的面积，使 LED 照射强度和光电流强度发生变化，于是将光电流的强弱与被测湿度关联起来。

　　毛发湿度计与当代的各种湿度计相比，具有结构简单、使用方便、造价低廉的优点，从湿度测量的现状与要求来看，即使在科学技术高度发达的今天，毛发、肠衣之类湿度传感器仍将继续为人们沿用。并且随着技术的发展和改进，原来感应元件为单一的毛发，现在逐渐扩展到尼龙、聚酰亚胺等高分子材料，仪器的特性也随之发生了很大的改变。

　　（二）干湿球法

　　干湿球法是 18 世纪发明的一种测湿方法，历史悠久。干湿球温度计是根据干湿球温度差效应原理进行相对湿度测量。所谓干湿球温度差效应是指在潮湿物体表面因水分蒸发而冷却的效应。冷却的程度取决于周围空气的相对湿度、大气压力以及风速。如果大气压力和风速保持不变，相对湿度越高，潮湿物体表面的水分蒸发强度越小，潮湿物体表面温度（湿球温度）与周围环境温度（空气干球温度）差就越小；反之，相对湿度低，水分的蒸发强度越大，干、湿球温差就越大。可见，空气湿度与干湿球温差之间存在某种函数关系。干湿球湿度计就是利用这一现象，通过测量干球温度和湿球温度来确定空气湿度的。

　　实际测量时，干湿球湿度计由两支规格完全相同的温度计组成，一支称为干球温度计，其温泡暴露在空气中，用以测量环境温度；另一支称为湿球温度计，其温泡用特制的纱布包裹起来，并设法使纱布保持湿润，纱布中的水分不断向周围空气中蒸发并带走热量，使湿球温度下降。水分蒸发速率与周围空气含水量有关，空气湿度越低，水分蒸发速率越快，导致湿球温度越低。因此，干湿球法是一种通过测温间接测量湿度的方法，它用干湿球方程换算出湿度值，由于该关系是非线性的，而且相对湿度值还与空气压力相关，用公式表达起来相当复杂。通常有了干、湿球温度，可通过查表（见表 5 – 1）或计算获得被测空气的相对湿度。

表 5-1　　　　相对湿度与空气干湿球温度差对照表

干球温度/℃	干湿球温度差/℃																		
	1	2	3	4	5	6	7	8	9	10	11	12	13	14	15	16	17	18	19
7	85	70	55	41	27	13													
8	85	71	57	43	30	17	4												
9	86	72	59	45	32	20	8												
10	86	73	60	48	35	23	12												
11	87	74	62	49	38	26	15												
12	87	75	63	51	40	29	18	8											
13	88	76	64	53	42	32	21	11											
14	88	77	65	55	44	34	24	14	5										
15	89	78	67	56	46	36	27	18	8										
16	89	78	68	58	48	38	29	20	11										
17	90	70	69	59	50	41	31	23	14										
18	90	80	70	60	51	42	34	25	17	9									
19	90	80	71	62	53	44	36	28	20	12									
20	90	81	72	63	54	46	38	30	22	15	8								
21	90	81	72	64	55	47	40	32	26	17	10								
22	91	82	73	65	57	49	41	34	27	20	13								
23	91	82	74	66	58	50	43	36	29	22	15	9							
24	91	83	75	67	59	51	44	37	31	24	18	11							
25	91	83	75	68	60	53	48	39	32	26	20	14	7						
26	92	83	76	68	61	54	47	41	34	28	22	16	11						
27	92	84	76	69	62	55	48	42	36	30	24	18	13	8					
28	92	84	77	70	63	56	50	43	37	31	25	20	15	10					
29	92	85	78	71	64	57	51	45	39	33	27	22	17	12					
30	93	85	78	71	64	58	52	46	40	34	29	24	19	14	9				
31	93	85	79	72	65	59	53	47	41	36	30	25	20	16	12				
32	93	86	79	72	66	60	54	48	42	37	32	27	22	17	14				
33	93	87	79	73	67	61	55	49	43	38	33	28	24	19	15	11			
34	93	86	80	73	67	61	55	50	45	40	35	30	25	21	16	12			
35	93	86	80	74	68	62	56	51	46	41	36	31	27	22	18	14	10		
36	93	87	80	74	68	62	57	52	47	42	37	33	28	24	20	16	12		
37	93	87	81	75	69	63	58	53	48	43	38	34	30	25	21	17	13		
38	93	87	81	75	69	64	58	54	49	44	39	35	31	27	23	19	15	11	
39	93	87	81	76	70	64	59	54	49	45	40	36	32	28	24	20	16	13	
40	93	88	82	76	70	65	60	55	50	45	41	37	33	29	25	21	18	14	11

干湿球湿度计的准确度取决于干球、湿球两支温度计本身的精度。干湿球湿度计必须处于通风状态，只有纱布水套、水质、风速都满足一定要求时，才能达到规定的准确度。现代干湿球湿度计的改进是采用多孔陶瓷和铂电阻温度传感器分别作为干、湿球温度计，用以代替原来的膨胀式温度计，并设置一个微型轴流风机，以便在热电阻周围造成2.5m/s的风速，以提高测量精度；同时将温度传感器的数据进行适当处理，以此获得被测空气的相对湿度，并输出和显示数字化信号。

（三）冷凝露点法

露点法测量相对湿度的基本原理是先测定露点温度 t_1，然后确定对应于 t_1 的饱和水蒸气压力 p_1，p_1 即为被测空气的水蒸气分压力。因此，空气的相对湿度可表示为：

$$U = \frac{p_1}{p_b} \times 100 \tag{5.4}$$

式中：p_1 为对应被测空气露点温度的饱和水蒸气压力；p_b 为干球温度下空气的饱和水蒸气压力。

露点温度是指被测温空气冷却到水蒸气达到饱和状态并开始凝结出水分的对应温度。露点温度的测定方法是：先把一物体表面加以冷却，一直冷却到与该表面相邻近的空气层中的水蒸气开始在表面上凝集成水为止。开始凝集成水的瞬间，其邻近空气层的温度，即为被测空气的露点温度。所以保证露点法测量湿度精确的关键，是精确地测定水蒸气开始凝结的瞬间空气温度。用于直接测量露点的仪表有经典的露点湿度计、光电式露点湿度计、氯化锂露点湿度计等。[①]

经典的露点湿度计的主要构成是一个镀镍的黄铜盒，盒中插着一支温度计和一个鼓气橡皮球。测量时在黄铜盒中注入乙醚的溶液，然后用鼓气橡皮球将空气打入黄铜盒中，并由另一管口排出，使乙醚得到较快速度的蒸发，当乙醚蒸发时即吸收了乙醚自身热量使温度降低，当空气中水蒸气开始在镀镍黄铜盒外表面凝结时，插入盒中的温度计读数就是空气的露点。测出露点以后，再从水蒸气表中查出露点温度的水蒸气饱和压力 p_1 和干球温度下饱和水蒸气的压力 p_b，就能算出空气的相对湿度。

---

① 董惠、邹高万：《建筑环境测试技术》，化学工业出版社2009年版，第63页。

这种湿度计的主要缺点是，冷却表面上出现露珠的瞬间，需立即测定表面温度，但是一般不易测准，容易造成较大的测量误差。

光电式露点湿度计是利用光电原理直接测量气体露温度的一种电测法湿度计。与经典的露点湿度计相比，其测量准确度高，适用范围广，尤其对低温与低湿状态，更加适宜使用。光电式露点湿度计测定露点温度的原理与经典露点湿度计相同，但光电式露点湿度计有一个可以自动调节温度的能反射光的金属露点镜以及光学系统，这是其组成的核心系统。这样，当被测湿气进入露点测量室掠过冷镜面时，如果镜面温度高于湿气的露点温度，镜面呈干燥状态，此时光电检露装置中光源发出的光照在镜面上，几乎完全发射，由光电传感器感应到并输出光电信号，经控制回路比较、放大、驱动热电泵，对镜面制冷。当镜面温度降至湿气露点温度时，镜面上开始结露（霜），光照在镜面上出现漫反射，光电传感器感应到的反射信号随之减弱，此变化经控制回路比较、放大后调节热电泵激励，使其制冷功率适当减小，最后，镜面温度保持在样气露点温度上。镜面温度由一紧贴在冷镜面下方的铂电阻温度传感器感应，并在温度指示器上直接显示被测的露点温度值。[①]

（四）氯化锂露点湿度计

光电式露点湿度计必须把被测气体降温到凝露状态，因此需要复杂的制冷剂和制冷设备，而用氯化锂露点湿度计不必降温到凝露状态就可以进行露点的测量。氯化锂是一种在大气中不分解、不挥发也不变质且具有稳定的离子型无机盐类。

这种测量方法是采用氯化锂溶液制成测量元件，由于氯化锂具有强烈的吸水特性，当它配成饱和溶液后，它在每一温度时就有相应的饱和蒸气压。当它与湿气体接触时，如果湿气体中的水蒸气分压大于当时温度下氯化锂饱和溶液的饱和蒸气压，则氯化锂溶液就吸收气体中的水分；反之，如果湿气体中的水蒸气分压低于氯化锂溶液的饱和蒸气压，则氯化锂溶液就向湿气体释放出其溶液中的水分。在相同温度下，氯化锂的饱和蒸气压总是低于水的饱和蒸气压，如要使两者处于平衡状态，即设

---

① 樊春玲、赵亚红、张春堂等：《检测技术及仪表》，机械工业出版社2014年版，第210页。

法使它们的饱和蒸气压相等，则需将氯化锂溶液的温度升高，测得这个平衡温度后，就可依照相应的数表查得待测空气的露点温度。根据以上原理即可设计氯化锂露点测量元件，它是用一根特制的铂电阻温度计，上面套以玻璃丝套，在玻璃丝套上平行绕两根加热丝，绕好后用胶木圆固定，两根铂电阻温度计引线从一端引至接线盒，该测量元件上还有一个不锈钢保护罩，使测量头不易受到损害。实际测量时，可以同时再用一根铂电阻测量出被测气体的温度。将测得的露点温度和被测气体的温度，输入一个双电桥网络中，用适当的指示记录仪表，就可以直接指示相对湿度。[①]

(五) 电湿度测量法（电阻式湿度计）

电阻式湿度计由传感器和指示仪表两部分组成。其工作原理是：某些盐类置于空气中，其含湿量与空气的相对湿度有关，而含湿量大小又引起本身电阻的变化。因此，可以通过这种传感器将空气相对湿度转换为其电阻值的测量。

常用的盐类是氯化锂，氯化锂电阻湿度计是电阻式湿度传感器的始祖，至今仍被广泛使用。氯化锂具有强烈的吸收水分的特性，其吸湿量与空气相对湿度呈一定的函数关系，随着空气相对湿度的增减变化，氯化锂吸湿量也随之变化。空气中的相对湿度越大，氯化锂吸湿也越多；反之，空气的相对湿度越小，氯化锂吸湿也越少。氯化锂溶液吸收水汽后，导电的离子数增加，导致电阻的降低；反之，则使电阻增加。氯化锂电阻湿度计的传感器就是根据这一原理工作的。[②]

(六) 电解法湿度测量

电解法也是目前应用非常广泛的一种湿度测量方法，所使用的湿度计称为电解法（式）湿度计，又名库仑法电解湿度计，或微量水分分析器，其敏感元件是电解池，它的测量原理基于法拉第电解定律。测量时，使被测气体流过一个特殊结构的电解池，这个电解池的表面涂敷具有很强吸水性的五氧化二磷薄膜，在电解池的两极加上直流电压，这样，当湿气中有水分通过电解池时，水分被五氧化二磷膜层全部吸收并电解，

---

① 范玉久：《化工测量及仪表》，化学工业出版社1981年版，第457页。
② 程道来、仪垂杰：《热工测量与控制基础》，中国矿业大学出版社2012年版，第57页。

产生 H_2 和 O_2，被排出。根据法拉第电解定律由相同电量析出的不同物质的量与通过电解质溶液的电量成正比，析出任何 1 摩尔物质所需的电量为 96485 库仑，所以可以由消耗的电量来计算电解的物质的量。在测试时，控制湿气的流速并保持恒定，水分的吸收和电解达到平衡，通过测量电解电流，并依据法拉第电解定律即可测得待测气体的湿度值。[①]

在档案馆环境湿度（包括温度）测量时，无论采用哪一种温湿度计，都要根据库房或展厅容积来确定使用几个温湿度计。一般每 $300m^3$ 就需有一个温湿度计。在实际应用时还要看大环境控制的平稳程度。但对库房和展厅的各个不同部位都应放置温湿度计监测比较，如门窗、入风口、回风口、内外墙处、通风的死角等，以备随时通过中央空调等设备进行调整。[②]

第三节　环境湿度与其他环境参数或过程的关系

一　湿度与温度的关系

湿度的平衡状态是随温度的变化而变化，若自然界变化或对空气加热使温度升高，则空气中所能饱含的水分（饱和状态水蒸气含量）增加，空气吸收水分的能力就会增强。此时，若不能人为地增加空气中的含水量，空气便会从环境内放置的物质中抽取水分而使这些物质变干，这一过程是因为空气相对湿度的变化而引起的。随着温度的升高，在有充足水源的情况下，因为水的蒸发，温暖时比寒冷时的空气会更湿润一些。在封闭的环境（如室内），或在水源稀缺的情况下（如沙漠），绝对湿度一般不会随温度升高而改变。随着温度的升高，最大可能的绝对湿度（饱和状态水蒸气含量）升高，相对湿度因此下降。所以，在寒冷的季节取暖，室内温度的升高会导致空气的相对湿度大幅度下降，造成人产生

[①]　《气体分析器和物质性质测量仪表》编写组：《气体分析器和物质性质测量仪表》，上海科学技术出版社 1980 年版，第 118 页。

[②]　国家文物局博物馆与社会文物司：《博物馆青铜文物保护技术手册》，文物出版社 2014 年版，第 114 页。

干燥等不适的感受。

随着温度的降低,如果相对湿度高(接近饱和状态),最大可能的绝对湿度也降低,空气中的多余水分会凝固成水,从而降低绝对湿度。这也是为什么空调同时也是空气干燥器的原因。在极其寒冷地区,尽管饱和状态水蒸气的含量很低,但由于温度极低,水分的蒸发量极小,绝对湿度值极低,所以相对湿度值也不大,如北极地区,虽然是海洋,也给人十分干燥的感觉。

空气在不同的温度条件下含水量的差距之大,不仅在日常生活中可以直接感受到,并且它足以严重影响档案的保护环境,客观上造成档案的破坏或保护实施过程的不顺畅。例如,在10℃、100%RH 时,在每立方米空气中含有 9.4 克水分;若该空气被加热到20℃并且仍然保持 9.4 克的含水量,其相对湿度将下降到50%RH,这是因为在 20℃、100%RH 时,空气中应该含有 17.31 克的水分。因此,需要密切关注温度和湿度的相互关系,以确保恒温恒湿环境。表 5-2 为 1 个大气压(101.325Pa)下饱和湿空气的含水量(以每 kg 干空气计),空气温度与湿度的关系可参见"表 5-1 相对湿度与空气干湿球温度差对照表"。

表 5-2　　　　　饱和湿空气的含水量(大气压101.325Pa)

空气温度/℃	含水量/ $g \cdot kg^{-1}$干空气	空气温度/℃	含水量/ $g \cdot kg^{-1}$干空气
-10	1.620	16	11.524
-9	1.770	17	12.293
-8	1.876	18	13.109
-7	2.109	19	13.979
-6	2.263	20	14.897
-5	2.507	21	15.870
-4	2.731	22	16.899
-3	2.973	23	17.984
-2	3.234	24	19.138
-1	3.517	25	20.356
0	3.823	26	21.646

续表

空气温度/℃	含水量/g·kg^{-1}干空气	空气温度/℃	含水量/g·kg^{-1}干空气
1	4.115	27	23.007
2	4.385	28	24.449
3	4.751	29	25.971
4	5.102	30	27.581
5	5.475	31	29.275
6	5.873	32	31.073
7	6.296	33	32.971
8	6.746	34	34.971
9	7.223	35	37.087
10	7.733	36	39.315
11	8.276	37	41.679
12	8.851	38	44.167
13	9.459	39	46.796
14	10.107	40	49.568
15	10.795	41	52.503

在档案的保护过程中，影响档案材料中水分蒸发的主要环境因素是湿度、温度和空气流速。水分蒸发的直接诱因是环境空气中存在饱和湿度差，饱和湿度差是指空气的饱和湿度与同一温度下空气的绝对湿度的差。饱和湿度差越大，则空气要达到饱和状态所能容纳的水蒸气量就越多，反之则越少。因此，饱和湿度差是影响材料蒸发失水的极为重要的一个因素，饱和湿度差越大，材料失水就越快越多。而饱和湿度差与温度高低密切相关，在一定的相对湿度或绝对湿度条件下，饱和湿度差则随着温度升高而增大。

温度对饱和湿度差有重要影响，除了温度外，空气绝对湿度和空气流速等也会对饱和湿度差产生影响。如果温度固定而绝对湿度变化（增大或减小）时，饱和湿度差和相对湿度也随之变化，绝对湿度与饱和湿度差的变化呈负相关，与相对湿度的变化则呈正相关。

二 湿度与压力的关系

在一定的温度和压力下，湿空气中水蒸气的含量是有一定限度的，但是在实际应用中，温度对空气湿度的影响一般远大于空气压力的影响，并且在同一区域的日常生活中，空气压力的变化并不显著，所以一般都忽略空气压力对湿度的影响，仅考虑温度的因素。然而对于一个密闭的空间，气体的量相对恒定，温度、压力及气体体积之间互相影响，空气压力的变化也会直接影响其相对湿度。空气压力对湿度的影响，其确定的数量关系可由式（5.5）与式（5.6）表示。[①]

$$d = 0.662 \frac{p_w}{p - p_b} \tag{5.5}$$

$$\varphi = \left(\frac{d}{d_b}\right)\frac{p - p_w}{p - p_b} \times 100\% \tag{5.6}$$

式中，d 为空气的含湿量，kg/kg 干空气；d_b 为空气的饱和含湿量，kg/kg 干空气；p_w 为水蒸气的分压力，Pa；p_b 为饱和水蒸气的分压力，Pa；p 为空气压力，Pa；φ 为相对湿度，%。

此外，人们在生活中就可以体验到压强和湿度变化之间的关系，例如，下雨前空气中的湿度大，水蒸气含量高，大气压降低。一般说，晴天的大气压比阴天高，冬天的大气压比夏天高，其原因可通过温度、湿度与大气压强的关系说明。

通常所称的大气就是包围在地球周围的整个空气层，它除了含有氮气、氧气及二氧化碳等多种气体外，还含有水汽和尘埃。其中，干空气的平均分子量约为 28.966，而水汽的分子量是 18.016，故相同物质的量的干空气分子要比水汽分子重。在相同状况下，干空气的密度也比水汽的密度大。水汽的密度仅为干空气密度的 62% 左右。

关于大气压强的形成，一般认为是由于大气的重力产生的，既然是大气的重力产生的，自然与单位面积上分布的气体质量有关。对一个盛有空气的密闭容器来说，只要容器中气体未达到饱和状态，那么，当向

[①] 杜渐：《建筑给水排水供热通风与空调专业实用手册》，中国建筑工业出版社2004年版，第498页。

容器中输入水汽的时候,气体的压强必然会增加。而大气的情况则不然,由于大气处于地球周围的一个开放空间,而不存在约束其运动范围的具体疆界,这就使它与处于密闭容器中的气体不同。当因自然因素或人为因素使某区域中的大气湿度增大时,则该区域中的"湿空气"分子(包括空气分子和水汽分子)必然要向周围地区扩散。其结果将导致该区域大气中的"干空气"含量比周围地区小,而水汽含量又比周围地区大,所以该区域的湿空气密度也就小于其他地区的干空气密度。这样,对该区域的一个单位底面积的气柱而言,其重量也就小于其他的干空气地区同样底面积大小的气柱,因此大气压随空气湿度的增大而减小。就阴天与晴天而言,实际上也就是阴天的空气湿度比晴天要大,因而阴天的大气压也就比晴天小。

另外,根据气体分子运动的基本理论,物质是由不停运动着的分子所组成的,大量气体分子对容器器壁的碰撞而产生对容器壁的压强,故气体分子的"碰撞"是产生气压强的根本原因。平均质量大的气体分子,其平均动量也大,对于相同状况下的干空气与湿空气来说,由于干空气中的气体分子密度及分子的平均质量都比湿空气要大,而且干空气分子的平均动量也比湿空气大,因而湿度小的干空气压强也就比湿度大的湿空气大。

这种非常明显的湿度和压力之间的互相影响对于档案保护环境具有比较严重的影响,压力改变,湿度变化,空气中含水量波动,档案的破坏因素随之加重,所以在日常档案保护工作中一定要认真对待。

三 水分对化学反应速率的影响

当档案存放环境温度改变时,环境中的水汽就会在档案载体材料表面冷凝聚集,引起档案载体含水量的增加,导致后续的一系列伤害的发生,因此湿度对档案载体材料的破坏可以理解为水分的破坏作用。水分是许多档案破坏反应的"催化剂",没有水的存在,很多破坏反应就无法进行,如只有在存在水的情况下,空气中的酸性气体才能形成酸雨,进而产生腐蚀破坏。

如果没有水的存在,参加化学反应的各种物质都是气体状态,称为气相反应。与之相对,液相反应是指在溶液中的反应。

溶液是由至少两种物质组成的均匀、稳定的混合物，被分散的物质（溶质）以分子或更小的质点分散于另一物质（溶剂）中。其中，溶质相当于分散质，溶剂相当于分散剂。溶剂是一种可以溶化固体、液体或气体溶质的液体（气体或固体）（溶剂、溶质都可以为固体、液体、气体），继而成为溶液，一般溶液只是专指液体溶液。在日常生活中最普遍的溶剂是水。

显然，水或其他溶剂的存在，反应体系处于溶液状态，是某些反应从气相反应转化成液相反应的关键。

溶液中的反应与气相反应相比，最大的不同是水（或其他溶剂分子）的存在。同一个反应在气相中进行和在溶液中进行则有不同的速率，甚至有不同的历程，生成不同的产物，这些都是由于溶剂效应引起的。在溶液中，水或其他溶剂对反应物的影响大致有：解离作用、传能作用和溶剂的介电性质等的影响。在电解质溶液中，还有离子与离子、离子与溶剂分子间的相互作用等的影响，这些都属于溶剂的物理效应。溶剂也可以对反应起催化作用，甚至溶剂本身也可以参加反应，这些属于溶剂的化学效应。

在均相反应中，溶液中的反应远比气相反应多得多，从机理上说明水对化学反应速率的影响，需要专门研究在溶液中进行反应的溶液反应动力学的知识，这就要考虑溶剂分子所起的物理的或化学的影响，这造成了研究的困难。最简单的情况是溶剂仅起介质作用的情况。

在溶液中起反应的分子要通过扩散穿过周围的溶剂分子之后，才能彼此接近而发生接触，反应后生成物分子也要穿过周围的溶剂分子通过扩散而离开。这里所谓扩散，就是对周围溶剂分子的反复挤撞。从微观的角度，可以把周围溶剂分子看成是形成了一个笼，而反应分子则处于笼中。分子在笼中持续时间比气体分子互相碰撞的持续时间大 10—100 倍，这相当于它在笼中可以经历反复的多次碰撞，反应分子在溶剂分子形成的笼中进行的多次反复的碰撞（或"振动"，这当然是指分子外部的反复移动，而不是指分子内部的振动）称为"笼效应"。这种连续重复碰撞一直持续到反应分子从笼中挤出，这种在笼中连续的反复碰撞则称为反应分子的一次遭遇。所以溶剂分子的存在虽然限制了反应分子作远距离的移动，减少了与远距离分子的碰撞机会，但却增加了近距离反应分子的重复碰撞，总的碰撞频率并未降低。据粗略估计，在水溶液中，对于一对无相互作用的分子，在一次遭遇中它们在笼中的时间约为 10^{-12}—10^{-11} 秒。在这段时间内要进行 100—1000 次的碰撞。然后，偶尔有机会跃出这个笼子，扩散到别处，又进入另一个笼中。可见溶液中分子的碰撞与气体中分子的碰撞不同，后者的碰撞是连续进行的，而前者则是间断式进行的，一次遭遇相当于一批碰撞，它包含着多次碰撞。而就单位时间内的总碰撞次数而论，大致相同，不会有数量级上的变化。所以溶剂的存在不会使活化分子减少。A 和 B 发生反应必须通过扩散进入同一笼中，反应物分子通过溶剂分子构成笼所需要的活化能一般不会超过 $20kJ \cdot mol^{-1}$，而分子碰撞进行反应的活化能一般在 $40kJ \cdot mol^{-1}$—$400kJ \cdot mol^{-1}$ 之间。由于扩散作用的活化能小得多，所以扩散作用一般不会影响反应的速率。

因此，如果溶剂分子与反应分子没有显著的作用，则一般说来，碰撞理论对溶液中的反应也是适用的，并且对于同一反应无论在气相中还是在溶液中进行，反应速率大致相同。但也有一些反应，溶剂对反应有显著的影响。例如某些平行反应，常可借助于溶剂先把其中一种反应的速率变得较快，使某种产品的数量增多。

在溶液中，溶剂对反应速率的影响是一个极其复杂的问题，至今尚不清楚，只能作一些定性的介绍，一般说来包括：

（1）溶剂的介电常数对于有离子参加的反应有影响。因为溶剂的介电常数愈大，离子间的引力愈弱，所以介电常数比较大的溶剂常不利于离子间的化合反应。

（2）溶剂的极性对反应速率的影响。如果生成物的极性比反应物大，则在极性溶剂中反应速率比较大；反之，如反应物的极性比生成物的极性大，则在极性溶剂中的反应速率必变小。

（3）溶剂化的影响。一般说来，作用物与生成物在溶液中都能或多或少地形成溶剂化物。这些溶剂化物若与任一种反应分子生成不稳定的中间化合物而使活化能降低，则可以使反应速率加快。如果溶剂分子与作用物生成比较稳定的化合物，则一般常能使活化能增高，而减慢反应速率。如果活化络合物溶剂化后的能量降低，因而降低了活化能，就会使反应速率加快。

（4）离子强度的影响（亦称为原盐效应）。在稀溶液中如果作用物都是电解质，则反应的速率与溶液的离子强度有关。也就是说，第三种电解质的存在对于反应速率有影响，这种效应则称为原盐效应。[①]

四 水分对化学反应平衡的影响

在第四章"档案保护环境之温度"第三节"温度与其他环境参数或过程的关系"中，已经讨论了关于可逆反应的化学平衡的部分问题。例如，对于液相可逆反应的浓度平衡常数 K_c，对于气相可逆反应的分压平衡常数 K_p，K_c、K_p 均是由实验得到的，称为实验平衡常数。以及与实验平衡常数相对的标准平衡常数（或称热力学平衡常数）K^θ。

在档案保护的实践和研究中，总希望一定数量的反应物经过反应后得到更多的保护材料，或者说保护材料的合成尽可能得到较大的化学反应转化率，而对于档案腐蚀破坏的反应则又希望化学转化率尽可能的低。那么水分对档案保护或腐蚀破坏的反应是如何影响的呢？因为化学反应是在宏观系统内发生的过程，所以可以用热力学作为理论工具，对某一具体的化学反应进行具体分析，得出相关的所需结论，以获得最佳的保护或预防条件。

设有一任意的封闭体系，在体系内发生了微小的变化（包括温度、压力和化学反应的变化），体系内各物质的量相应地有微小的变化（设无非膨胀功），则多组分系统的热力学基本方程为

$$dG = -SdT + Vdp + \sum_i \mu_i dn_i \tag{5.7}$$

如果变化是在等温等压下进行的，则

$$dG_{T,P} = \sum_i \mu_i dn_i \tag{5.8}$$

对于某反应

$$dD + eE + \cdots \rightarrow fF + gG + \cdots \tag{5.9}$$

即

$$\sum_i \mu_i dn_i = 0 \tag{5.10}$$

[①] 傅献彩、沈文霞、姚天扬：《物理化学》，高等教育出版社1990年版，第823页。

如果引入了反应进度 ξ 的概念，当反应物的量，按化学反应方程式所表示的系数之比完成一次反应时，则称该反应的反应进度 $\xi = 1\text{mol}$。而当反应还没有进行时，反应的进度 $\xi = 0$。

根据反应进度的定义，可以得到

$$d\xi = -\frac{dn_D}{d} = -\frac{dn_E}{e} = \cdots = -\frac{dn_F}{f} = -\frac{dn_G}{g} = \cdots \qquad (5.11)$$

或一般写作

$$d\xi = \frac{dn_i}{\nu_i}, dn_i = \nu_i d\xi \qquad (5.12)$$

代入式（5.8），得

$$dG_{T,P} = \sum_i \nu_i \mu_i d\xi \qquad (5.13)$$

或

$$\left(\frac{\partial G}{\partial \xi}\right)_{T,P} = \sum_i \nu_i \mu_i \qquad (5.14)$$

式中 μ_i 是参与反应的各物质的化学势，它定义为吉布斯函数对组分的偏微分。化学势作为偏摩尔量，是系统的强度性质。所以上式的物理意义是在 T、P、μ_i 不变的情况下，每单位反应进度的吉布斯函数 $\Delta_r G_m$ 可表示为

$$\Delta_r G_m = \sum_i \nu_i \mu_i \qquad (5.15)$$

定义化学反应的亲和势 A 为

$$A = -\left(\frac{\partial G}{\partial \xi}\right)_{T,P} \qquad (5.16)$$

根据式（5.15），得

$$A = -\Delta_r G_m = -\sum_i \nu_i \mu_i \qquad (5.17)$$

这个定义是由德唐德（T. De Donder）首先提出的，就是说反应的趋势只决定于系统变化的始、终态，与途径无关，与体系的大小数量无关。对于给定的体系，亲和势为定值，它仅与体系中各物质的强度性质 μ_i 有关。对于一个给定的反应，若反应是正向自发进行的，则 $A > 0$，即亲和势为正值，这就体现了它具有"势"的性质。对于 $A < 0$，正反应不能自发进行，其逆反应可以自发进行；若 $A = 0$，体系达到平衡。

对于恒温、恒压下的化学反应，各参与反应组分的化学势为

$$\mu_i(T,P) = \mu_i^\Theta(T) + RT\ln\alpha_i \tag{5.18}$$

代入式（5.15），可得

$$\Delta_r G_m = \sum_i \nu_i \mu_i = \sum_i \nu_i \mu_i^\Theta + \sum_i \nu_i RT\ln\alpha_i \tag{5.19}$$

式中，$\sum_i \nu_i \mu_i^\Theta$ 为反应各组分各自单独处于标准态下每摩尔反应进度的吉布斯函数变，与 $\Delta_r G_m$ 相对应，可用 $\Delta_r G_m^\Theta$ 表示，称为标准摩尔反应吉布斯函数，即

$$\Delta_r G_m^\Theta = \sum_i \nu_i \mu_i^\Theta \tag{5.20}$$

从化学势的定义可知，标准摩尔吉布斯函数只决定于反应系统物质的本性、温度及标准态的选择，而与系统各组分的活度无关，在标准态确定后其仅是温度的函数，其数值可以通过热力学基础数据计算得到。

式（5.19）中后一项的加和可用乘积的形式表示：

$$\sum_i \nu_i RT\ln\alpha_i = RT\sum_i \ln\alpha_i^{\nu_i} = RT\ln\prod_i \alpha_i^{\nu_i} \tag{5.21}$$

式中，$\prod_i \alpha_i^{\nu_i}$ 为各反应物及产物的 $\alpha_i^{\nu_i}$ 连乘积，称为活度商 J_α。因为反应物的化学计量系数为负，产物为正，所以对于化学反应

$$J_\alpha = \prod_i \alpha_i^{\nu_i} = \frac{(\alpha_F)^f (\alpha_G)^g}{(\alpha_D)^d (\alpha_E)^e} \tag{5.22}$$

将式（5.20）、式（5.21）和式（5.22）代入式（5.19），即得

$$\Delta_r G_m = \Delta_r G_m^\Theta + RT\ln J_\alpha \tag{5.23}$$

该式即为化学反应的等温方程。已知反应温度 T 时的 $\Delta_r G_m^\Theta$ 及反应系统各组分的活度 α_i，即可求得该温度下反应的 $\Delta_r G_m$。随着化学反应的进行，系统中各组分活度 α_i 将不断发生变化，使得式（5.23）中的活度商 J_α 不断改变，进而反应的 $\Delta_r G_m$ 不断改变。当反应平衡时 $\Delta_r G_m$ 的值为零，则

$$\Delta_r G_m = \Delta_r G_m^\Theta + RT\ln J_\alpha^{eq} = 0 \tag{5.24}$$

$$\Delta_r G_m^\Theta = -RT\ln J_\alpha \tag{5.25}$$

对于确定的反应，因为 $\Delta_r G_m^\Theta$ 只是温度的函数，故平衡活度商 J_α^{eq} 也只是温度的函数，当温度确定后，$\Delta_r G_m^\Theta$ 为一确定值，J_α^{eq} 也为一确定值，

与系统的压力和组成无关。因此，平衡的 J_α^{eq} 用 K^θ 表示，并称为标准平衡常数，代入式（5.25）可得标准平衡常数的定义式：

$$\Delta_r G_m^\theta = -RT\ln J_\alpha^{eq} = -RT\ln K^\theta \tag{5.26}$$

$$K^\theta = \exp\left[-\frac{\Delta_r G_m^\theta}{RT}\right] \tag{5.27}$$

K^θ 的定义式表示了 K^θ 与 $\Delta_r G_m^\theta$ 之间的关系，该式是一个普遍的公式，广泛适用于各类化学反应，如气相、液相和复相反应。针对具体的反应系统，K^θ 可转化为更具体的表达形式，如 K_c、K_p。这就是在第四章"档案保护环境之温度"第三节"温度与其他环境参数或过程的关系"之"五、温度对化学反应平衡的影响"中讨论的各平衡常数从热力学角度的进一步讨论。①

将式（5.26）代入等温方程式（5.23），可得

$$\Delta_r G_m^\theta = -RT\ln K^\theta + RT\ln J_\alpha = RT\ln(J_\alpha/K^\theta) \tag{5.28}$$

由此，采用 $\Delta_r G_m$ 来进行反应方向性的判据可转化为比较可测量 J_α 与 K^θ 的相对大小来实现。在恒温恒压下：

（1）当 $J_\alpha < K^\theta$ 时，$\Delta_r G_m < 0$，化学反应的正方向自发进行；

（2）当 $J_\alpha > K^\theta$ 时，$\Delta_r G_m > 0$，化学反应的逆方向自发进行；

（3）当 $J_\alpha = K^\theta$ 时，$\Delta_r G_m = 0$，化学反应达到平衡。

显然 J_α 与 K^θ 的相对大小决定了反应的方向和限度，K^θ 在一定温度下为常数，而 J_α 则可通过人为改变反应物与产物的配比进行调节。

需要指出的是，在应用平衡常数表达式时，稀溶液中的水分子浓度可不写。因为稀溶液的密度接近于 1g/mL。水的物质的量浓度为 55.6mol/L。在化学变化过程中，水量的改变对水的浓度变化影响极小，所以水的浓度是一个常数，此常数可归并到平衡常数中省略。② 但是对于水分作为反应物或生成物存在的化学反应，水分的改变一般可以直接影响反应生成物的产率或反应物的转化率。

法国科学家勒沙特列（Le Chatelier）指出：当可逆反应达到平衡后，如果改变影响平衡的条件之一，如温度、压力或浓度，平衡就向能减弱

---

① 林树坤：《物理化学》，浙江大学出版社 2013 年版，第 187 页。
② 谢飞：《简明工程化学》，天津大学出版社 2015 年版，第 73 页。

这种改变的方向移动。这个原理称为勒沙特列原理,或平衡移动原理。

例如,岩石的氧化风化中,一个比较重要的反应就是黄铁矿(FeS)在水的参与下氧化成褐铁矿($Fe_2O_3 \cdot nH_2O$),其化学反应式为:

$$2Fe_2S_2 + 7O_2 + 2H_2O \rightarrow 2FeSO_4 + 2H_2SO_4$$
$$12FeSO_4 + 3O_2 + 6H_2O \rightarrow 4Fe_2(SO_4)_3 + 4Fe(OH)_3$$
$$2Fe_2(SO_4)_3 + 9H_2O \rightarrow 2Fe_2O_3 \cdot 3H_2O + 6H_2SO_4$$

经过这三步化学反应,一方面铜黄色的坚硬而闪亮的黄铁矿变为褐黄色土状的褐铁矿,另一方面产生具有较强腐蚀性的硫酸,又可进一步引起其他矿物的腐蚀。可以看到,水分是该风化过程中每一步反应的主要反应物,如果减少水分的存在,尽管反应的平衡常数不发生变化,但由于反应物量的降低,促进了逆反应的发生或降低了正反应发生的可能性,从而达到了保护石刻的目的。

五 作为微生物营养物质的水

微生物细胞从外界环境中摄取化学物质,使其生长过程中获取生命活动所需的能量及其结构物质的生理过程称为营养或营养作用。确定微生物需要什么样的营养物质,主要的依据是分析微生物细胞的化学组成和它的代谢产物的化学成分。根据对各类微生物细胞物质成分的分析,发现微生物细胞的化学组成和其他生物相比较,没有本质上的差别。从元素上讲,都含有碳、氢、氧、氮、磷、硫及其他为数不多的化学元素,这些化学元素都来自胞外环境。微生物细胞利用含这些化学元素的物质制造其细胞和组分,并进一步将它们组织成为微生物细胞的结构。微生物的化学组成最主要的是蛋白质、核酸、多糖和脂质这4类生物大分子,它们要占到细胞干重的96%,还有组成它们的单体以及无机盐等。此外,还有有机酸、维生素、激素等有机化合物。

水也是微生物机体的重要组成成分,各类微生物细胞中都含有大量水分,它是细胞的主要组成成分,一般含量可高达70%—90%。含水量随着微生物种类的不同而有所差异。细菌含水量为鲜重的75%—85%;酵母菌为70%—80%;霉菌为85%—95%。细菌芽孢和霉菌的各种孢子含水量较少。芽孢含水量约为40%;霉菌孢子约含38%的水。同种微生物随着周围环境和培养时间的变化,含水量也不尽相同。例如酵母菌在

20℃生长，含水量为91.2%；在43℃生长，含水量降为74%。

在微生物细胞内，一部分水以结合水状态存在。这部分水不易挥发、不冻结、不能作为溶剂、也不能渗透，一般占总水量的17%—28%。另一部分水以游离状态存在。芽孢内的结合水含量比营养体多，占芽孢总水量的50%—70%。

水不仅是微生物机体的重要组成成分，在代谢过程中也占极重要地位，起着重要的作用。它除直接参加一些代谢反应外，又是进行代谢反应的内部介质，物质必须先溶解于水，才能参加代谢反应，在这一过程中，水提供了使代谢反应得以顺利进行的反应场所。微生物所需要的营养物质，也只有溶解于水后，才能被微生物很好地吸收。此外，微生物特别是单细胞微生物没有特殊的摄食及排泄器官，它的营养物、代谢产物必须溶解于水，才能通过细胞表面。

由于水具有传热快、比热高、热容量大等优良特点，所以它又有利于调节细胞温度，保持生活环境温度的恒定。一方面，水的比热高，能有效地吸收代谢过程中所放出的热，使细胞内温度不致骤然上升。另一方面，水又是热的良导体，有利于散热，可调节细胞的温度。由此可见，水的功能是多方面的，微生物离开水便不能进行生命活动。[①]

第四节 环境湿度或水对档案载体材料的影响

一 水分对纸张的影响

纸张的主要成分是纤维素，作为一种碳水化合物类的多糖聚合物，纤维素是由大量的 D - 葡萄糖单元联结而成的高分子，其化学式为 $(C_6H_{10}O_5)_n$。纤维素的单体都是由"氧桥"—O—（β-苷键）联结的，同时长分子链中有许多羟基（—OH），这些羟基在水分子诱导作用下能在纤维素分子之间形成许多氧键，并使纤维与纤维间通过氢键联结起来，形成连续的空间网状结构。网状结构的大分子纤维素是纸张物理强度的基础，但由于苷键的存在，使纤维素的稳定性降低。当纸张受到含量过度的水分作用时，可使"氧桥"断裂，促使纤维素产生水解变化，使纤

---

① 薛刚：《微生物学》，吉林人民出版社2005年版，第83页。

维素大分子降解，聚合度降低，或变为易碎的氧化纤维素。当聚合度下降至 200 以下时，纸张就会严重脆化以致不能再使用了，这是纸张耐折度等物理强度下降的主要原因。

纸张的另一种成分木素是由三种基本结构单元通过碳氧键、碳碳键联结起来的立体网状分子。木素的结构与纤维素、半纤维素的结构不同，它是非线型高分子，在化学结构上极不稳定，当它受到大量水分的作用时，就会引起化学变化，加快木素结构的改变。

另外，在造纸过程中使用水，设备和试剂给纸张带入各种金属离子，这些金属离子能催化空气中二氧化硫氧化成三氧化硫，三氧化硫与水作用生成硫酸，从而破坏纸张。这些因素都可以直接或间接地引起纸张的脆化，缩短纸张的使用寿命。

二 湿度对岩石的影响

水对岩石的机械破坏是通过雨水的冲刷作用、结晶作用、水引起岩石的膨胀收缩作用实现的。岩石中的水分除雨水外还来自两个方面：一是岩体具有原生裂隙与构造节理而含有地下水；二是热空气遇到冷的岩石表面时，就会有相当一部分湿气凝结在岩石表面，气温下降时，水分会游离出来并聚集浓缩甚或向岩石内部活动。

水的结晶作用包括结冰与盐结晶两个方面。当气温下降，岩石内的水分结冰，其体积增大 9%，它将对岩壁产生压力，其值可达 1000—6000kg/cm^2，超过一般岩石的抗压强度，足以使岩体发生进一步破坏。[①] 因此，温度降低，水结冰产生应力，使岩壁破坏成碎石屑。

另外，温度变化会明显影响岩石中水分的冷凝—挥发过程，造成在岩石表面频繁的干湿交替，也就是干湿。岩石有吸湿膨胀的性质，干湿循环引起岩石的频繁胀缩，产生的应力差会使文物表面慢慢遭到破坏。[②] 虽然该过程比较缓慢，但却十分普遍，这种破坏作用需要经过长期的积

---

① Yang G., Zhang Q., Pu Y., "A Study on the Damage Propagation Characteristics of Rock under the Frost and Thaw Condition", *Chinese Journal of Geotechnical Engineering*, Vol. 26, No. 6, 2004.

② Weiss T., Siegesmund S., Kirchner D., Sippel J., "Insolation Weathering and Hygric Dilatation: Two Competitive Factors in Stone Degradation", *Environmental Geology*, Vol. 46, No. 3 – 4, 2004.

累才能察觉到。

　　同时，地下水一般都是溶液，其中含有各种盐分的溶解物质，这些盐分的浓度过大或地下水所处的环境发生变化而沉淀结晶时产生结晶应力，同样会对岩壁产生压力，具有巨大的破坏能力。① 对岩石产生破坏作用的可溶性盐，主要是氯化物及硫酸盐，NO_3^- 及 PO_4^{3-} 含量较小，其中硫酸盐最突出，这是由于硫酸盐不仅结晶应力较高，而且结晶形状呈树枝状，不像氯化物那样一般呈体积较小的粒状。② 可溶性盐的存在会使岩石表面结壳、脱落、产生裂缝等。

　　以上水对岩石的破坏主要是物理风化作用，它是指岩石在温度、水与植物根系的作用下发生的机械破坏过程。岩石的风化破化除了物理风化作用外，还有化学风化破坏，可以说几乎所有的化学风化作用都是在有水参与的条件下进行的。化学风化是指岩体在空气、水与微生物的作用下发生的化学反应过程。岩石化学风化的作用方式有酸化、氧化、水化、碳酸盐化、溶解、水解与盐基交换等多种。其中，很多过程与水的活动紧密相关，水在化学风化过程中起主导作用，因此它常被称为"通用的催化剂"。

　　酸雨对石刻的破坏作用，其实质就是大气污染和水共同作用产生的结果。能够对石刻构成侵蚀的有害气体，主要是酸性气体和氧化气体，如二氧化碳、二氧化硫、硫化氢、二氧化氮、氮气和臭氧等。酸性气体溶解在水中就会形成相应的酸，酸附着在岩石表面，与岩石矿物相互作用形成腐蚀盐分。

　　岩石矿物吸收一定数量的水分子，嵌入矿物晶格内而成为新的含水矿物，发生水合作用破坏。岩石矿物同水分解产生的 H^+ 或 OH^- 反应，发

---

① Hosono T., Uchida E., Suda C., Ueno A., Nakagawa T., "Salt Weathering of Sandstone at the Angkor Monuments, Cambodia: Identification of the Origins of Saltsusing Sulfur and Strontium Isotopes", *Journal of Archaeological Science*, Vol. 33, No. 11, 2006. Vallet J. M., Gosselin C., Bromblet P., Rolland O., Vergès-Belmin V., Kloppmann W., "Origin of Salts in Stone Monument Degradation using Sulphur and Oxygen Isotopes: First Results of the Bourges Cathedral (France)", *Journal of Geochemical Exploration*, Vol. 88, No. 1-3, 2006.

② Rodriguez-Navarro C., Doehne E., "Salt Weathering: Influence of Evaporation Rate, Supersaturation and Crystallization Pattern", *Earth Surface Processes and Landforms*, Vol. 24, No. 3, 1999.

生水解作用破坏，形成带 OH⁻ 的新矿物，岩石结构也发生相应的改变，造成岩石变得非常疏松。[1]

岩石矿物在水中还可以被分离成离子发生溶蚀作用破坏，[2] 水的溶蚀可使岩石裂缝窄通道变为较宽通道，最终分裂岩石。溶蚀作用的结果使岩石中易溶解的物质流失，难溶解的物质残留原地，降低了岩石的硬度，也为其他机械破坏作用创造了有利条件。

岩石矿物中的某些离子被水中的另外一些离子所置换，发生盐基交换作用破坏，引起岩石的化学成分与晶格结构发生变化。

三 湿度对青铜器的影响

湿度在"青铜病"的发生和发展过程中起着很关键的作用，青铜腐蚀病变的很多化学反应需要水的参与，一定的湿度是其发生和发展的必要条件之一。资料研究表明，若其他保存条件良好，青铜器在相对湿度低于 35% RH 的情况下，可以保持自身的相对稳定；而青铜表面的 CuCl 在相对湿度为 98% RH、78% RH、58% RH 时，分别只需经过 2h、4h 和 24h 就能生成青铜"粉状锈"。[3]

水还是许多化学反应物的载体，空气中的许多物质能溶解在青铜器表面的水膜中，使水膜成为电解质溶液，金属与电解质溶液相互作用构成微电池的不同电极，电位较低的金属易失去电子而被腐蚀。

四 湿度对陶劣化的影响

当陶文档案或陶器存放环境温度改变时，环境中的水汽就会在陶质材料表面冷凝聚集，引起器物含水量的增加，导致后续的一系列伤害的发生。因此湿度对陶器的破坏可以理解为水分的破坏。陶器存放环境湿度越大，意味着环境中水汽越多，水分的破坏既有作为可溶性盐类的媒介破坏，

---

[1] Friolo K. H., Stuart B., Ray A., "Characterisation of Weathering of Sydney Sandstones in Heritage Buildings", *Journal of Cultural Heritage*, Vol. 4, No. 3, 2003.

[2] Hoke G. D., Turcotte D. L., "The Weathering of Stones Due to Dissolution", *Environmental Geology*, Vol. 46, No. 3 - 4, 2004.

[3] 国家文物局博物馆与社会文物司：《博物馆青铜文物保护技术手册》，文物出版社 2014 年版，第 112 页。

又有水分对于低温烧制的陶器湿胀干缩变形的直接破坏,甚至还可能直接溶解掉低温烧制的致密性较差器物的矿物成分。例如,水中溶解的二氧化碳可与黏土中的钙离子生成可溶解的碳酸氢钙,还可与陶器中的主要成分长石发生水解反应,这两个反应的化学反应方程式可表示为:

$$Ca^{2+} + 2CO_2 + 2H_2O \rightarrow Ca(HCO_3)_2$$

$$2KAlSi_3O_8 + 7H_2O + 2CO_2 \rightarrow Al_2Si_2O_5(OH)_4 + 2KHCO_3 + 4H_2SiO_3$$

这样,长石在一定条件下其化学成分会发生变化,因而导致陶器内部组成结构改变,使陶器机械强度下降。

此外,水分对陶器的破坏还包括冰的结晶应力破坏。当温度降低至冰点以下时,器物孔隙中的水分就会结晶成为冰,冰的体积增大膨胀,这就是冰的结晶应力破坏。

有些低温烧制的陶制品材料甚至可以部分被水溶解,即使温度稍高烧成的陶器,结构也不致密,孔隙度较大,吸水性强。如果长期处于腐蚀破坏环境,由于水的湿胀干缩破坏以及盐的结晶与溶解的交替变化侵蚀,陶器自身的抵抗力随之减弱,逐渐变得疏松,易破碎。

湿度的变化受温度的变化影响巨大,陶质器物存放环境的温度发生变化时,器物存放环境的相对平衡状态被破坏,使得环境对器物的扰动作用加强。如前所述,温度变化时,湿度(包括水的相态)发生改变,微生物的存活也会随之变化,这也会增加陶器劣化的可能性。

五 水分对木材的影响

木材的化学组成可大致分为主要成分和少量成分两种,主要成分是由纤维素、半纤维素和木质素构成。在木材中,它们的含量分别为:纤维素50%,半纤维素20%—30%,木质素20%—30%。

从木材的微观结构来看,木材由无数管状细胞紧密结合而成,每个细胞分为细胞壁和细胞腔两个部分,细胞壁主要由细纤维组成,细纤维则由纤维素、木质素、半纤维素和少量的脂肪、树脂、蛋白质、挥发性油、无机化合物组成。纤维素、半纤维素和木质素构成木材的空间网络结构,所以木材是非均质材料,性质为各向异性,不同方向的力学性能是不同的。

由于纤维素中含有大量的亲水基团——羟基基团,所以木材吸水性很大，新木材含水率达35%以上，风干木材含水率为15%—25%。可以说，木材是由主要成分、次要成分和含有的水分组成的，对于给定的木材试件，主要成分和次要成分的量是一定的，但是含有的水分重量却随着周围环境的变化而在较大的范围内变动。随着木材含水率的变化，木材的密度、容积、强度等诸多物理化学性质都会发生显著的变化。所以，对木材中水分的研究于木材的风化腐蚀及保护均有重要的意义。

在木材中，水分主要是以游离态或化合态存在于木材的空隙中，这些空隙包括细胞壁内的微细空隙和细胞腔等粗大的空隙。其中：(1)自由水指以游离态存在于木材细胞的胞腔、细胞间隙和纹孔腔这类大毛细管中的水分，包括液态水和细胞腔内的水蒸气两部分，可以影响到木材重量、燃烧性、渗透性和耐久性，对木材体积稳定性、力学、电学等性质无影响。(2)吸着水是指以吸附状态存在于细胞壁中微毛细管的水，即细胞壁微纤丝之间的水分。吸着水含量对木材物理力学性质和木材加工利用有着重要的影响。(3)化合水是指与木材细胞壁物质组成呈牢固的化学结合状态的水。这部分水分含量极少，而且相对稳定，是木材的组成成分之一。

木材由于其各自木纹的不同，当水分处于不同的木纹方向时，其脱、吸水的速率是大相径庭的。当木材长期置于地下水充沛的墓穴中时，由于水分的不断侵入而不断吸纳乃至饱和，同时，受地下各种细菌的侵蚀而使木材纤维素、木质素遭到破坏，加速了该木材质料强度的降解。而当木材离开水的环境而趋向于干燥时，其中的自由水（毛细管水）先行蒸发，然后吸着水（指吸附于细胞壁微纤系统之中的水）开始析出。一般来说，自由水的散失或者增加，对木材的胀、缩性及其强度影响不大，而吸着水在纤维饱和点以下时的水分减少倒易使木材体积缩小或增加。另外，木材在干燥的过程中，往往因木材表面与内部脱、吸水的不均衡而产生不良应力，从而导致木材翘曲变形。

木材含水率是表征木材含水量的一个指标，它是指木材中所含水分的重量与绝对干燥后木材重量的百分比。与之相关，木材平衡含水率是指木材在一定的空气状态下，最后达到的吸湿稳定含水率或解吸稳定含水率（木材水分稳定状态）。

在木材的性质与含水率的关系研究中，"纤维饱和点"是一个重要的概念，它是指木材细胞壁吸着水处于饱和状态，而细胞腔无自由水，自由水刚蒸发完毕时，称为木材纤维饱和点，此时的含水率为纤维饱和点含水率。不同树种的纤维饱和点不同，当环境温度为20℃、相对湿度为100%时，纤维饱和点含水率通常在23%—34%。但实际应用时，所有木材的纤维饱和点一般均视为30%，纤维饱和点对木材干燥极为重要，是木材多种性质的转折点。就大多数木材力学性质而言，如含水率在纤维饱和点以上，含水率的增减，仅能改变木材的重量，对其尺寸形状变化和其他性质几乎没有影响，如木材强度。当木材干燥含水率减低至纤维饱和点以下时，含水率的增减，细胞壁的湿涨和干缩木材要发生尺寸变化，木材物理、力学性质随之发生变化，力学强度增加。因细胞壁内水分移动困难需提高温度，才能使吸着水蒸发。对于干燥而言，此后的干燥速度更慢，干燥难度加大。[①]

第五节 档案载体材料中水分的性质

档案干燥过程分为两个步骤，首先水分由潮湿档案内部移动到档案的表面，其次由档案表面汽化而进入环境干燥介质，被干燥介质带走。因此，档案中所含水分的去除不仅取决于干燥环境的介质性质和操作条件，而且还取决于档案中所含水分的性质。通过对档案中的水分性质的研究，可以知道档案中哪些水分可以用干燥方法除去以及除去的难易程度，哪些水分不能用干燥方法除去。

一 档案载体材料中所含水分的性质

潮湿档案中所含的水分称为总水分，根据水分与档案载体材料的结合方式，又可将其分为结合水分和非结合水分；根据能否在一定的干燥条件下被除去，可将其分为平衡水分与自由水分（或称可除去水分）。

（1）结合水分与非结合水分。

根据水分与档案材料的结合方式，档案中的水分可分为结合水分和

---

① 蔡家斌、董会军、李涛等：《进口木材特性与干燥技术》，合肥工业大学出版社2011年版，第10页。

非结合水分。

结合水分是指通过化学力或物理化学力与固体档案材料相结合的水分，如结晶水、毛细管中的水及细胞中溶胀的水分。结合水分与材料间结合力较强，其蒸气压低于同温度下纯水的饱和蒸气压，致使干燥过程的传质推动力降低，故除去结合水分较困难。

非结合水分是指存在于档案材料表面的润湿水分，或粗大毛细管中水分和物料孔隙中水分，即通过机械的方式附着在固体材料上的水分，该类水分称为非结合水分。由于非结合水分的蒸气压等于同温度下纯水的饱和蒸气压，故易于去除。

档案中所含结晶水、结合水分或非结合水分的量仅取决于档案材料本身的性质，而与干燥介质状况无关。

（2）平衡水分与自由水分

在一定干燥条件下，按照档案中所含水分可否用干燥方法除去来划分，可分为平衡水分和自由水分。

当一定温度、相对湿度的不饱和湿空气与潮湿档案表面接触时，如果潮湿档案表面水蒸气压大于空气中水蒸气分压，则潮湿档案的水分向空气中汽化转移；当潮湿档案表面产生的水汽分压小于空气中的水汽分压，则档案材料将吸收空气中的水分，产生所谓"返潮"现象；当档案表面水蒸气与空气中水蒸气分压相等时，即档案中的水分与该空气中水蒸气达到平衡状态，此时档案所含水分即为该空气条件下档案材料的平衡水分。平衡水分是档案在一定空气状态下干燥的极限，平衡水分随档案制成材料的种类及空气状态不同而有所差异。档案材料不同，在同一空气状态下的平衡水分不同；同一档案材料，在不同空气状态下的平衡水分不同。

档案中超过平衡水分的那一部分水分，称为自由水分。干燥过程中除去的水分只能是自由水分（包括全部非结合水和部分结合水），不能除去平衡水分。

在一定温度下，平衡水分与自由水分的划分是根据档案制成材料的性质以及与之接触的空气状态区分的，而结合水分与非结合水分的划分则仅与档案制成材料本身的性质有关，与空气状态无关。同温下，相对湿度为100%的平衡水分即为潮湿档案的结合水分。

潮湿档案中几种水分的关系可以表示为：

$$档案中水分\begin{cases}自由水分\begin{cases}非结合水分：首先除去的水分\\能除去的水分\end{cases}\\平衡水分：不能除去的水分\end{cases}$$

二　水分与档案载体材料的结合方式

"档案中载体材料所含水分的性质"讨论的是档案中所含水分的量与空气的平衡关系，实际上水分与档案载体材料结合的方式对干燥速度有显著的影响。除去档案中所含水分的难易，主要取决于水分与档案的结合方式，通常将它分为附着水分、毛细管水分和溶胀水分。此外，还有化学结合水，但这部分水分由于与档案材料存在着较强的化学键作用，或者直接属于档案材料的组成成分，若除去可能会对材料的性质产生根本性的改变，所以化学结合水的除去，一般不属于档案干燥过程的范围。

（1）附着水分

档案表面上机械附着的水称为附着水分，其特征是：在任何温度下，潮湿档案表面上附着的水分的蒸气压等于纯水在同温下的蒸气压。

（2）毛细管水分

潮湿档案材料内毛细管中所含的水分，称为毛细管水分。毛细管存在于由颗粒或纤维所组成的多孔性、复杂网状结构的物料中。在此种档案中，制成材料的孔道大小不一，其截面相差颇大，孔道在物料表面上开口的大小也各不相同。直径小于1微米的毛细管中所含的水分，由于凹表面曲率的影响，其饱和蒸气压低于纯水的蒸气压。直径较大的孔道中所含的水分则如同附着水一样。

（3）溶胀水分

档案制成材料的细胞壁或纤维皮壁内的水分称为溶胀水分，它是材料组成的一部分，其蒸气压低于纯水的蒸气压。

干燥过程中比较难去除的水分是结合水分，这通常是档案材料细胞壁、纤维皮壁和细孔隙中所含的水分；而比较容易去除的水分，通常是档案材料表面的附着水分以及较大孔隙中的水分。

三　档案材料含水量的表示方法

档案材料所含水分的浓度是指水分在档案材料中的量的多少，通常可用两种方法表示：

（1）湿基含水量 ω，为水分在潮湿档案中的质量分数，即

$$\omega = \frac{潮湿档案中水分的质量}{潮湿档案的总质量} \times 100\% \tag{5.29}$$

（2）干基含水量 X，干燥过程中绝对干燥的档案材料的质量可视为不变，故常用湿物料中的水分与绝对干燥档案的质量之比表示在潮湿档案中水分的浓度，称为干基含水量，以 X 表示：

$$X = \frac{潮湿档案中水分的质量}{绝对干燥档案的质量} \times 100\% \tag{5.30}$$

两种浓度之间的关系为：

$$\omega = \frac{X}{1+X} \tag{5.31}$$

$$X = \frac{\omega}{1-\omega} \tag{5.32}$$

在档案干燥过程中，水分不断被汽化移走，潮湿档案的总质量在不断减少，绝对干燥档案的质量不得而知，所以实际操作时可用湿基含水量表示档案中的水分。但是潮湿档案中绝对干燥的档案质量在整个干燥过程中始终是不变的，所以在科学研究中可用干基含水量表示，这样更为方便和准确。

第六节　档案载体材料的去湿

一　去湿的方法分类

与温度的影响不同，对档案保护产生影响的湿度因素，不仅存在于档案的保管环境中，甚至档案常常直接含有一定的水分。对于档案保护而言，档案中所含水分既有有利的一面，如"水分对纸张的影响"中所述"纸张中的水分可以在纤维素之间形成氢键，从而增强了纸张的物理强度"；又有不利的一面，如水是许多档案材料腐蚀的媒介物质，能够直接或间接引起档案诸多形式的腐蚀破坏。

为了档案的长久保存，必须除去档案中的水分，这种操作简称为"去湿"。去湿的方法颇多，常用去湿的方法有：

（1）机械去湿法，当档案载体含水较多时，可以通过挤压等机械分离方法以除去较多的水分。

（2）吸附去湿法，使用某种平衡水汽分压很低的干燥剂（如 $CaCl_2$、硅胶等）与需去湿档案并存，使档案中水分相继经气相而转入干燥剂内。

（3）热能去湿法，即借热能使档案中的水分汽化，并将产生的蒸气排除，这种去湿的方法一般称为干燥。干燥的本质为被除去的水分从固相转移到气相中，固相为被干燥的档案，气相为干燥介质。干燥过程得以进行的条件是在档案表面的水分蒸气压大于干燥介质（如空气）中的蒸气分压，使得档案表面的水分能够汽化，而正由于表面水分的不断汽化，档案内部的水分方可继续向表面移动。其中的水分，如果用热空气或其他高温气体为介质，使高温介质气体与档案表面接触，介质向档案提供热能，并带走汽化的水分，此种干燥方式在工程上常称为对流干燥。

二 干燥处理

该部分以木材的干燥处理为代表讨论常用的档案材料干燥方法，其原因在于：

依据档案的载体形态对档案进行分类，档案可分为无机质档案和有机质档案。无机质历史档案包括：（1）金属档案（金、银、铜、铁、锡等）；（2）石质历史档案；（3）陶质历史档案（陶器、瓷器、玻璃、珐琅器等）。有机质历史档案包括：（1）纸质历史档案；（2）竹木器历史档案；（3）骨质历史档案；（4）丝毛棉麻历史档案；（5）皮革类历史档案。所以，档案的制成材料除了纸张以外，主要还有各类金属、石材、陶、竹木、骨、丝毛、棉麻、皮革等。在这些材料中，木材不但是纸张的主要原料，其腐蚀破坏特性及保护对策都有许多相同之处；而且由于木材是一种具有多孔性、吸湿性的生物材料，所以会含有一定数量的水分，这些水分既有游离态的水，又有与木材之间存在较强的化学键结合的水，从而直接成为木材的组成成分。木材中水分的这些特点既严重影响了材料的强度、收缩、开裂和变形以及虫蛀腐朽等，又因为木材的结构特性，造成木材在干燥脱水过程中，随着水分的挥发，木材细胞含水率的改变，容易发生干裂、翘曲的形变伤害。所以，以木材为例讨论材料的干燥处理方法对其他档案制成材料的去湿亦具有较佳的指导意义。

木材的干燥处理有自然干燥和人工干燥两种。

自然干燥法是将木材放在通风良好的地方，避免阳光的直射和湿气的包围，使木材中的水分自然蒸发。这种方法简单易行，不需要特殊设备，一般情况下干燥后木刻的状况良好。但干燥时间长，只能干至风干状态，尤其是对于出土的木刻，由于存放环境的骤变，木刻在干燥脱水过程中，由于木材表面张力的变化随木材细胞含水率的改变，发生木材干裂、翘曲的形变伤害。

对小件的竹木器物进行自然干燥时，还可以利用硅胶加速干燥，即硅胶法干燥。此法利用硅胶容易吸附极性较强的分子的原理，将之作为一种既经济又方便的脱水剂，对木材进行脱水处理，该法亦属于自然干燥的技术范畴，其他如木屑、湖砂、棉絮等均可起到类似作用。硅胶是一种蓝色胶状体，含有硅酸和极少量水分。在相对湿度为100%的环境中，其吸水率可达31%以上，且可反复使用，将吸满水且已变色的硅胶取出，铺摊于烈日下曝晒，或将之置于干燥箱内烘烤，以除去水分至其回复原色时，即可再次使用。

操作时，在干燥器皿内铺上一定数量球形变色硅胶，上置托盘，将器物放于盘上，盖紧。根据器物之大小、胎质和吸率等情况，择定硅胶置换周期。注意观察，当器物重量恒等、硅胶不再变色，则脱水工序即告完成。需要注意的是，此技术（包括其他自然干燥技术）只适用于质地较好和没有开裂、扭曲且含水率相对较低的器物。反之，则慎用或不用此法。

人工干燥法是通过人工的方法排除木刻中的水分的方法，这类方法一般在脱水的同时，通过引入有机、无机填充材料替换细胞内或细胞之间失去的水分，或通过物理方法改善水分挥发过程的机制，抑制木材形变的发生。因此，常用的人工干燥法有有机溶剂或无机物填充法、真空干燥法、冷冻干燥法。

（1）有机溶剂或无机物填充法：其原理是用一些高分子有机物替代木器细胞组织中的水，具体用以下几种有机类高分子聚合物：

醇—醚—树脂连浸法："醇—醚—树脂连浸"有减少饱和木制文物脱水时收缩的优点。主要利用乙醇具有较强的渗透力和亲水性极佳的特性，使其充分渗入木材细胞之中，使木材中的水分子同乙醇相互混溶。待乙醇完全将水置换出后，再用乙醚置换出乙醇。其递增周期以及工序操作大致与醇相同。最后，视器物之情况可考虑在乙醚内添加适量天然树脂（如松香、乳香胶等），树脂随乙醚一起渗入木材细胞中去，待乙醚挥发出后，树脂便填充在细胞组织中，使失水后的木材纤维细胞腔壁得到加固而不致坍塌。① 其具体步骤为：

首先，选用浓度依次为45%、60%、75%、85%、95%的酒精水溶液浸渍木刻，每一浓度浸渍7—10天，最后用无水乙醇，并反复至该醇液中几无水分出现，可用测量溶液比重的方法判断是否置换完全。

其次，选用乙醚溶液置换木刻中的乙醇，置换用乙醚的浓度自50%、65%、80%、100%依次递增。

再次，将树脂加固，将松香、乳香胶、三聚氰胺甲醛缩合树脂等天然树脂，按溶液重量的5%—10%投入乙醚溶液内，然后将被处理木刻浸渍于其中，经7—10天即可。

最后，取出被处理木刻，置于干燥器内，并放在适宜温度的环境中，微启器盖，使残余的乙醚比较缓慢地自行挥发。挥发完全后，取出器物，以棉球蘸取丙酮在器物表面擦拭，以除去残留在木材表面的多余树脂结晶。该法对小型木、竹器（如木牍、竹简、木俑及饰件等）的脱水定型，其效果均比较理想。

聚乙二醇浸渍法：聚乙二醇简写为PEG，在整个浸渍过程中，当PEG接触木材界面时，由于膨胀作用，其大分子即向该木材的纤维腹腔渗透，同时，随着温度的提高，分子链之间的滑动会更加容易，其活性亦即相应增加，也就是说PEG对木材的浸渗速率亦因此而加快。在这一过程中，木材内部的水分子沿着纤维边缘向木材表面膜层渗透，由此进入PEG液内。然后，PEG与水分子的混合液再沿着业已穿透的膜层孔隙深入木材细胞腔内，从而维持了原纤维结构，使该器物得以稳定。操作时，可先将器物在室温下置于12% PEG水溶液中，以后逐步升高溶液的温度。几周后聚乙二醇逐渐代替了木器中的水，再使水慢慢蒸发掉，木

---

① 赵桂芳：《出土饱水古代木器的保护实验——醇醚连浸法的探讨》，载中国文物保护技术协会《文物保护技术（1981—1991）》，科学出版社2010年版，第322页。

器文物就留在热的 PEG 液体中，趁热取出器物，用合适的有机溶剂擦去表面过量的 PEG。"聚乙二醇法"由于对温度有要求，可能会对处理木质档案造成不良影响。[①]

明矾溶液浸渍法：明矾是硫酸铝钾的俗称，它可以完全溶解在沸水中，当将待处理的木刻置于热的明矾饱和溶液中，煮沸数小时（维持温度 92—96℃），明矾溶液就会充分渗进木材的分子中去，趁热从明矾中取出器物，冷至室温，明矾溶液便凝固在木材内部的细胞组织中。这样既排除了木器中的多余水分，又起了加固作用，防止器物变形。其表面多余的明矾，可用拧干的热毛巾擦净。为了防止明矾吸潮，可在表面再涂上一层亚麻油或聚醋酸乙烯酯。

此外，还可将明矾与聚乙二醇混合使用，此法处理饱水木制历史档案是成功的，大小器物均可使用。但是，胶矾加固效果相对较差，耐老化性较差，经此处理后木材颜色加深、重量增加，而且质感不太好，时间久了会产生变黄和裂缝。特别是，在潮湿地区容易受到微生物的侵害，时会有吸湿返潮现象产生，因此该法在潮湿环境不太适合。

在实际操作中，可以根据待处理木质档案的大小、木刻表面文字与纹饰的位置及面积大小等情况改"浸渍"为"浸没""喷涂"或"刷涂"等。

有机溶剂或无机物填充法不需要复杂的装置，对设备要求不高，最明显的缺陷是由于添加各种有机或无机材料，可能会影响到处理对象的外观，甚至会影响到其表面的文字或纹饰的痕迹，造成不可逆的影响，所以处理时一定要慎重采取措施。

（2）真空加热干燥法：木材在脱水干燥的过程中有一大特点，就是水分的自由扩散性，一为湿扩散，一为热扩散。也就是说，其水分可以顺着纤维方向游移，自纤维两端析出；也可横跨纤维方向，由其侧面排出。此法即是利用提高温度、降低沸点而导引水分向外扩散的原理来进行脱水的。被处理物在真空干燥箱内一经加热，其水分即由木质物体内排出，并呈气态游移于真空干燥箱内，而当其水蒸气浓度增大且形成一

[①] 程丽臻：《PEG 复合液脱水加固定型出土饱水残损漆木器及整形修复》，《中国文物科学研究》2010 年第 4 期。

定的压力时，我们即可利用其室内与外界之压力差，启动真空泵，使水汽被泵吸出箱体，使该器物得以干燥定型。

运用真空加热技术进行脱水处理，是一种较简便、经济的方法，它不仅可以保持住木质档案的原貌，且无任何副作用。

（3）冷冻干燥法：此方法是根据生物技术发展起来的，是用于处理饱水木器、竹器等木质历史档案较有前途的方法之一。操作时，首先将器物在低温下进行冷冻，使器物中的水在低温下被冻结成冰；其次在真空下使冰升华。因为湿润的木器经预冻后，在表面上形成一层薄冰，当在良好的真空状态下，表面上的冰升华时，要吸收大量的热量而使冰层下更多的水冻结，冻结层就会深入木材的内部。此时，逸出水分使木材受损的破裂应力仅局限于冰的薄层表面，而随着冰层的形成，则可以支持所产生的应力而使木器不受损害。①

但是最新研究表明，木质档案经直接冷冻干燥后仍有一定的收缩现象，且表面呈现干裂症状，木质变得疏松易碎。为克服这一缺点，在实施冷冻前，应该对木材进行预处理，以期减小器物因冷冻升华所产生的破裂危害。操作时，可选用表面张力小、在冷冻条件下体积收缩的化学材料，如三甲基甲醇、聚乙二醇等，来抗衡木材中水在冻结成冰时体积的膨胀，从而避免木材的开裂。

三　干燥的过程

档案干燥过程中所去除的水分是由档案材料的内部移动到表面，然后由材料表面汽化而进入干燥介质。因此干燥所需时间的长短或干燥速率快慢不仅取决于干燥介质的性质和操作条件，也取决于档案材料中所含水分的性质。

根据水分在档案材料中的分布可将档案的干燥分为恒速和降速干燥两个阶段。

（1）恒速干燥阶段

恒速干燥的前提条件是档案材料表面全部润湿，即潮湿档案水分从

---

① 方北松、吴顺清：《饱水竹木器保护修复的历史、现状与展望》，《文物保护与考古科学》2008年第S1期。

材料内部迁移至表面的速率大于水分在表面汽化的速率。

若材料最初潮湿，在材料表面附着一层水分，这层水分可认为全部是非结合水分，若维持恒速干燥，必须使物料表面维持润湿状态，水分从潮湿材料到介质直至空气中实际经历两步，首先由材料内部迁移至表面，其次再从表面汽化到干燥介质或空气中。

若水分由档案材料内部迁移至表面的速率大于或等于水分从表面汽化的速率，则材料表面保持润湿。由于此阶段汽化的水分是非结合水分，故恒速干燥阶段的干燥速率的大小取决于物料表面水分的汽化速率。因此，恒速干燥阶段又可称为表面控制阶段。影响干燥速率的主要因素是空气流速、湿度、温度等外部条件。

（2）降速干燥阶段

到达临界点以后，即进入降速干燥阶段。随着干燥过程的进行，档案材料内部水分迁移到表面的速率已经小于表面水分的汽化速率。材料表面不能再维持全部润湿，而出现部分"干区"，即实际汽化表面减少。因此，以材料总面积为基准的干燥速率下降。去除的水分为结合、非结合水分。

当档案材料全部表面都成为干区后，水分的汽化面逐渐向物料内部移动，传热是由空气穿过干燥材料到汽化表面，汽化的水分又从潮湿表面穿过干燥材料到空气中。显然，固体内部的热、质传递途径加长，阻力加大，造成干燥速率下降。在此过程中，空气传给潮湿档案材料的热量大于水分汽化所需要的热量，故档案材料表面的温度升高。

与恒速阶段相比，降速阶段从档案中除去的水分相对要少一些，但除掉这些水分需要的时间往往更长甚至长得多。需要指出的是，在降速干燥阶段，档案材料温度逐渐升高，故在干燥后期须注意不使材料温度过高。通常减缓干燥速率，使材料内部水分分布比较均匀，以避免产生材料表面硬化、开裂、起皱等不良现象，常需对降速阶段的干燥条件严格加以控制。[①]

四 降速阶段材料内部水分移动的机理

由以上分析可知，降速阶段的干燥速度取决于水分在材料内部的迁

---

① 蒋立科、罗曼：《生物化学过程工程学》，科学出版社2008年版，第372页。

移速度，取决于材料本身的性质、结构、形状尺寸等，而与干燥介质的流速关系不大，所以降速阶段又称为材料内部迁移控制阶段。

关于材料内部水分的移动机理，目前已提出了各种不同的理论，主要有液体扩散理论及毛细管理论等。这些理论各能说明一定类型材料的干燥规律，但由于材料的性质及结构很复杂，各种理论都有很大的局限性，难以在传递速度和干燥速度之间确定明确的定量关系式。因此，若需确定降速阶段的干燥速度一般都要通过实验研究。

（1）液体扩散理论

该理论认为在降速干燥过程中，材料内部水分具有浓度梯度，使水分由含水率较高的材料内部向含水率较低的表面扩散。对于非多孔性物料，如胶体物质、黏土等，水分的移动符合这一机理，档案的制成材料中类似纸张、纤维织物、皮革和木材等材料在降速阶段后期，水分均依靠扩散而移动。

（2）毛细管理论

在扩散理论中，假定水分的移动速度与其在材料中的浓度梯度成比例，而毛细管作用力和重力都被略去不计。可是对由颗粒或纤维所组成的多孔性物料，其表面孔径大小不等，小孔借助毛细管力，可能将水分从含水率低的大孔中移动到含水率高的小孔中去，这时扩散理论不再适用。对于这类材料，水分的移动主要依靠毛细管力。

例如，将一毛细管插入液体中，如果液体能润湿毛细管壁，则液体表面在毛细管中呈凹形。由于表面张力的作用，毛细管内凹形液面的压力较管外液面的压力小（其差值称为毛细压力），使液体上升。毛细管的半径愈小，液体上升愈大，液面上升亦愈高。

由颗粒或纤维组成的多孔性材料，具有复杂的网状结构，被固体所包围的空隙称为空穴，空穴之间由截面大小不同的孔道相互沟通。孔道在表面上有大小不同的开口，当干燥进入降速阶段后，表面上每一开口形成凹表面，由于表面张力而产生毛细压力，成为水分从材料内部向表面移动以及从大孔道流往小孔道中的推动力。[1]

---

[1] 谭天恩：《化工原理》（下册），化学工业出版社2006年版，第207页。

五 影响干燥速率的因素

影响档案干燥快慢（干燥速率）的主要因素有：干燥介质（热空气）的温度、速度及相对湿度，档案的形状、大小、组织结构和热物理性质等。其中热风温度及风速对干燥的影响较为显著，而相对湿度的影响较小。具体地说，主要体现在以下几方面：

（1）档案的性质与形状（物理结构、化学组成、形状大小、料层薄厚等）及水分结合方式对干燥速率产生影响。

（2）档案中的水分活度与湿度有关，因而影响干燥速率。

（3）档案的温度与水分的蒸气压和扩散系数有关。

（4）干燥介质的温度越高，相对湿度越低，对增大干燥速率越有利。

（5）由边界层理论[1]可知，干燥介质的流速越大，气膜越薄，越有利于增加干燥速率。

（6）介质与档案的接触状况，主要是指介质的流动方向，流动方向垂直于档案表面时，干燥速率最快。

第七节 环境湿度的控制

一 环境湿度控制工程

在第四章"档案保护环境之温度"第五节"环境温度的控制"之"环境温度控制工程"中提到：国家档案局 1987 年 8 月 29 日颁布，自 1987 年 8 月 29 日施行的《档案库房技术管理暂行规定》中第三章"温湿度控制"规定了：

（1）档案库房（含胶片库、磁带库）的相对湿度应控制在 45%—60%。

（2）保存母片的胶片库相对湿度应控制在 35%—45%。

（3）各库房及库外应科学地安设温湿度记录仪表，潮湿地区应配备去湿机。

（4）库房内外湿度应定时测记，一般每天两次，掌握湿度变化情况，

---

[1] 全国人民代表大会常务委员会法制工作委员会：《中华人民共和国法律行政法规规章司法解释分卷汇编·行政法卷》，北京大学出版社 1998 年版，第 429 页。

随时予以控制调节。注意积累库房湿度变化的资料，每年进行一次综合分析，以便掌握库内外湿度变化规律，制订综合管理计划。

（5）去湿或增湿设备应定期检修、保养，湿度记录仪表应按设备要求定期校验。

（6）档案柜应当与墙壁保持一定距离，便于通风降湿。

（7）新建库房竣工后，应经6—12个月干燥方可将档案入库。①

上述温湿度控制中涉及的档案主要是指依据传统的观点，由文件转化而来的档案，而文件就是组织在处理事务的过程中所使用的纸质材料或电子材料。但是现在，越来越多的人认为应该扩大档案的外延，只要能够对组织具有凭证和参考作用，就应属于档案的范畴，于是出现了"实物档案"的概念。所谓"实物档案"，是指那些对组织具有查考和凭证价值的非文件物品，很多人将它们看作特殊的档案形式。实物档案，是由多种材料制作成的档案材料，属于特殊载体之一。对于这类档案保护的温湿度要求可借鉴《博物馆建筑设计规范（JGJ66—2015）》中的有关规定。

《博物馆建筑设计规范》中"6 藏品保存环境"规定藏品保存场所对温度、相对湿度的控制应符合下列规定：（1）温度、相对温度及其变化幅度的限值应根据藏品的材质类别及相关因素，经科学实验或实践经验确定；（2）收藏、展示或修复对温度、湿度敏感藏品的库房、展厅、藏品技术用房等，应设置空气调节设备；（3）设置空气调节设备的藏品库房、展厅，其温度和相对湿度应保持稳定，温度日较差应控制在2—5℃范围，相对湿度日波动值不应高于5%，且应根据藏品材质类别确定。藏品保存环境的温度、相对湿度标准可按表5-3确定，并应满足工艺要求。

表5-3　　　　　　　藏品保存环境的温度、相对湿度标准

材质	藏品	温度/℃	相对湿度/%
金属	青铜器、铁器、金银器、金属币	20	0—40
	锡器、铅器	25	0—40
	珐琅器、搪瓷器	20	40—50

---

① 全国人民代表大会常务委员会法制工作委员会：《中华人民共和国法律行政法规规章司法解释分卷汇编·行政法卷》，北京大学出版社1998年版，第429页。

续表

材质	藏品	温度/℃	相对湿度/%
硅酸盐	陶器、陶俑、唐三彩、紫砂器、砖瓦	20	40—50
	瓷器	20	40—50
	玻璃器	20	0—40
岩石	石器、碑刻、石雕、石砚、画像石、岩画、玉器、宝石	20	40—50
	古生物化石、岩矿标本	20	40—50
	彩绘泥塑、壁画	20	40—50
纸类	纸张、文献、经卷、书法、国画、书籍、拓片、邮票	20	50—60
织品类、油画类	丝毛棉麻织品、织绣、服装、帛书、唐卡、油画	20	50—60
竹木制品类	漆器、木器、木雕、竹器、藤器、家具、版画	20	50—60
动植物材料	象牙制品、甲骨制品、角制品、贝壳制品	20	50—60
	皮革、皮毛	5	50—60
	动物标本、植物标本	20	50—60
其他	黑白照片及胶片	15	40—50
	彩色照片及胶片	0	40—50

　　档案馆或库房的环境湿度控制，其目的就是调节在档案馆、库房这一特定空间中空气的含水量，使其接近国家有关法规或规定的湿度。控制的空间可以小到几个立方厘米，如各式的档案装具，大到整个建筑物，如档案馆。按要求湿度控制可分为控制绝对湿度和控制相对湿度两种情况。不过两者并没有明确的界限，前者是控制气体中的绝对含水量，即控制露点温度，以防止发生水的冷凝或结冰，后者则需要对气体的温度和绝对含水量同时进行控制。对于档案保护环境的湿度控制，主要用于空调房间，或者是胶片、纸张、印刷品等易损品的储藏房间，所以一般说来，控制相对湿度的应用更广泛。但这并不是否定控制绝对湿度在档案保护环境的湿度控制中的实际意义，特别是对于条件尚不完善的档案

库房，控制绝对湿度的作用就更加明显了。控制绝对湿度通常只需对气体进行减湿（干燥），而控制相对湿度则包括空气的增湿和减湿两个方面。

因为温度和湿度的相互关系，若室内没有空调系统和加热设备，环境的温度和湿度必须同时控制。当室内空气被加热或制冷时，空气的相对湿度会随之变化，科学的方法是采用湿度控制仪表驱动除湿、加湿设备，以确保恒温恒湿环境。

常用温、湿度控制调节设备有轴流式窗用排风机、去湿机、加湿机、窗式空调机、分体空调机和柜式空调机等。一般情况下，利用空调机基本上就能够达到控温、去湿效果，但有时也可以单独使用去湿机去湿。选择去湿机时要考虑档案库房的密封程度、面积大小以及空气潮湿程度。使用去湿机时档案库房应当密闭，且不宜在温度15℃、相对湿度50%以下时使用去湿机。

温度和湿度对档案的保藏有着十分重要的影响。一般认为，档案馆室内标准温度在15—25℃对档案保存比较适宜。但是这个温度范围是泛指各类档案而言，有些质地的档案对温度有更严格的要求。如以植物纤维为原料的漆、木、竹器、棉麻织物、纸张及以蛋白质脂肪为主要原料的丝织品、皮革制品，都是吸湿性的物质，对温度要求比较严格。而相对湿度的安全上限应为65%。档案的分类收藏或展出，有区别地控制湿度，是最理想的办法。

与档案馆温度的控制类似，档案馆的湿度控制也应该宏观系统控制与微环境控制相结合，并注意重要档案的单独控制，即主要依靠中央空调系统控制档案馆的湿度，辅助进一步的微环境调控。加强展柜的密闭性，在重要藏品的展柜中加调湿剂以控制湿度或安装恒湿系统。对湿度的要求各不相同的重要展品要进行单独控制，在展柜中安装独立的恒温恒湿系统，使之更好地保存。

空调中的湿度控制可借助湿度和温度传感器改变送到空调间的空气的含水量来实现，在比较精确的恒温恒湿调节中，则通过改变饱和湿空气状态的方法实现恒定湿度空气的送风，当然这是一种程序比较复杂和花费较高的方法。另一种方法是根据湿度传感器给出的值和设定值的比较，由控制系统驱动加湿器、干燥器、加热器、冷却器等控制单元，实现湿度的反馈自动控制。这是一种比较经济的方法，在小型空调机组中采用后者更为方便。

对于湿度控制系统的质量评价和一般参数控制标准相似，好的湿度控制的特征是：状态的转变过程阻尼大（说明系统的稳定性好）、观测值与设定值之间的偏差小、转换过程时间短。在环境湿度控制的设计中应综合考虑下列因素：

（1）温度变化对相对湿度的影响。
（2）空气流动速度的影响。
（3）加湿的过程。
（4）控制仪表和控制阀门。
（5）加湿器。
（6）减湿过程。
（7）加热过程。
（8）冷却过程。
（9）综合控制程序。

所有这些因素在湿度的控制中都起着重要作用。为了获得稳定的相对湿度，首先必须将湿度严格控制在一定的范围内。其次要能迅速测定并修正状态的变化。为此，要采用波动性小，快速响应的自动控制系统，以便在变化的极限范围内能进行有效调节。最后，应该正确地设计控制程序，以保证控制方式简单和合理。对于设计者来说，从减小时间滞后和波动性来考虑，有多种装置和控制方法可以选用。这些方法基本上可以归纳为三种：静态法、间接法和直接法。

在静态法中，通常使用恒湿物质控制湿度。例如，在密封的体系内放置一定数量的恒湿物质，当相对湿度发生微小变化时，恒湿物质亦随之吸收或放出相当数量的水汽。如果体系的温度均匀一致，则相对湿度的变化亦很小，通常可以忽略不计。使用这种方法获得的湿度值无须进行测量，因为该值就是恒湿物质在某一温度下的平衡相对湿度，显然这种方法只宜用于较小的空间。

间接法采用连续地往容器内输送恒湿空气流的方式来控制湿度，如果体系的温度是稳定的，则相对湿度也是稳定的。在大多数情况下，恒湿气流由湿度发生器提供，所以气体的含水量不仅恒定，而且其数值和准确度也是已知的，因此亦同样没有单独测量相对湿度的必要。恒湿气源可以采用双温、双压式双流法湿度发生器。

直接法的特点是借助湿度传感器进行控制，为使被控制空间的相对湿度波动性小，并且对状态的变化能做出快速修正，所用的湿度传感器应当具有性能稳定、响应速度快以及信号便于输出等特性。除普遍使用的通风干湿表和毛发元件之外，大多数电湿度传感器的性能基本上都能满足上述要求，所以在实践中的使用日益广泛。用电阻温度计作为感温元件的通风干湿表和陶瓷湿敏元件尤其适用于高湿和高温高湿的控制场合。

二　环境湿度控制技术

在湿度自动控制系统中，相对或绝对湿度传感器作为一次测量仪表，同时起到控制作用。简单的湿度控制器或恒湿器通过湿度传感器把湿度的变化转换成电信号输出，经过放大后驱动湿度调节机构——加湿或干燥设备，实现湿度的自动控制。

原则上任何一种湿度计都可以作为湿度控制用的传感器，但是在实践中，根据不同的对象和不同的要求对湿度传感器进行正确和合理的选择是十分重要的。只有对湿度控制系统作全面的考虑，对调节对象的特点和调节执行机构的性能，尤其是响应特性有充分的了解，在设计中才能确定各个参数的合理要求，获得满意的控制品质。基于这一理念，常用的湿度传感器和恒湿器如干湿球恒湿器、毛发恒湿器、电湿度传感器等。

如果仅仅要求控制气体的相对湿度，而对于其温度没有严格的要求，则只需改变气体的温度就可以使其相对湿度产生大幅度的变化。因为如果温度不固定，在绝对湿度不变的情况下，相对湿度可以在一定的范围内变化，反之，在相对湿度不变时，绝对湿度也可以变化。换句话说，在要求控制相对湿度的地方，一般需要同时对温度进行控制才能实现，利用改变温度来改变相对湿度的方法，常用于实际工作中的许多干燥过程。对于档案馆这种对温度和湿度都有一定要求的地方，相对湿度的改变通常是通过同时控制绝对湿度和温度的方法来实现的。一般可采用的方法是使空气增湿或降湿。因此用于湿度发生器发生恒湿气体的方法和特定空间控制湿度的各种方法，原则上都适用于档案馆的湿度控制过程。[①]

中华人民共和国国家计量技术规范"湿度与水分计量名词术语及定义（JJF1012—2007）"对部分湿度发生器做出了有关定义。

（1）湿度发生器（Humidity generator）：在一定条件下能发生水蒸气含量恒定且可知的气流或气氛的装置的总称。

（2）双压法湿度发生器（Two-pressure humidity generator）：双压法湿度发生器是在一定温度条件下，气体在饱和室（器）内被加压饱和，然后在测试室减压膨胀，通过调节饱和室和测试室的压力比，得到不同湿度的稳定气流或气氛。

（3）双温法湿度发生器（Two-temperature humidity generator）：双温法湿度发生器是在恒定的压力条件下，将某一温度的气体在饱和器（室）饱和，然后在测试室使其温度升高，根据道尔顿分压定律和气体状态方程可计算出较高温度下气体的相对湿度。通过调节饱和器和测试室的温度，就可以得到不同湿度的气流或气氛。

（4）分流法湿度发生器（Mixed-flow humidity generator）：分流法湿度发生器是在一定温度条件下，将干气和饱和湿气按不同比例混合，得到不同湿度的稳定气流或气氛。

（5）渗透法湿度发生器（Permeation tube humidity generator）：渗透法湿度发生器是根据有机或高分子材料对于水具有渗透性的原理，当渗透管（膜）的材料、有效渗透面积、管（膜）内外压差和载气流量固定后，水的渗透率只和温度有关系。

（6）饱和盐湿度发生器（Saturated salt solutions）：当一种饱和盐溶液在密闭的容器内部达到平衡状态时，液面的浓度在一定温度下是固定的。

---

① 李英干、范金鹏：《湿度测量》，气象出版社1990年版，第392页。

第六章

档案保护环境之气压

第一节 气压概述

一 气压的定义及单位

地球被厚厚的大气层所包围，空气具有质量，地球大气的总质量约为 5.13×10^{15} 吨。由于受到地球引力的影响，大气层具有压力。大气以本身的重量加压于地面，大气作用于地球表面单位面积上的压力，就称为大气压强，简称气压。通常用单位横截面积上所承受的穿透整个大气层的铅直气柱重量表示。在静止大气中，任意高度上的气压，就是从该点起直至大气上界为止单位面积铅直气柱的总重量。它是空气的分子运动与地球重力场综合作用的结果。当空气有垂直加速度运动时，气压值与单位面积上承受的大气柱重量就有一定的差值，但一般情况下，空气垂直运动加速度是很小的，这种差别可忽略不计。所以，大气中任一高度上的气压等于其单位面积上所承受的从计算高度到大气顶界的大气柱重量。

一个地方气压的高低取决于大气柱的长短和大气柱中的空气密度。大气质量在铅直方向上的分布是极不均匀的，大气质量的一半集中在 5.5km 以下的气层中，四分之三集中在 10km 以下的气层中，99% 集中在 30km 以下的气层中。显然，海拔越高，大气柱越短，空气密度愈小，气压就越低。[1]

气压的单位有长度单位和压强单位两种。气压的长度单位就是水银

---

[1] 肖金香、穆彪、胡飞：《农业气象学》，高等教育出版社2009年版，第99页。

气压表上的水银柱（水银气压表的横截面积为1cm²）的高度，称"毫米水银柱（mmHg）"。气压的国际单位是帕斯卡（或简称帕，符号是Pa），气象学上多用百帕斯卡（hPa）作为单位，并规定1hPa＝100N/m²。除了国际单位外，过去还常用巴（bar）和毫巴（mb）作为气压单位，现在国际上亦还有不少国家仍然继续使用毫巴（mb）作为气压单位。气压单位之间的相互关系如下：

$$1\text{hPa} = 100\text{Pa} = \frac{3}{4}\text{mmHg} = 1\text{mb} \tag{6.1}$$

1954年第十届国际计量大会决议声明，标准大气压值为1013.25hPa，它相当于在重力加速度为9.80665m/s²、温度为0℃、纬度为45°的海平面上，760mm水银柱高产生的压强。

气压是随着空间和时间而发生变化的物理量，不同的地点气压不相同，不同的时间气压也不同。

二 气压随高度的变化

由于地球引力的作用，愈近地表，空气质点愈多，密度愈大，质量愈重。大气是一种流体，其顶部犹如海洋面一样的平坦，但其大气底部则是凹凸不平的，海拔愈高的地方，大气柱短且大气密度小，因而气压低。海拔愈低的地方，大气柱长，且长的这一段是密度很大的大气柱，因而气压高。因此，气压随高度增高而降低。

同样的原因，上空大气柱中空气质量增多或减少的变化，也势必造成一个地方气压值经常发生变化。大气柱质量的增减一般是大气柱厚度和密度改变的反映，当气柱增厚、密度增大时，则空气质量增多，气压就升高；反之，气压则减小。在地面上气压最大，到大气上界减小为零。气压随高度的上升呈指数下降，在5.5km高处，气压减到地面气压的1/2，到16km处，则已迅速减小到只有地面气压的1/10，到31km处则减少到只有地面气压的1/100了。

为定量研究气压随高度的变化，通常用大气静力方程和压高公式来讨论：

当空气处于静止状态时，作用在任意一个小的薄空气块各方向上的力是相等的，这在气象学上被称为静力平衡状态。静力平衡时，垂直方向上气块所受的重力与垂直气压梯度力（实际上就是常说的浮力）大小相等、方向相反。据此可推导出大气静力学方程：

$$\Delta p = -\rho g \Delta Z \quad 或 \quad \frac{\Delta p}{\Delta Z} = -\rho g \tag{6.2}$$

式中，ΔZ 表示任一高度差；Δp 表示任一高度差上的气压差；ρ 为大气密度；g 为重力加速度。式中的"负号"表示当 $\Delta Z > 0$ 时，有 $\Delta p < 0$，说明高度增加时，气压总是下降的；$\Delta p/\Delta Z$ 称为单位高度气压差。

由式（6.2）可知，随着高度的升高，气压递减的速度仅取决于空气密度且与密度成正比。在密度大的气层里，气压随高度递减得快，反之则递减得慢。

实践证明，静力学方程虽是静止大气的理论方程，但除在有强烈对流运动的局部地区外，其误差仅有1%，因而得到广泛应用。为了精确地获得气压与高度的对应关系，通常将静力学方程从气层底部到顶部进行积分，即得出压高方程：

$$\int_{p_1}^{p_2} dp = -\int_{Z_1}^{Z_2} \rho g dZ \tag{6.3}$$

式中，p_1、p_2 分别是高度 Z_1、Z_2 对应的气压值。

该式表示任意两个高度上的气压差等于这两个高度间单位截面积空气柱的重量。用状态方程替换式中的 ρ（R 为气体常数，T 表示大气温度），得：

$$\int_{p_1}^{p_2} \frac{dp}{p} = -\int_{Z_1}^{Z_2} \frac{g}{RT} dZ \tag{6.4}$$

对式（6.4）积分，得

$$p_2 = p_1 \exp\left(\int_{Z_1}^{Z_2} \frac{g}{RT} dZ\right) \tag{6.5}$$

式（6.5）就是通用的压高方程。它表示气压是随高度的增加而按指数递减的，而且在大气低层，气压递减得快，在高层递减得慢。在温度低时，气压递减得快，在温度高时，递减得慢。

利用静力方程和压高方程可以计算得到：在 0—1000m 的低层大气中，每上升 100m，气压约降低 12hPa 以上；4—5km 高度，每上升 100m，气压约降低 7hPa；9—10km 高度，每上升 100m，气压约降低 5hPa。

在垂直气柱中，气压每改变一个单位所对应的高度变化值称为单位气压高度差，用 h 表示：

$$h = \left|\frac{\Delta p}{\Delta Z}\right| = \frac{1}{\rho g} \tag{6.6}$$

用状态方程替换式（6.6）中的 ρ，则有：

$$h = = \frac{RT}{pg} \tag{6.7}$$

单位气压高度差计算式表明，在同一气压下，气温越高，密度越小，单位气压高度差越大。在同一气温下，气压值越大的地方，空气密度越大，单位气压高度差越小。在水平方向上，温度是影响 h 值的主要因素。而在垂直方向上，气压则成为影响 h 值的主要因素，越往高处，h 值越大。在实际大气中，密度总是随高度升高递减的，因此高空的 h 值比低空的大。在温暖的地方，单位气压高度差比寒冷地方的要大。

在近地面层，取 $p = 1000\text{hPa}$，$T = 273\text{K}$，$g = 9.8\text{m/s}^2$，$R = 287\text{J/}(\text{kg} \cdot \text{K})$，则由式（6.7）求得

$$h \approx 8.0\text{m/hPa} \tag{6.8}$$

即在近地面层，高度每升高 8m，气压下降 1hPa。[①]

在铅直方向上，气压随高度增加而降低，此外，由于各地热力和动力条件不同，使不同地点气压随高度增加而降低的速度不同。因此，同一水平面上气压也往往不等。为了表示空间气压的分布情况，采用等压面和等压线的概念。在海拔高度相同的平面上，气压相等的各点的连线称为等压线，等压面是空间气压相等的各点所构成的面。

三　气压随时间的变化

气压随时间的变化可分为周期性（日变化和年变化）变化和非周期性变化。

（1）气压的周期性变化

气压的周期性变化是指在气压随时间变化的曲线上呈现出有规律的周期性波动，这显然是以日为周期和以年为周期的波动。

地面气压的日变化有单峰、双峰和三峰等形式，其中以双峰型最为

[①] 黄立文、文元桥：《航海气象与海洋学》，武汉理工大学出版社 2014 年版，第 21 页。

普遍，其特点是一天中有一个最高值、一个次高值和一个最低值、一个次低值。一天内，气压的最高值与最低值之差，称为气压的日较差。

气压的日变化一般是清晨上升，9—10时出现最高值，以后气压下降，到15—16时出现最低值，此后又逐渐升高，到21—22时出现次高值，以后再度下降，到次日3—4时出现次低值。最高、最低值出现的时间和变化幅度随纬度变化而有区别，热带地区气压日变化最为明显，日较差可达3hPa—5hPa。随着纬度的增高，气压日较差逐渐减小，到纬度50°时日较差已减至不到1hPa。

气压日变化的原因比较复杂，现在还没有公认的解释，一般认为同气温日变化和大气潮汐密切相关。比如，气压一日波（单峰型）同气温的日变化关系很大。当白天气温最高时，低层空气受热膨胀上升，升到高空向四周流散，引起地面减压；清晨气温最低时，空气冷却收缩，气压相应升到最高值。只是由于气温对气压的影响作用需要经历一段过程，以致气压极值出现的时间相对落后于气温极值出现的时间。同时，气压日变化的振幅同气温一样随海陆、季节和地形的不同而有区别，表现出陆地大于海洋、夏季大于冬季、山谷大于平原。气压的半日波（双峰型）可能同一日间增温和降温的交替所产生的整个大气半日振动周期，以及由日月引起的大气潮相关。至于三峰型气压波应该与一日波、半日波以及局部地形条件等综合作用有关。

气压年变化是以一年为周期的波动。一年中，最高月平均气压与最低月平均气压之间的差值称为"气压年较差"。气压的年变化受气温的年变化影响很大，因而也同纬度、海陆性质、海拔高度等地理因素有关。由于太阳辐射的年变化在高纬地区比低纬地区大，因此气压的年较差也随纬度的增高而增大，在中高纬地区年较差最显著。海上气压的年较差较小，越深入内陆年较差越大。高海拔地区的气压年较差，也比平原地区的小得多。

根据气压的月平均值资料，可将气压的年变化概括为两种类型：大陆型和海洋型。在大陆上，一年中气压最高值出现在冬季，最低值出现在夏季，气压年变化值很大，并由低纬度向高纬度逐渐增大。海洋上，一年中气压最高值出现在夏季，最低值出现在冬季，年较差小于同纬度的陆地。海洋型与大陆型是由于海陆分布造成的。冬季大陆比同纬度洋面冷，冷区大气柱收缩，暖区大气柱膨胀，因此海洋上空有空气流向陆地，使陆地上单位截面大气柱的质量增加，气压较高，而海洋上单位截面大气柱质量减小，气压较低；夏季则相反，大陆比同纬度洋面热，于是形成大陆上气压低、海洋上气压高的情况。

高山区一年中气压最高值出现在夏季，是空气受热、气柱膨胀、空气上升、质量增加所致；而最低值出现在冬季，是空气受冷、气柱收缩、空气下沉、高山空气质量减少的结果。

（2）气压的非周期性变化

气压的非周期性变化与气压系统的移动及演变有关。在中高纬度地区，由于高低压系统活动频繁，气压的非周期性变化比在低纬度地区明显，若从 24h 变压（前一日某时刻到次日同一时间的气压变化量）来看，高纬度地区可达 10hPa，中纬度地区达 3hPa—5hPa，而在低纬度地区，除有中心气压很低的低压过境外，一般只有 1hPa 左右。所以在中高纬度地区，往往在大尺度的天气系统和中小尺度天气系统的影响下，气压的周期性变化会遭到破坏。①

第二节 气体分子运动论与气体压强的微观本质

一 气体分子运动论与理想气体压力和温度

气体分子运动论的思想最早是在 1738 年由伯努利（Daniel Bernoulli）提出的，他将牛顿运动定律用于气体分子，并由此推导了波义尔定律。但他的工作当时并没有引起人们的注意，直到 100 多年以后，在 1845—1898 年间，由焦耳、克劳修斯、麦克斯韦及玻耳兹曼等人不断发展并完善了该理论。他们从分子的热运动出发，结合麦克斯韦速率分布，并用统计平均的思想来处理由大量运动分子组成的宏观气体，从而阐明了气体的压力、温度等宏观性质的微观实质，使人们对物质世界的认识得到进一步的深化。

气体分子运动论假设：（1）气体是由大量分子组成的，气体分子可

---

① 包云轩：《气象学》，中国农业出版社 2007 年版，第 112 页。

看作没有体积的质点或硬球；（2）气体分子处于永不停息的无规则热运动中；（3）除了相互碰撞的瞬间外，气体分子间没有相互作用；（4）气体分子之间以及气体分子对器壁的碰撞均为弹性碰撞。

人们常说气体的压力 p 实际是指物体单位面积上所受的力（压强）。根据气体分子运动论，气体的压力是由气体分子对器壁的弹性碰撞而产生的，它在各个方向上是相同的。

设一个质量为 m 的气体分子以速度 v 在边长为 l 的箱子中从左向右运动，它的动量为 mv。它碰撞到右侧器壁后将被弹回，由于假设碰撞为弹性碰撞，故其速度变为 $-v$，动量变为 $-mv$，而动量的改变量为 $-mv-mv=-2mv$，对器壁造成的冲量为 $2mv$。

单位时间内一个分子碰撞器壁的次数为 v/l，它对器壁造成的冲量之和为 $(v/l)\cdot 2mv=2mv^2/l$。虽然一个分子在运动中可能会与另一个分子相撞而改变方向和速度，但大量分子中总会有另一分子接替它，所以其总结果是一样的。

气体分子在容器内不断相互碰撞，每个分子的运动速度在随时改变。虽然每一个分子在某一瞬时的速度是随机的，但总体来看分子的运动速度却有一定的统计规律，速度的大小即速率符合麦克斯韦-玻耳兹曼（Maxwell-Bohzmann）速率分布。在一定温度下，每种气体的速率分布是一定的。除少数分子的速率很大或很小以外，多数分子的速率都接近于方均根速率 $\sqrt{\overline{v^2}}$ 了。

设容器中有 N 个气体分子，其中 n_1 个分子的速率为 v_1，n_2 个分子的速率为 v_2……则方均根速率为

$$\sqrt{\overline{v^2}}=\sqrt{\frac{n_1v_1^2+n_2v_2^2+\cdots}{N}} \qquad (6.9)$$

单位时间内 N 个气体分子对器壁造成的总压力 F 为

$$F=N\cdot 2m\overline{v^2}/l \qquad (6.10)$$

由于分子在容器内的运动是在 x、y、z 三个方向上的三维平动，对各个方向上所施加的力是相同的，边长为 l 的立方容器的面积为 $6l^2$，故容器单位面积上所受的力，也就是容器的压力为

$$p = \frac{F}{6l^2} = \frac{N \cdot 2m\overline{v^2}/l}{6l^2} = \frac{Nm\overline{v^2}}{3l^2} \tag{6.11}$$

容器的体积 $V = l^3$，代入式（6.11）有

$$pV = \frac{1}{3}Nm\overline{v^2} \tag{6.12}$$

对于一定量的气体来说，N 和 m 是定值，一定温度下的 $\sqrt{\overline{v^2}}$ 也是定值，所以体积确定之后，压力就是定值。也就是说，气体的压力是由单位体积中分子的数量、分子的质量和分子的运动速率所决定的。上式中的左侧是可测定的宏观量，右侧是微观量，该式将两者联系了起来。

进一步，由于分子的平均平动能 $\overline{\varepsilon_1} = m\overline{v^2}/2$，$N = nL$，$L = 6.022 \times 10^{23} \mathrm{mol}^{-1}$（$L$ 为阿伏伽德罗常数），代入式（6.12），可得

$$pV = \frac{2}{3}nL\overline{\varepsilon_1} \tag{6.13}$$

式（6.13）即是由气体分子运动论导出的理想气体状态方程，该式说明理想气体的压力取决于单位体积内的分子数 n/V 和分子平均平动能 $\overline{\varepsilon_1}$，n 和 $\overline{\varepsilon_1}$ 越大，p 就越大。由于 $\overline{v^2}$ 具有统计平均的意义，所以 $\overline{\varepsilon_1}$ 也含有统计平均的意义，进而压力 p 也含有统计平均的意义。

从气体分子运动论角度同样可以对理想气体的温度做出很好的解释：温度是用来表示物体冷热程度的，在热力学中，温度有严格的定义。温度的定义与热平衡有关。例如让两个温度不同的物体相接触，热量将从高温物体传导到低温物体，最后两个物体达到热平衡，传热停止。达到热平衡的物体具有一个共同的特征，即温度相等。因此可以说，温度是决定一个系统是否与其他系统处于热平衡的宏观性质，其特征在于互为热平衡的系统具有相同的温度。

根据理想气体状态方程和式（6.13），可推导出温度的微观解释，根据

$$pV = \frac{2}{3}nL\overline{\varepsilon_1} = nRT \tag{6.14}$$

可得到

$$\overline{\varepsilon_1} = \frac{3}{2} \cdot \frac{R}{L}T = \frac{3}{2}kT \tag{6.15}$$

式中 $k = R/L = 1.381 \times 10^{-23} \text{J} \cdot \text{K}^{-1}$，称为玻尔兹曼（Boltzmann）常数。$T$ 一定时，$\bar{\varepsilon_1}$ 一定，式（6.13）中 $pV =$ 常数，由此可证明波义尔定律。

式（6.15）将分子的平动能 $\bar{\varepsilon_1}$ 这一微观量与宏观量温度 T 联系在一起，揭示了理想气体平动能与温度的关系，即温度越高，分子的平动能越大，气体分子的热运动越剧烈。所以说温度代表了分子热运动的剧烈程度，温度是分子热运动动能的量度。具有相同温度的不同理想气体，具有相同的分子平动能。应当指出的是，温度是大量分子热运动的集体表现，它含有统计意义，谈论某一个分子的温度是没有意义的。[①]

二 气体压强的"重量说"和"碰撞说"的内在联系

在本章"气压的定义及单位"中定义气压为"大气作用于地球表面单位面积上的压力"，而本节"气体分子运动论与理想气体压力和温度"中提到"气体的压力是由气体分子对器壁的弹性碰撞而产生的"。显然关于气压或气体压强的这两种说法是不同的，有人称前一种定义为"重量说"，因为它认为气压的产生源于大气以本身的重量加压于地面，相应地后一种则称为"碰撞说"。[②] 这两者是否矛盾？其区别究竟何在？有无内在联系？能否予以统一呢？

气压的重量说观点具有坚实的实验基础，例如托里拆利实验及其原理证明了大气压是由大气层的重量产生的，马德堡半球实验证明了大气压的存在（参见本章第三节"气压的测量"）。可是，如果在空杯子口上蒙上一层弹性薄膜，不管杯子口朝向如何，薄膜总是呈水平状，说明杯子内外的空气对薄膜的压强是相等的。杯中空气的重量是绝对不足以产生 76mmHg 这么大的压强，其原因只能用分子运动论来进行分析，而无法用重力产生气压的观点来解释。在一个封闭容器内部的上下表面所受到的气体压强是相等的，说明气压是空气分子对器壁的密集、激烈碰撞产生的效应。另外，如气体的等温、等压、等容变化过程都只能用气体

---

① 天津大学物理化学教研室：《物理化学》（上册），高等教育出版社 2009 年版，第 11 页。

② 沈永昭、李素琴：《关于气体压强的两种说法》，《物理教师》1992 年第 9 期。

分子运动论来进行分析解释。

由式（6.12）和式（6.13）可知，从"分子运动论"角度理解：气体的压力是由单位体积中分子的数量、分子的质量和分子的运动速率所决定的，气体的压力取决于单位体积内的分子数 n/V 和分子平均平动能，压力 p 含有统计平均的意义。但是，二式并没有明显地给出重力与大气压强之间有怎样的关系。

假若空气分子的热运动突然停止，空气分子都将因重力的作用而降落到地面上，很显然，这时它们对地面单位面积的压力确实等于有热运动时，以地面的单位面积为底面，从地面一直延伸到大气层顶部的柱体中全部空气的重量。然而对于空气分子都降落在地面上的情况，也就不能再称其为大气了，大气压强也就失去了意义。可见，无分子的热运动，也就无大气压强可言。

空气分子处在不停的热运动中，但假若没有了重力的作用，因为大气是开放的，空气分子必将因热运动而扩散到整个宇宙空间之中，致使分子数密度趋于零，从而大气压强也失去了意义，也就是说，无重力，就无大气压强。

事实上，关于气压的这两种观点只是从不同角度用不同的方法得到的对气体压强的不同阐释而已。"碰撞说"是通过对气体微观机制的直接描述，认为所有分子不停地做着无规则的热运动，分子与分子，分子与器壁之间发生着频繁的弹性碰撞，进而揭示了气体压强的本质。而"重量说"是从宏观入手，撇开了分子碰撞的细节，不考虑气体的分子组成、分子之间的间隙和分子的运动，把气体当作和液体一样的连续介质看待，用流体静力学的方法去认识气体的压强。并且，二者并不矛盾，它们的定量关系亦可通过计算得到。

根据玻尔兹曼分布律，在重力场中的分子或粒子按高度分布的数密度规律有如下关系：

$$n = n_0 e^{-\frac{mgh}{kT}} \quad (6.16)$$

式中，n_0 为基准面（一般取地面）处的分子数密度，m 为空气分子的质量，n 是距基准面高度为 h 处的分子数密度。①

大量空气分子的热运动，宏观上使基准面的单位面积上受到稳定的压力，从而产生大气压强。结合式（6.14）和式（6.15）可得

$$p = nkT \qquad (6.17)$$

因此，如果取地面为基准面，则地面处的大气压强为

$$p = n_0 kT \qquad (6.18)$$

若在高度 h 处取一平行于地面的面积 S 为底面，厚度为微分量 dh 的薄柱体，该柱体内空气分子的数密度可认为是均匀的且都为 n，于是柱体中空气的重量为

$$dG = nmgSdh = n_0 e^{-\frac{mgh}{kT}} mgSdh \qquad (6.19)$$

如柱体的横截面积 S 不变，将其厚度延伸下至地面，上至空气层的顶部，那么该柱体中空气的重量 G 可用积分式表示为

$$G = \int_0^\infty n_0 e^{-\frac{mgh}{kT}} mgSdh \qquad (6.20)$$

于是，对应于单位横截面积的长柱体中空气的重量为

$$\frac{G}{S} = \int_0^\infty n_0 e^{-\frac{mgh}{kT}} mgdh = n_0 kT \qquad (6.21)$$

将式（6.18）与式（6.21）比较可以看出，若取单位横截面积，从地面一直延伸到大气层顶部的柱体中的全部空气的重量，在数值上等于地面处的大气压强，这是处在重力场中的空气分子数密度按式（6.15）分布的必然结果，可以证明，如果空气分子数密度不是按式（6.16）分布，柱体内空气的重量虽然不变，但 $G/S \neq n_0 kT$。

通过以上的分析讨论，可得出如下结论：（1）重力的存在是使大气约束在地球周围，并形成数密度随高度的特定分布的条件；（2）空气分子的热运动是产生大气压强的根本原因；（3）由重力所决定的空气分子按高度的分布规律，决定了大气压强在数值上等于底面为单位面积，从地面一直延伸到大气层顶部的柱体内的全体空气的重量。②

所以，大气压强是由于大气受重力作用而产生的"重量说"与分子

---

① 张三慧：《大学物理：热学》，清华大学出版社 1999 年版，第 62 页。
② 刘裕勤、刘东红：《关于重力与大气压强关系的讨论》，《山东工业大学学报》1999 年第 5 期。

动理论的"碰撞说"是一致的,并不矛盾,只不过是从不同层次给出的描述不同的结论而已。根据分子动理论,一方面,大气分子的运动使气体分子上下作均匀分布;另一方面,重力作用结果使气体分子全部沉积到下部。两种因素协同作用,分子最后作上下不均匀分布。

从实质上看,大气压是由分子运动而产生的,"碰撞"是产生气压的微观实质;从效果上看,地球表面的大气压相当于气体分子受重力作用的结果,大气的重力是大气压强的宏观表现,大气的重量是大气压强存在的必要条件,但不是气压产生的本质原因。因此,气压的"重量说"与"碰撞说"并不矛盾,是一致的。

第三节　气压的测量

一　马德堡半球实验

1643年,意大利物理学家托里拆利在佛罗伦萨发现了气压表原理,即托里拆利原理,成功测量了大气压。但是让17世纪的人们相信气压存在比设计气压表困难得多,世界上最早证明大气存在压力的科学实验是著名的马德堡半球实验,这已经是在托里拆利测量了大气压的14年后了,做这个实验的是德国科学家奥托·冯·格里克(Otto von Guericke)。

1654年5月8日,时任马德堡市市长的格里克定做了两个直径约37厘米的空心铜半球,这两个铜半球做得很精密,把它们合起来可以不漏气。格里克在一个半球上装了一个阀门,从这里可以接上抽气筒,把球里的空气抽出来,把阀门关好,外面的空气不能进入球里,可以保持球内接近真空。

格里克在每个半球的拉环上拴了8匹马,让它们向相反的方向拉两个半球,16匹马用尽全力,才终于把两个半球拉开了。然后格里克把两个半球仍旧合上,并抽出球里的空气。换一个实验方法:把阀门打开,让外面的空气进入球里。这时,只要用两只手就能很容易地把两个半球分开了,不费什么力气。通过这个实验,充分证明了大气确实存在压力,而且大得惊人。[1]

---

[1] 杨建峰:《世界重大发现与发明》,外文出版社2013年版,第107页。

在当时，这一实验轰动了欧洲，为了纪念他，人们把他设计的两个金属半球称为"马德堡半球"，这次著名的实验就称为"马德堡半球实验"。

古语说："习惯成自然。"意思是说习惯的东西久了，就容易不加考察、辨别，盲目信任并且照着去办，这种盲目的态度不利于人们正确认识客观事物，格里克的可贵之处就在于，他有严谨的态度和求是的精神，对前人讲不清楚的事物敢于寻根问底，绝不满足于一知半解。[①]

何谓求是精神？笔者以为就是一种在实践中本着坚持真理的原则。我国著名教育家、科学家竺可桢曾指出"求是"的精神就是"不怕苦，不怕死，以求真知"的精神。这也是笔者长期的宣扬和追求。[②]

格里克通过两个铜球如此简单的用具，却证明了大气压事实存在这样一个困惑当时人们的难题，今天可能很多人不以为然。可是，在科学史上，许多重要的发现都没有用到十分复杂的仪器和设施，如牛顿的"棱镜色散实验"揭示了太阳光的本性，被评为"十大最美物理实验"之一；伽利略的"两个铜球同时落地实验"，推翻了统治人们千年的错误思想，这些著名的实验都没有用到复杂的仪器。它们之所以被人千古传颂，其原因一方面在于发现理论的重要性，另一方面更重要的在于人们对伟大科学家的偶像崇拜，这种崇拜纯粹地源于对真理的追求、对科学精神的坚持和对科学方法的向往，也正是这种理想在推动人类文明的进程中发挥了巨大的作用，结出了璀璨的硕果。

二 气压的测量方法

（一）流体静力平衡方法

日常工作中，常把气体和液体统称为流体。所谓流体，是指由大量的、不断地作热运动而且无固定平衡位置的分子构成的一类物质，其基本特征是没有一定的形状和具有流动性。流体都有一定的可压缩性，液体可压缩性很小，而气体的可压缩性较大，在流体的形状改变时，流体

---

① 周爱农：《趣味环境科学故事》，西北工业大学出版社2013年版，第118页。
② 刘强：《跨越万有引力之虹——科学美学漫步》，中国社会科学出版社2013年版，第44页。

各层之间存在一定的运动阻力（即黏滞性）。

静止流体内部任一点的压力，称为该点的流体静压力，其特点是：第一，从各方向作用于某一点上的流体静压力相等；第二，若通过该点指定一作用平面，则压力的方向垂直于此面；第三，在重力场中，同一水平面上各点的流体静压力相等，但随着位置的高低而变化。

大气时刻在运动，但是由于气压随高度是减小的，因此，由于气压所造成的作用于一薄块空气的向上的力，通常和由地球引力所造成的向下的重力近似地保持平衡。假设这些作用力严格地保持平衡，那么就推导出一个关于气压的重要基本关系，即流体静力平衡的基本方程

$$\Delta p = -\rho g \Delta Z \tag{6.22}$$

式中，Δp 为气压差，ΔZ 为气体高度差，ρ 为平均密度，g 为重力加速度。流体静力方程表明了大气中流体静力平衡的状况。[①] 当大气中任何一点的气压，正好和这一点的重力相平衡，就称它是"流体静力（静止流体）平衡"。

流体静力平衡方法就是利用流体静力平衡，也就是作用在活塞有效面积上的流体压力与其所负荷的重力相平衡原理，进行压力测量的计量标准器，由活塞系统、专用砝码、底座组成。这种方法主要的产品是气体活塞压力计。

（二）液柱重量与大气压力平衡方法

该方法是将一根一头开口的玻璃管的开口端插入该液体槽内，将管内抽成真空，这时槽内液体在大气压力作用下流入真空玻璃管内，当管内液体上升到管内液体的重力在液体槽液面上的压强等于液体槽液面上的大气压强时，达到平衡，管内液面稳定在某个高度上，此高度即表示当时的气压。通常选用水银作为液体制成测量气压的水银气压表，这时的管内水银柱高度即为以 mmHg 为单位的气压。

用此方法测量气压可方便地获得所要求的准确度和长期稳定性；但水银污染环境，且输出的水银柱高度难以转换成电信号进行自动遥测。故使用这种方式的水银气压表正逐渐被能达到同样准确度要求的电子式

---

① 戚启勋：《大气科学》，大中国图书公司1977年版，第27页。

气压表所取代。①

（三）弹性力平衡方法

此种方法利用弹性元件的弹性变形特性进行测量。被测压力使测压弹性元件产生变形，因弹性变形而产生的弹性力与被测压力相平衡，测量弹性元件的变形大小即可知被测压力。此类压力计有多种类型，可以测量压力、负压、绝对压力和压差，其应用最为广泛，例如弹簧管压力计、波纹管压力计及膜盒式压力计等。

（四）物性测量方法

该法基于在压力的作用下，测压元件的某些物理特性发生变化的原理。例如，电测式压力计，即是利用测压元件的压阻、压电等特性或其他物理特性，将被测压力直接转换成为各种电量来测量。此外，还有其他一些新型压力计，如集成式压力计、光纤压力计等都属于此类测量方法。②

三 水银气压表

（一）水银气压表测量原理

测定气压的仪器主要是水银气压表，水银气压表和电子类仪器比较具有一定的优点。因为水银的密度大，用来和大气压力相平衡的水银柱高度就短。又因为水银的物理化学性质比较稳定，常温下水银蒸气压小，因此，水银气压表的性能比较稳定。

水银气压表的测定原理是大气压强与单位面积上水银柱质量相平衡，也就是以真空管内水银柱的重力与大气压力相平衡的原理来测量大气压力的，如图 6-1 所示。

其表达式为：

$$p = \frac{F_{Hg}}{A} = \frac{gm_{Hg}}{A} = \frac{Vg\rho_{Hg}}{A} = \frac{Ahg\rho_{Hg}}{A} = \rho_{Hg}gh \quad (6.23)$$

式中，p 为气压；ρ_{Hg} 为水银密度；g 为重力加速度；h 为水银柱高度；V

---

① 张建敏、罗昶、吕文华：《气象计量测试指南》，中国质检出版社 2011 年版，第 155 页。
② 任俊英、刘洋、刘敏丽等：《热工仪表测量与调节》，北京理工大学出版社 2014 年版，第 50 页。

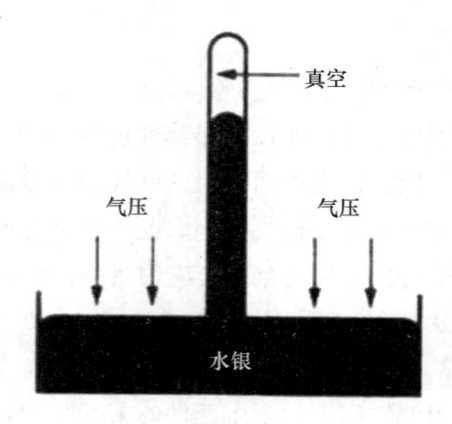

图 6-1　水银气压表测量原理

和 A 分别为体积和面积。在特定温度、纬度和海拔条件下，ρ_{Hg}、g 为常数，g 与 h 正相关，h 愈高，p 愈大。

（二）水银气压表的构造

常用的水银气压表是动槽式水银气压表和定槽式水银气压表，又分别称为福廷式（Fortin）或寇乌式（Kew）气压表，它们的构造如图 6-2 所示。

福廷式水银气压表的主要特点是有测定水银柱高度的固定"零点"，故每次测定都需调整水银面的高低，使其符合固定零点的位置，才能读取水银柱的高度。

福廷式气压表的外部是一具有刻度的黄铜管，管的顶端有悬环，用以悬挂在实验室的适当位置。其主体是气压计内部的一根装有水银的长约 80cm 的玻璃管，其上端封口，下端开口，开口的下端垂直地插入水银槽内，玻璃管内水银柱上方抽成真空。气压计底端的液面调整螺丝可调节槽内水银面的高低，水银槽的顶盖上有一倒置的象牙针，其针尖是黄铜标尺刻度的零点。黄铜标尺上附有游标尺，转动游标调整螺丝，可使游标尺上下游动。气压计中部有温度计。

当环境大气压作用在玻璃管外杯内的水银面时，玻璃管内的水银将上升，上升的高度与环境大气压成正比。读数时调玻璃管底部螺钉，使水银槽上的象牙针尖正好落在水银杯的底部水平面上（俗称调零），然后使顶部的游标尺上的零刻度线与水银柱的凸面相切，此时玻璃管外的高

第六章 档案保护环境之气压 ❈ 143

游标
刻度标尺
水银柱

游标调整螺丝

附属温度表

象牙针
水银槽

液面调整螺丝

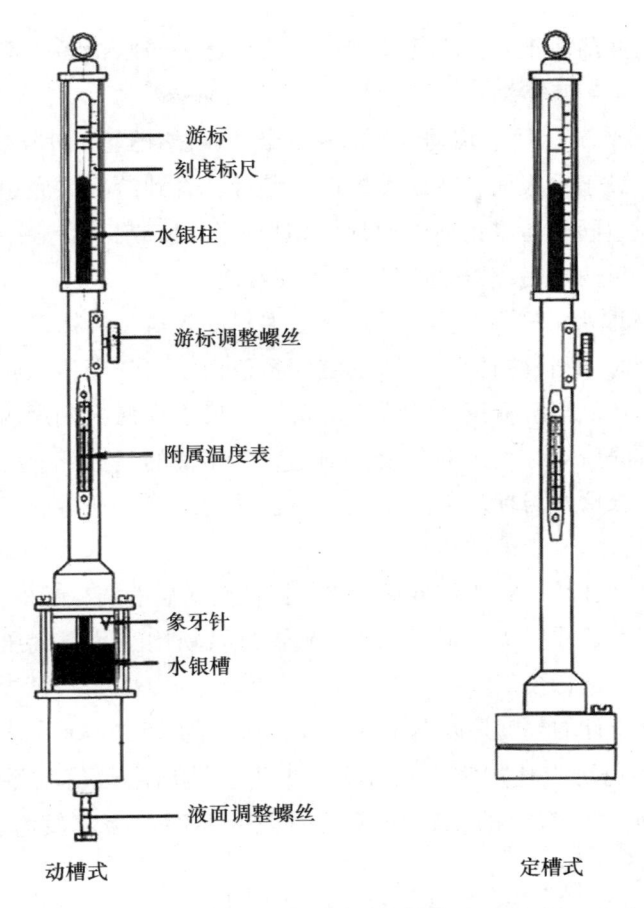

动槽式　　　　　　　　定槽式

图6-2 水银气压表

度值即为当天的环境气压值。

寇乌式气压表的构造与福廷式气压表大体相同，也有内管、套管和槽部三部分，其最大的特点是槽部没有调整水银面的装置，即没有固定零点。寇乌式气压表不需调整水银面，而采用了补偿标尺刻度的方法，以解决零点位置的变动。

(三) 福廷式气压表的使用

福廷式气压表的具体使用方法为：

(1) 慢慢旋转液面调整螺丝，调节水银槽内水银面的高度，使槽内水银面升高。利用水银槽后面磁板的反光，注视水银面与象牙尖的空隙，直至水银面与象牙尖刚刚接触，然后用手轻轻碰一下铜管上面，使玻璃管上部水银面凸面正常。稍等片刻，待象牙针尖与水银面的接触无变动为止。

（2）调节游标尺。转动气压计旁的游标调整螺丝，使游标尺升起，并使下沿略高于水银面。然后慢慢调节游标，直到游标尺底边及其后边金属片的底边同时与水银面凸面顶端相切。此时，观察者眼睛的位置应和游标尺前后两个底边的边缘在同一水平线上。

（3）读取水银柱高度。当游标尺的零刻度线与黄铜标尺中某一刻度线恰好重合时，则黄铜标尺上该刻度的数值便是大气压值，此种情况不需使用游标尺。当游标尺的零线不与黄铜标尺上任何一刻度重合时，那么游标尺零线所对标尺上的刻度，则是大气压值的整数部分。再从游标尺上找出一根恰好与标尺上的刻度相重合的刻度线，则游标尺上刻度线的数值便是气压值的小数部分。

（4）整理工作。记下读数后，将气压计底部液面调整螺丝向下移动，使水银面离开象牙针尖。记下气压计的温度及所附卡片上气压计的仪器误差值，然后进行校正。

水银气压计的刻度是以温度为 0℃、纬度为 45°的海平面高度为标准的。若不符合上述规定，从气压计上直接读出的数值，除进行仪器误差校正外，在精密的工作中还必须进行温度、纬度及海拔高度的校正。

（四）水银气压表读数校正

水银气压表读数的校正包括：

（1）仪器误差的校正。

由于仪器本身制造的不精确而造成读数上的误差称"仪器误差"。仪器误差实际上是一个总和的系统误差，主要包括标尺误差、刻度误差、毛细压缩误差、水银纯度不达标所引起的误差、真空度不良等带来的误差。这些影响有些是制造气压表时受材料和技术条件的限制而产生的；有些是使用一段时间后产生的。由于产生误差的因素很多，很难用计算方法逐一确定，通常使用与标准气压表比对，得出仪器的修正值。仪器出厂时都附有仪器误差的校正卡片，在水银气压表检定证书上给出的仪器修正值即是仪器误差的修正值，在使用中，应首先加上此项校正，只要在读数上加上仪器修正值即可。

(2) 温度影响的校正。

由于温度的改变，水银密度也随之改变，因而会影响水银柱的高度。同时由于铜管本身的热胀冷缩，也会影响刻度的准确性。当温度升高时，前者引起读数偏高，后者引起读数偏低。由于水银的膨胀系数较铜管大，因此当温度高于 0℃ 时，经仪器校正后的气压值应减去温度校正值；当温度低于 0℃ 时，要加上温度校正值。气压计的温度校正公式如下：

$$p_0 = \frac{1 + \beta t}{1 + \alpha t} p = p - p \frac{\alpha - \beta}{1 + \alpha t} t \quad (6.24)$$

式中：p 为气压计读数（mmHg）；t 为气压计的温度（℃）；α 为水银柱在 0—35℃ 之间的平均体膨胀系数（$\alpha = 0.0001818$）；β 为黄铜的线膨胀系数（$\beta = 0.0000184$）；P_0 为读数校正到 0℃ 时的气压值（mmHg）。显然，温度校正值 Δ_t 可以表示为：

$$\Delta_t = p \frac{\alpha - \beta}{1 + \alpha t} t \quad (6.25)$$

Δ_t 数值列有数据表，实际校正时，读取 p、t 后查表即可求得。

(3) 海拔高度及纬度的校正。

重力加速度随海拔高度及纬度不同而异，致使水银的质量受到影响，从而导致气压计读数的误差。其校正办法是，经温度校正后的气压值再乘以

$$\{1 - 2.6 \times 10^{-3} \cos 2\lambda - 3.14 \times 10^{-7} H\} \quad (6.26)$$

式中：λ 为气压表所在地纬度；H 为气压计所在地海拔高度（m）。此项校正值很小，在一般实验中可不必考虑。

(4) 其他如水银蒸气压的校正、毛细管效应的校正等，因校正值极小，一般都不考虑。[①]

四 空盒气压表

水银气压表准确、精密，但体积较大、较重，不便于携带，空盒气压表则可以克服这些缺陷。空盒气压表的主要结构是一个由薄金属片组成的盒子，其发明人是路辛·维蒂（Lucien Vidie）。金属盒子是一个近似

[①] 李国强、刘文奇、肖圣雄等：《基础化学实验》，南京大学出版社 2012 年版，第 362 页。

真空的薄壁盒子，如果大气压力发生变化，金属盒子就会发生形变，机械指针可以反映出金属盒内容积的变化。气压升高时，金属盒受挤压，容积减小；气压降低时，金属盒向外膨胀，容积增大。

换言之，空盒气压表就是用这个金属弹性盒作为感应元件，利用这种空盒的弹力与大气压力相平衡达到测量气压的目的。当大气压力发生变化时，空盒随之产生形变，把这种形变进行一定程度的放大就可以用来指示气压的变化了，空盒气压表正是如此来测大气压力的。

为了避免空盒被大气压力完全压缩，过去旧式的空盒在盒内或盒外装有弹簧。这种构造的缺点是弹簧和盒壁之间有一定的摩擦，妨碍气压表精度的提高。新式的空盒一般不用弹簧，空盒盒壁是由弹性金属膜构成，依靠金属膜本身的弹性力来平衡大气压力。为了增加灵敏度，常常使用空盒组，它可以由若干单独的空盒串接而成，也可以中部连通为一整体，现在制造的空盒多为后者。空盒一般是利用德银、铜片或其他合金制成，为了增加空盒被压时变形的柔韧性和测压的灵敏度，空盒被压成波纹形。

空盒气压表由感应、传递放大和读数三部分构成。感应部分就是由一组圆形密闭的金属弹性空盒，空盒组一端固定在金属板上，另一端与传递放大部分连接。传递放大部分由连接杆、中间轴、拉杆、链条、滚子、指针和一套杠杆传动装置组成一个二次放大系统。通过两次放大后，空盒的很小形变就可由指针的明显偏转指示出来。由指针、刻度盘和附属温度表组成了气压表的读数部分。由于空盒气压表的温度补偿装置不能对温度效应达到完全补偿以及空盒的弹性后效，因此空盒气压表的读数值只有经过刻度订正、温度订正以及补充订正后才是被测点的气压值。[①]

空盒气压表具有便于携带、使用方便、易于维护等优点，因此很适合野外工作时使用，缺点是精确度较低。

五 气压的定时与连续变化观测

定时气压观测用水银气压表或盒式气压表进行，观测气压连续变化

---

① 张文煜、袁久毅：《大气探测原理与方法》，气象出版社2007年版，第59页。

的仪器是气压计，例如空盒气压计。空盒气压计和空盒气压表都是用金属弹性盒作为感应元件的，它是自动、连续记录气压变化的仪器。空盒气压计由感应部分（金属弹性膜盒组）、传递放大部分（两组杠杆）和自动记录部分（自动记录钟、笔、纸）组成。

第四节 气压对档案载体材料基本性质的影响

档案载体的制成材料都要受到各种外力或大气压化学的侵蚀或机械的磨损，档案能否保持良好或保存长久，需根据所处的环境及所用材料的性质而定。

任何物质都要受到压力变化的影响，因为压力的作用会引起物质结构的变化，同时在压力的作用下，由于原子间距的减少，会引起物质能量的增加。在这方面，凝聚态物质不同于气体，它在压力作用下，由于原子之间的相互强烈作用，会导致物质结构和能量的复杂变化；而气体在压力作用下，原子之间距离的减少一般遵守简单状态方程的关系。关于气体的简单状态方程已经在第四章第三节进行了相关的讨论，在本节主要讨论压力对固体材料的影响，然而必须指出，要有相当大的压力，才能对凝聚态物质的这些特性产生可观测的影响。虽然在档案的日常保管环境下，一般不会产生如此苛刻的条件，但是，在对档案的保护处理过程中就可能会有如此高压的情形了。

一 状态方程、压缩系数和弹性常数

物质的状态方程是表示物质的体积随着压力和温度而变化的关系 $V(p, T)$。实际上，最常用来测量的状态方程的形式，是在某一特定温度下，物质的体积与其流体静压力之间的关系 $p_T(V)$，这个关系称为等温过程，其导数为等温压缩系数。对于流态物质都用同样的方法来定义。即：

$$K_T = -\frac{1}{V}\left(\frac{\partial V}{\partial p}\right)_T = \frac{1}{B_T} \tag{6.27}$$

式中，B_T 是等温体积弹性模量。

固体不同于流体，其形状不随容器而变化，但在应力作用下则会发生变化，这是由结合能所引起，因而力与位移的关系沿晶体不同的方向

有所不同。对于各向同性物质,在胡克定律(固体材料受力之后,材料中的应力与应变之间成线性关系)可适用的形变范围内,除压缩系数外,只有一个常数对描述各种应力状态下物体的体积和形状是必须的。这个常数值随着晶体结构各向异性的程度而增加。然而,在实际应用中使用的大多数材料,实际上是多晶的,即它们由非常大量的各自随机取向的晶体组成。由于在这种材料中,任意施加的应力会作用在所有可能的结晶方向上,所以,即使各个晶体不是各向同性的,但它们的行为和各向同性的材料相同。

实验工作中最常应用的是等温(T=常数)方程,与简化的流体状态方程类似,表示固体的状态方程也应该用简化的形式。一种方法是使用对比压力 p/B_0 和对比体积 V/V_0,这里 B_0 和 V_0 分别是体积弹性模量和 $p=0$ 时的体积。在低压下,体积与压力的关系粗略地表示为线性。因而对大多数实际应用来说,压缩系数(K)或 $P=0$ 时的体积弹性模量(B_0)的确定,就归结为计算压力下的体积变化的问题。在较高压力下,体积的变化率急速地变小,其状态方程形式比较复杂,目前多是一些经验式。

二 压力对材料密度的影响

密度是指单位体积物质的质量,它是表征物质特性的一个基本物理量。

由于液体分子间距很小,所以液体内部的(分子的)压力很大。因而,在外部压力变化时,液体密度变化很小,尤其压力变化不大时,密度变化更微小,所以通常在一个大气压下的密度测定,压力的波动对密度的影响可忽略不计。但是在高压下的测定或在很精密的测定中,为了得到准确的结果,压力变化的影响就必须考虑。

设在气压为 p_1 和 p_2 之下液体的密度分别为 ρ_1 和 ρ_2,则在任一温度下二者密度之比与压缩系数 b 有如下关系:

$$\frac{\rho_1}{\rho_2} = 1 - b(p_2 - p_1) \tag{6.28}$$

表 6-1 是水、乙醇等几种常见液体的等温压缩系数。根据该表所列的压缩系数数据,就可以求得部分液体的密度变化。例如,由表 6-1 可知水的等温压缩系数为 46×10^{-6},又因为水在 1 个大气压和温度 20℃下

的密度为 0.99820g/cm³，那么在压力为 500 大气压和温度 20℃下的密度 ρ 即可根据式（6.27）求得：

$$\frac{0.99820}{\rho} = 1 - 46 \times 10^{-6}(500 - 1)$$

$$\rho = 1.02165 \text{ g/cm}^3$$

表 6-1　　　　　　液体等温（20℃）压缩系数

液体	压缩系数 b/10⁻⁶	液体	压缩系数 b/10⁻⁶
丙酮	128	乙醇	111
苯	95	正庚烷	144
四氯化碳	105	正乙烷	163
二硫化碳	93	正辛烷	121
甘油	38	水	46

对于固体来讲，其分子间距比液体更小，所以在外压力变化时，固体密度的变化更微小。在通常压力情况下，固体密度可认为仅是温度的函数，而与压力无关。

气体就不同了，它的分子间距比液体大得多，当外部压力变化时，分子间距就随之有明显的变化。当温度不变时，压力的变化对密度测量带来的影响是一比一的关系，即：

$$\frac{\Delta \rho}{\rho} = \frac{\Delta p}{p} \quad (6.29)$$

可见，压力对气体密度的影响是很大的。例如，压力相对于 1 大气压变化 0.1 毫米汞柱时，将引起密度相对变化 1.3×10^{-4}。因此，在考察气体的密度时，压力的影响必须考虑。[①] 而且气体的密度不仅与压力有很大的关系，还随温度而变。在缺乏特定气体的数据时，一个大气压下的气体密度可利用理想气体状态方程进行处理。

三　压力对材料导热性的影响

传导热量即热的传递，称为传热，它是自然界和各种技术领域中极

---

① 廉育英：《密度测量技术》，机械工业出版社 1982 年版，第 14 页。

普遍的一种传递过程。由热力学第二定律可知，凡是存在温度差的地方，就必然有热的传递，故在档案保管部门或档案保护环境中都涉及许多传热的问题。传热的目的通常有：一是加热或冷却，使物体达到指定的温度；二是换热，以回收利用热量或冷量；三是保温，以减少热量或冷量的损失。气体内部温度不均匀时，就会有热量从高温处向低温处传递，这一热量的输运过程叫作热传导。

对物质传导热量性能的表征，即为导热性，它是对固体或液体传热能力的衡量。导热性能好的物体，往往吸热快，散热也快。因为导热性能随压力的改变直接关系到材料中的能量传递的机制，所以不论是从理论研究的角度，还是从实用技术的角度，它都是一个很有趣的课题。

金属主要是由电子来传递热量。其导热率（κ）和电导率（σ）的关系可由威德曼·弗朗兹（Wiedemann Franz）定律表示：

$$\frac{\kappa}{\sigma} = LT \tag{6.30}$$

其中 L 是洛仑兹数。尽管实验测量值表明金属的导热率是变化的，但仍可认为洛仑兹数基本上是一个常数，只是因为晶格点阵影响的增加，要加上一个较小的修正数。

绝缘材料的导热性能主要是由晶格振动所传递的热量来决定的（振动的量子称为声子）。而热能主要是通过声子间的散射过程来传递的，在低温时，则是由晶粒间界、空位和杂质原子等晶格缺陷的散射来传递的。

按气体分子运动论进行推论，点阵的导热率 κ_L 可以表示为

$$\kappa_L = C_0 f\left(\frac{\theta_D}{T}\right) \tag{6.31}$$

式中，C_0 是比例常数；$f\left(\frac{\theta_D}{T}\right)$ 为德拜函数；θ_D 为德拜温度。（反映原子间结合力的一个重要物理量，不同材料的德拜温度不同，熔点高，即材料原子间的结合力强，则德拜温度越高。金属的德拜温度越高，原子间作用力越大，膨胀系数越小，杨氏模量越大。）

C_0 可以与等温压缩系数 KT 及德拜温度建立起一定的函数关系，这样联系式（6.30），加上其他一些更为便于使用的数据，就可估计出导热率和压力的关系。

加压后会引起晶格的密排和德拜温度的升高，按上面的方程，其结果是导热率增加。这种效应已为非金属固体的实验所验证。①

四　压力对材料界面张力的影响

两相之间必有一界面，界面厚度约有几个分子的大小。由于界面分子所处环境不同于体相内部，分子在界面上的性质也不同于体相内部，因而发生一些特殊的物理和化学现象。若两相中有一相为气体，该界面通常称为表面，其余的相界则称为界面。

分子在体相内部与在界面上所处的环境不同，例如，在液相内部的分子，它周围的其他分子对它的吸引力是对称的，因此分子在液相内部移动无须做功。但是处于表面层的分子，它与周围分子间的吸引力是不对称的，因为表面层内分子密度是从液相密度转变为气相密度，所以液相内部分子对它的吸引力较大，而气相内部分子对它的吸引力要小得多，结果产生了表面分子受到向液相内部的拉力。液体表面任意二相邻部分之间垂直于它们的单位长度分界线相互作用的拉力，称为表面张力 γ，它可以看作引起液体表面收缩的单位长度上的力，其单位为 $N \cdot m^{-1}$。

这就使表面层的分子比液体内部的分子相对地不稳定。它有向液相内部迁移的趋势，相应地液相表面积有自动缩小的趋势。从能量上看，要将液相内部的分子移到表面，需要对它做功。这就说明，要使体系的表面积增加，必须要增加它的能量，否则体系就比较不稳定。为了使体系处于稳定状态，其表面积总是要取可能的最小。所以，对一定体系的液滴来说，在不受外力的影响下，它的形状总是以取球形为最稳定（球的表面积最小）。

从以上的分析可知，表面层的分子受到指向液相内部的净拉力，即表面层的分子处于不平衡力场中。从热力学的观点分析，对于纯液体，如果在恒温恒压下，可逆地增加体系的表面面积 dA，则对体系所做的功正比于表面积的增量：

$$-\delta W^* = \gamma dA \tag{6.32}$$

---

① 斯佩恩（I. L. Spain）、波韦（J. Paauwe）：《高压技术》，陈国理译，化学工业出版社1987年版，第533页。

式中，W^* 是膨胀功以外的其他功。将式（6.32）移项可得

$$\gamma = \frac{\delta W^*}{\mathrm{d}A} \tag{6.33}$$

由此可知，γ 表示为使系统增加表面所需的可逆非体积功，单位 $\mathrm{J \cdot m^{-2}}$。IUPAC（International Union of Pure and Applied Chemistry，国际纯粹与应用化学联合会，又译国际理论与应用化学联合会）以此式定义 γ，称 γ 为表面功。

对于纯液体，体系只有一种表面时，在此可逆过程时，其热力学函数的基本关系式为

$$\mathrm{d}U = T\mathrm{d}S - p\mathrm{d}V + \gamma \mathrm{d}A \tag{6.34}$$

$$\mathrm{d}H = T\mathrm{d}S + V\mathrm{d}p + \gamma \mathrm{d}A \tag{6.35}$$

$$\mathrm{d}F = -S\mathrm{d}T - p\mathrm{d}V + \gamma \mathrm{d}A \tag{6.36}$$

$$\mathrm{d}G = -S\mathrm{d}T + V\mathrm{d}p + \gamma \mathrm{d}A \tag{6.37}$$

所以，γ 的热力学定义为

$$\gamma = \left(\frac{\partial U}{\partial A}\right)_{S,V} = \left(\frac{\partial H}{\partial A}\right)_{S,p} = \left(\frac{\partial F}{\partial A}\right)_{T,V} = \left(\frac{\partial G}{\partial A}\right)_{T,p} \tag{6.38}$$

从上述各个偏微商来看，γ 表示各种不同的特定条件下，可逆地改变单位表面积时，所引起的体系内能 U、焓 H、亥姆霍兹函数 F、吉布斯函数 G 的相应变化量。由于体系表面性质的研究是在恒温恒压条件下进行的，所以通常采用的是第四个偏微商定义，即在恒温恒压下，可逆地增加单位表面积时，体系吉布斯函数（或称吉布斯自由能）的增量。故 γ 亦被称为比表面吉布斯函数或比表面自由能，简称表面吉布斯函数或表面自由能，简称为表面能，单位 $\mathrm{J \cdot m^{-2}}$。

表面张力、表面功、表面吉布斯函数三者虽为不同的物理量，但它们的量值和量纲却是等同的，因为 $1\mathrm{J} = 1\mathrm{N \cdot m}$，故 $1\mathrm{J \cdot m^{-2}} = 1\mathrm{N \cdot m^{-1}}$。三者的单位皆可化为 $\mathrm{N \cdot m^{-1}}$。

与液体表面类似，其他界面，如固体表面、液—液界面、液—固界面等，由于界面层的分子同样受力不对称，所以也存在着界面张力。

界面张力与形成界面的两相物质的性质密切相关，凡能影响两相性质的因素，对界面张力均有影响。界面张力首先与物质的本性有关，不同物质分子之间的作用力不同，对界面上的分子影响也不同。

压力对界面张力的影响原因比较复杂，以液体为例，增加气相的压力，可使气相的密度增加，减小液体表面分子受力不对称的程度；此外可使气体分子更多地溶于液体，改变液相成分。这些因素的综合效应，一般是使液体的表面张力下降。通常每增加 1MPa 的压力，表面张力约降低 $1\text{mN} \cdot \text{m}^{-1}$。

此外，温度亦对界面张力产生影响，同一种物质的界面张力因温度不同而异，当温度升高时物质的体积膨胀，分子间的距离增加，分子之间的相互作用减弱，所以界面张力一般随温度的升高而减小。特别是液体的表面张力受温度的影响较大，且表面张力随温度升高近似呈现线性下降。当温度趋于临界温度时，饱和液体与饱和蒸气的性质趋于一致，相界面趋于消失，此时液体的表面张力趋于零。

第五节　压力对其他环境参数和过程的影响

在"第四章　档案保护环境之温度"之"第三节温度与其他环境参数或过程的关系"中，讨论了温度与压力的关系（气体状态方程）以及平衡温度与平衡压力之间的关系（克拉贝龙方程），在此不再赘述。

一　弯曲液面下的附加压力——拉普拉斯方程

在日常生活中，往往会遇到很多似乎"反常"的现象。例如，常压下的纯水温度低于 0℃ 但未见结冰，虽高至 100℃ 以上仍未见沸腾，土壤中的水会自动上升到地面，石刻表面会有土壤中存在盐分的析出，等等。这些现象看似各不相同，但仔细分析一下可以发现它们都有一共同特点，都发生在表面或径度微小的物体上，如晶粒、液滴、气泡、孔隙等，这些微小物体都具有很大的比表面积（单位质量或单位体积的物质所具有的表面积）。

一般情况下，液体表面是水平的，但是液滴、水中的气泡、材料微孔中的液面则是弯曲的，液面可以是凸的，也可以是凹的。一定外压下，在水平液面上液体所受的压力等于环境施加的压力。但是，当液体的表面弯曲时，由于表面张力的存在，会使液体承受一个附加压力 Δp，将任何弯曲液面凹面一侧的压力以 $p_{内}$ 表示，凸面一侧的压力以 $p_{外}$ 表示，则弯曲液面内外的压力差 Δp 就是附加压力，有

$$\Delta p = p_{内} - p_{外} \tag{6.39}$$

这样凹面一侧的压力总是大于凸面一侧的压力，其方向指向凹面曲率半径中心。这个附加压力仅与液体的表面张力 γ 有关，而且还是液面曲率半径 R 的函数，其关系式可以表达为

$$\Delta p = \frac{2\gamma}{R} \tag{6.40}$$

此式称为拉普拉斯方程。拉普拉斯方程表明弯曲液面的附加压力与液体表面张力成正比，与曲率半径成反比，曲率半径越小，附加压力越大。

对于任意弯曲液面，如果在其上取一小块长方形曲面，并在曲面上任意选两个互相垂直的正截面，它们的交线为曲面上一个点的法线，两个正截面与曲面相交于两条曲线，半径分别为 R_1 和 R_2，则

$$\Delta p = \gamma \left(\frac{1}{R_1} + \frac{1}{R_2} \right) \tag{6.41}$$

式（6.39）即为著名的 Yong-Laplace（杨氏-拉普拉斯方程）方程，这是适用于任意曲面的一般公式，它表明附加压力与表面张力成正比，与曲率半径成反比，即曲率半径越小，附加压力越大。

由此，可以得出一些特殊形状液面的 Yong-Laplace[①]，例如：

（1）球形液滴

对于半径为 R 的球形液滴，曲面上的两个曲率半径相等，即 $R_1 = R_2 = R$，此时 Yong-Laplace 可写为

$$\Delta p = \frac{2\gamma}{R} \tag{6.42}$$

（2）平面液体表面

对于平面，其曲率半径为 ∞，即 $R_1 = R_2 = \infty$，此时 Yong-Laplace 可写为

$$\Delta p = 0 \tag{6.43}$$

---

① 黄志宇、张太亮、鲁红长：《表面及胶体化学》，石油工业出版社2012年版，第9页。

(3) 圆柱形液面

圆柱形液体的表面，曲面上一个曲率半径是圆柱的半径 R，另一个曲率半径为 ∞，此时 Yong-Laplace 可写为

$$\Delta p = \frac{\gamma}{R} \tag{6.44}$$

(4) 球形气泡

由于球形气泡有两个气—液界面，而且这两个球形界面的半径基本相等，所以气泡内外的压力差为

$$\Delta p = \frac{4\gamma}{R} \tag{6.45}$$

二 毛细现象

弯曲液面的附加压力对局部环境可能会产生意想不到的影响，毛细现象就是一个常见的例子。毛细现象是指在附加压力作用下，流体在毛细管内发生宏观流动的现象。如果液体能润湿毛细管管壁，表面管壁分子与液体分子之间的作用力大于液体分子本体的作用力，液体分子将沿管壁向上攀附从而形成一凹液面，并产生向上的附加压力，导致毛细上升，水在玻璃毛细管内就会出现这种现象。反之，如果液体不能润湿毛细管管壁，表面管壁分子与液体分子之间的作用力小于液体分子本体的作用力，液体分子将被管壁排斥从而形成一凸液面，并产生向下的附加压力，导致毛细下降，汞在玻璃毛细管内就会出现这种现象。一般规定，凹液面的附加压力为负，凸液面的附加压力为正。当毛细上升现象达到平衡时，毛细上升高度产生的附加压力等于上升液体产生的静压力，即

$$\Delta p = \rho g h \tag{6.46}$$

式中，ρ 为液体的密度；g 为重力加速度；h 为平衡时，毛细管内外液体的高度差。设毛细管的半径为 r，液面切线与管壁的夹角为 θ，则

$$h = \frac{2\gamma\cos\theta}{\rho g r} \tag{6.47}$$

大树就是依靠树皮中的无数个毛细管将土壤中的水分和营养源源不断地输送到树冠（当然，渗透压也起了很重要的作用，由于树中有盐分，地下水会因渗透压进入树内，通过毛细管上升）。

毛细现象不仅在圆形的细管中产生，在任意裂缝、间隙、各种弯曲的细管中都可产生。例如，水分在石材微孔中的迁徙，纸张的吸水等等都是毛细作用的结果。这种情况表明毛细现象除了人们所熟知的毛细上升或毛细下降之外，在档案保护研究中也可以有很多应用。

例如，石刻石材是一种多孔的材料，岩石中的孔隙，可分为与外界连通的开口孔隙和与外界隔绝的闭口孔隙。孔隙本身按尺寸大小又可分为极细孔隙（$D<0.01$mm）、细小孔隙（0.01mm$<D<1.0$mm）和粗大孔隙（$D>1.0$mm）。

水几乎可以完全润湿石材，可近似认为 $\theta=0$，以孔隙直径为 0.01mm 为例，在 20℃时，水的表面张力 $\gamma_水=72.75\times10^{-3}$N·m^{-1}，所以石材孔隙内弯曲液面的附加压力为

$$\Delta p = \frac{2\sigma}{r} = \frac{2\times72.75\times10^{-3}}{0.01\times10^{-3}/2} = 29100(\text{N}\cdot\text{m}^{-2}) = 20.11(\text{kPa})$$

液面高度为

$$h = \frac{2\gamma\cos\theta}{\rho g r} = \frac{2\times72.75\times10^{-3}}{10^3\times9.8\times0.01\times10^{-3}/2} \approx 2.97(\text{m})$$

云南省保存有两件重要的石刻，《爨龙颜碑》和《爨宝子碑》，它们合称为"爨碑"或"二爨"，被誉为"南碑瑰宝"。《爨龙颜碑》称"大爨碑"或"大爨"，高 3.38 米。《爨宝子碑》称为"小爨碑"或"小爨"，高 1.83 米。1961 年 3 月 4 日，国务院发布《文物保护暂行条例》，正式规定全国重点文物保护单位、省（自治区、直辖市）级文物保护单位、县（市）级文物保护单位三级保护管理体制。同日，国务院公布第一批全国重点文物保护单位 180 处，《爨龙颜碑》和《爨宝子碑》均入选其中。因此，3m 的高度，地面以下的水分就可以通过毛细现象作用抵达许多碑刻的顶部。

三　蒸气压与曲率的关系——开尔文方程

在一定温度和压力下，纯液体的饱和蒸气压也是一定的，但这只是针对平液面而言，曲液面由于附加压力的作用，不同曲率的曲面包裹的液体所处的实际物理状态各不相同，因此液体的性质将随液面形状有所变化，液体的蒸气压特性就是其中的代表之一。

弯曲液面附加压力的存在使弯曲液体的蒸气压不同于正常液面的蒸气压，开尔文公式表示了摩尔质量为 M、半径为 r 的弯曲液面下液体的蒸气压 p_r，与水平液面下正常液体的蒸气压 p_0 的关系：

$$\ln \frac{p_r}{p_0} = \frac{2\gamma M}{\rho RTr} \quad (6.48)$$

对于凸液面的液体，$r>0$，$p_r>p_0$，r 越小，p_r 越大；凹液面的液体，$r<0$，$p_r<p_0$，r 的绝对值越小，p_r 越小。

开尔文公式可以解释很多表面或界面现象，例如，毛细管内某液体若能润湿管壁，管内液面将呈凹液面，在某温度下的蒸气压虽然小于平面的饱和蒸气压，但对于凹液面而言可能已经是过饱和了，此时可观察到毛细管内的蒸气凝结现象。一个典型的实例是硅胶干燥效应，由于硅胶是一种多孔性物质，具有很多毛细孔，因而具有很大的内表面，可自动吸附空气中的水蒸气，并在硅胶内部的毛细管内发生凝结现象，从而达到使空气干燥的目的。其他如过热液体、过冷液体、过饱和蒸气、过饱和溶液等亚稳定状态和毛细管凝结现象等，都可运用开尔文方程得到解释。

四 气压与湿度的关系

一般人都会有这种感觉，就是晴天的大气压比阴天高，冬天的大气压比夏天高，这个问题可归结为温度、湿度与大气压强的关系问题。一般地说，大气压的变化跟天气有密切的关系。

通常所称的大气，就是包围在地球周围的整个空气层。它除了含有氮气、氧气及二氧化碳等多种气体外，还含有水汽和尘埃。干空气的分子量是 28.966，而水汽的分子量是 18.016，所以干空气分子要比水汽分子重。在相同状况下，干空气的密度也比水汽的密度大。水汽的密度仅为干空气密度的 62% 左右。

由于大气处于地球周围的一个开放空间，不存在约束其运动范围的具体疆界，这就使它与处于密闭容器中的气体不同。对一个盛有空气的密闭容器来说，只要容器中气体未达到饱和状态，那么，当向容器中输入水汽的时候，气体的压强必然会增加。而大气的情况则不然，当因自然因素或人为因素使某区域中的大气湿度增大时，则该区域中的"湿空气"分子（包括空气分子和水汽分子）必然要向周围地区扩散。其结果将导致该区域大气中的"干空气"含量比周围地区小，而水汽含量又比周围地区大，因此该区域的湿空气密度也就小于其他地区的干空气密度。这样，对该区域的一个单位底面积的气柱而言，其重量也就小于其他的干空气地区同样的气柱，这就表明，大气压随空气湿度的增大而减小。就阴天与晴天而言，实际上也就是阴天的空气湿度比晴天要大，因而阴天的大气压也就比晴天小。

从前面对"气压"的定义可知，其定义有"重量说"和"碰撞说"，气体分子的"碰撞"是产生气体压强的根本原因。因而对大气压随空气湿度而变化的问题，也可以由此做出解释，根据气体分子运动的基本理论，气体分子的平均动量（仅考虑其大小）＝气体分子的平均速率×气体分子平均质量。

由此可见，平均质量大的气体分子，其平均动量也大。而对相同状况下的干空气与湿空气来说，由于干空气中的气体分子密度及分子的平均质量都比湿空气要大，而且干空气分子的平均动量也比湿空气大，因而湿度小的干空气压强也就比湿度大的湿空气大。

五 气压与气流

空气的流动产生风，称为气流。在一定的地理范围内，空气由于温差产生气压差，从而引起空气的流动，这就是大气气流的成因。

室内气流有自然通风和机械通风两种形成原因。自然通风又有风压通风和热压通风两种成因。所谓风压，是指大气流动作用于建筑物表面的压力，而风压通风就是当风吹向建筑物时，迎风面形成正压，背风面形成负压，空气就会从建筑物迎风面开口（一般是窗户）流向建筑物的背风面开口（一般也是窗户），形成对流通风。所谓热压通风，是指由于温度升高的原因使得空气加热上升，室内上部压力加大，室内热空气经房屋上部（一般是窗户、屋顶缝隙、屋顶通风孔等）流向室外，下部空气形成负压，使得房屋外空气经房屋下部（一般是房屋窗户、门窗缝隙等）流向室内，从而形成房屋内外空气循环流动的过程。

自然通风节约设备和电力，但要受天气的制约。机械通风就是用机械电力的办法，人为地形成房屋内外的气压差，从而达到使空气流动的目的。机械通风有正压通风、负压通风和联合通风三种形式。正压通风就是送风，将送风机安置在单侧壁、双侧壁或屋顶下，风机的转动使得畜舍内压力增加，空气流向压力小的舍外。负压通风就是排风，将排风机安置在单侧壁、双侧壁或屋顶下，风机的转动使得房屋内压力降低，室外空气流向压力小的室内。

气流变化规律在地球表面因各地的气温和海拔不同差异较大。气温高的地区，气压较低；气温低的地区，气压较高。海拔高的地区，气压较低；海拔低的地区，气压较高。高气压地区的空气会向低气压地区流动。两地气压差越大，距离越近，则风速越大。我国大陆处于亚洲东南季风区域，受海洋气温影响较大。夏季海洋气温低，陆地气温高，故盛行东南风；冬季海洋气温高，陆地气温低，故盛行西北风或东北风。

六 压强对固体表面吸附的影响

固体表面可以吸附气体或液体，这一现象很早之前就为人们所发现，并有广泛的应用。例如，古代墓室里用木炭作为防腐层和吸湿剂，档案馆的防潮剂的使用，等等。这种在一定条件下，一种物质中的分子、原子或离子能自动地附着在固体表面上的现象，或者某物质在界面层的浓度能自动发生变化的现象称为吸附。气体吸附在固体表面上的现象，简称为气固吸附。气固相的吸附作用发生在固体的表面上，固体称为吸附剂，被吸附的气体称为吸附质。

固体表面具有吸附其他物质的能力，其根本原因是固体表面质点和液体表面分子一样，具有表面能，这意味着固体表面力场是不饱和的。然而，固体不能通过自由收缩其表面来降低表面能，因此，当固体与气体接触时，气体分子受到固体表面分子或原子的吸引力，被拉到固体表面富集，这样外界气体分子吸附在其表面上转化为表面层分子，抵消了固体表面的剩余力场。因为在相同温度下，固体的表面张力大于液体或气体的表面张力，所以发生气固吸附之后，系统的表面张力、吉布斯函数都降低，所以固体表面的吸附过程是一个自发过程，在定温、定压下，当吸附剂和吸附质一定时，被吸附气体物质的量随吸附剂比表面的增大而增大。

根据吸附作用力的本质，固体表面的吸附作用可分为物理吸附和化学吸附两大类。若固体表面质点与被吸附气体分子之间的作用力是范德华力，这种吸附属于物理吸附；若固体表面质点与被吸附气体分子之间的作用力远大于范德华力并与化学键力相近时，吸附过程中伴随着电子迁移、原子重排、化学键的形成与破坏等情况的发生，这类吸附属于化学吸附。所以本质上，物理吸附无电子转移，化学吸附有电子转移。

物理吸附主要是由物体普遍存在的范德瓦尔斯引力所引起的，有普遍性而无选择性。在固体表面吸附了一层气体分子后，被吸附的气体分子还可以同样的分子间力再吸附第二层、第三层分子，形成多层吸附。物理吸附可以不需要活化能或活化能很小，总是很快就能达到吸附平衡。物理吸附是一个放热（吸附热）过程，其释放的吸附热能量少，数量级与气体的凝聚热相当。因为释放出的能量很小，不足以破坏气体分子中原有的键，所以物理吸附的气体分子基本上是保持原状的，不发生能级的变化，不过分子的结构形态可能因为力场的作用，堆砌排列而发生变形。与吸附相对应的作用是解吸，即被吸附的气体分子被释放出来。吸附时释放的能量小，解吸时所需的能量亦小，所以物理吸附一般是可逆的。在被吸附气体的饱和蒸气压下，多层吸附的气体分子会因凝聚而被液化，空出的吸附点就可能连续进行物理吸附、液化、再吸附……成为气体的液化过程。

化学吸附和物理吸附不同。化学吸附先由物理吸附开始，至被吸附的分子与固体表面分子接近到能引起化学作用的程度，在吸附过程中就有可能发生电子的转移或电子对的共享、原子重排或化学键的形成与断裂等其中的一些过程，这就是化学吸附的特点。化学吸附的另一个特点是吸附是有选择性的，而且只能形成单分子吸附层，吸附时释放出来的热能相当于化学反应热，比物理吸附释放的热能要大得多。化学吸附所需的活化能也比较大，所以在常温下的吸附速度比较慢。被化学吸附的分子，一般不会再保持原状，总会发生一些变化，如电子迁移、原子重排、化学键的形成与破坏等情况的发生。固体的表面和气体一旦形成气体的单分子化学吸附层，则气体与固体之间就不能再继续发生化学吸附。化学吸附由于被吸附的分子和吸附剂表面形成了比较牢固的化学键，因而不容易发生可逆性的解吸附。不过在化学吸附层上，有时也可能继续发生多分子层的物理吸附。很多吸附系统中，气体在固体表面上往往同时发生物理吸附和化学吸附。

吸附是一个可逆过程，即气相中的分子可以被吸附到固体表面上，已被吸附的分子也可因脱附（解吸）而逸出回到气相。在温度、压力、吸附质及吸附剂一定的情况下，当吸附速率与脱附速率相等时，吸附达平衡状态，此时吸附在固体表面上的气体物质的量不再随时间延长而发生变化。但是吸附和脱附均未停止，因此吸附平衡是动态平衡。

吸附剂的吸附能力可以用吸附量来表示，在吸附平衡时，每千克吸附剂吸附气体物质的量（n）或在标准状况（STP）下占的体积（V）称为平衡吸附量，简称吸附量，以 Γ 表示，即

$$\Gamma = \frac{n}{m} \quad (6.49)$$

或

$$\Gamma = \frac{V}{m} \quad (6.50)$$

式中，m 为吸附剂的质量，Γ 的单位分别用 $\mathrm{mol \cdot kg^{-1}}$ 或 $\mathrm{m^3 \cdot kg^{-1}}$ 表示。

实验表明，气固吸附平衡时的吸附量与温度及气体的压力有关，即

$$\Gamma = f(T,p) \quad (6.51)$$

式中共有三个变量，为了找出其中的规律，往往固定一个变量，然后求出其他两者之间的关系。

恒定温度，则 $\Gamma = \varphi(p)$，称为吸附等温式，反映 Γ 与 p 之间关系的曲线称为吸附等温线。

恒定压力，则 $\Gamma = \phi(T)$，称为吸附等压式，反映 Γ 与 T 之间关系的曲线称为吸附等压线。

恒定吸附量，则 $p = \omega(T)$，称为吸附等量式，反映 p 与 T 之间关系的曲线称为吸附等量线。

一般说来，当压力一定时，平衡吸附量随温度升高而降低，即随温度的升高，吸附剂的吸附能力逐渐降低，说明吸附过程是放热过程。当温度一定时，平衡吸附量随着压力的升高而增大，但压力值高低不同时，压力的影响是不同的。例如，木炭对氨气的吸附，低压部分，压力的影响特别显著，吸附量与平衡压力成正比，呈直线关系；当气体压力继续增大时，吸附量增大的趋势逐渐变小，呈曲线关系；当压力增加到足够大时，曲线接近平行于横坐标的直线，此时相当于达到吸附的饱和状态，与之对应的吸附量为饱和吸附量。吸附达到饱和后，吸附量不再随着压力的增加而改变。

常见的关于吸附量与压力之间的关系的吸附等温式有弗罗因德利希等温式和兰格缪尔吸附等温方程。

弗罗因德利希等温式是弗罗因德利希（Freundlich）根据实验总结出的含有两个常数项的指数方程，即

$$\frac{x}{m} = k \cdot p^{\frac{1}{n}} \tag{6.52}$$

式中 k、n 是经验常数，m 为吸附剂的质量，x 为被吸附气体的物质的量或指定状态下的体积。

如果将上式取对数，则可得到直线方程

$$\lg \Gamma = \lg k + \frac{1}{n}\lg p \tag{6.53}$$

所以，凡符合弗罗因德利希等温式的气—固吸附，以 $\lg \Gamma$ 对 $\lg p$ 作图应得到一条直线，由直线的斜率和截距可求得经验常数 k、n。大量的实验事实证明，在中等压力范围内，比较多的气—固吸附服从弗罗因德利希吸附等温式，但将其应用于低压和高压部分，则偏差较大，但由于其简单方便，应用还是相当广泛。

兰格缪尔（Langmuir）吸附等温方程又称单分子层吸附理论，它是兰格缪尔1916年根据大量的实验事实提出的气固吸附的单分子层吸附模型，并从动力学观点出发，推导出单分子层吸附等温方程。他创造性地提出如下吸附模型假设：（1）吸附是单分子层的；（2）吸附剂表面处处均匀；（3）吸附质分子之间没有相互作用力；（4）吸附平衡是动态平衡。

根据这一吸附模型，他提出吸附速率 v 与吸附剂空白表面积成正比，与气体压力成正比。

假设 θ 为表面覆盖率，其含义是

$$\theta = \frac{被气体覆盖的固体表面积}{固体的总表面积}$$

则 $1-\theta$ 表示固体表面的空白面积分数，所以

$$v_{吸附} = k_1(1-\theta)p$$

脱附速率与表面上吸附物的分子覆盖率成正比，即

$$v_{脱附} = k_2 \theta$$

吸附达到平衡时

则
$$v_{吸附} = v_{脱附}$$

$$k_1(1-\theta)p = k_2\theta$$

$$\theta = \frac{k_1 p}{k_2 + k_1 p}$$

令 $b = \dfrac{k_1}{k_2}$,则

$$\theta = \frac{bp}{1+bp} \tag{6.54}$$

上式即为兰格缪尔吸附等温式。式中,b 是吸附作用的平衡常数,也称为吸附系数。b 值的大小与吸附剂、吸附质的本性及温度有关,b 值越大,表示固体表面对气体吸附能力越强。

$$\theta = \frac{\Gamma}{\Gamma_\infty} \tag{6.55}$$

Γ 表示平衡压力为 p 时的吸附量,Γ_∞ 表示饱和吸附量,则

$$\frac{\Gamma}{\Gamma_\infty} = \frac{bp}{1+bp} \tag{6.56}$$

即

$$\Gamma = \Gamma_\infty \cdot \frac{bp}{1+bp} \tag{6.57}$$

由上式对照图 7-10,可以看出:

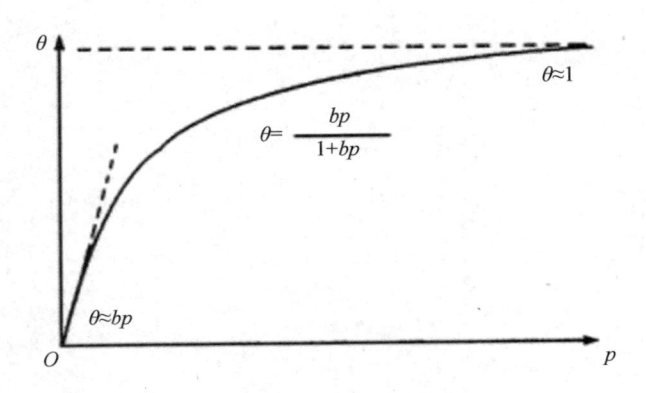

图 7-10 兰格缪尔吸附等温线

(1) 当压力足够低或吸附较弱时，$bp \ll 1$，则 $\Gamma \approx \Gamma_\infty bp$，因 $\Gamma_\infty b$ 为常数，故 Γ 与 p 呈直线关系，如图 7-10 所示的直线部分。

(2) 当压力足够大或吸附力较强时，$bp \gg 1$，则 $\Gamma \approx \Gamma_\infty$，故 Γ 与 p 无关，说明吸附剂表面已全部被吸附质分子所覆盖而达到最大值，吸附达到了饱和，如图 7-10 中水平线段部分。

(3) 当压力适中时，Γ 与 p 呈曲线关系。[①]

[①] 郑桂富：《物理化学》，安徽大学出版社 2015 年版，第 258 页。

第七章

档案保护环境之光照

第一节 光的特性

光是什么？光像空气和水一样，是人们生活中不可缺少的东西。没有光，植物不能生长，我们也就没有食物可食；没有光，我们什么都看不见，也就无法生活。有了光，人们在世界中才得以生存。光向我们展现出物质世界的面貌，揭示了物体的形状、大小、表面结构、色彩、质地、空间距离……这一切都是通过光线才可以被看到，太阳光照到物体表面上，又被反射进眼睛里。眼睛里的"透镜"将光线（通过折射）聚集到视网膜上，光的能量被大脑转换为亮度和颜色的信息。光也赋予了人们情感色彩，无光的黑暗令人恐惧，明媚的阳光令人温暖愉快……光影响着人们对身边事物的感受。

光究竟是什么？我们周围到处都有它，但它是什么却很难定义。这是光学发展至今，人们一直在努力探索的问题。对光的本质的认真探讨，应该说是从 17 世纪开始的，当时有两种学说并立，即光的微粒说和波动说。

一 光的微粒说

光的微粒说的代表是英国科学家牛顿，1704 年牛顿在其出版的重要著作之一《光学》一书中，提出光是从发光物体发射出来的作高速运动的一种非常细小的粒子，每个粒子可看成一个质点，遵守质点运动的规律。光微粒模型可表述为：

（1）光粒子体积极小，分布稀疏；

(2) 光粒子间彼此不相互作用；
(3) 光粒子速率极高；
(4) 光粒子为完全弹性体，与物体的碰撞为完全弹性碰撞；
(5) 光粒子质量极小，但仍受重力和邻近分子的引力作用。

光的微粒说可以解释许多光学现象，例如：光的微粒说可以很自然地直接说明光在均匀介质中的直线传播特性，并能对光的反射、透射和折射作一定的解释。

光的微粒说虽然很好地解释了光的反射和折射定律，但在很多其他光的特性问题上遇到了困难。如无法解释介质界面产生的部分反射与折射现象；虽解释了光的折射现象，但预测了在介质中的光速较真空中大，不过这一点在当时的科学技术条件下，还不能通过实验来鉴定，后经实验证实错误；无法解释光的干涉和衍射现象等。牛顿的微粒说曾在近百年里一直统治着人们，直到托马斯·杨用双缝干涉实验证明了光具有波动性。

二 光的波动说

1679 年，荷兰物理学家惠更斯（C. Huygens）提出了光的波动理论。他认为光是在充满整个空间的特殊介质"以太"中传播的某种弹性波，其传播方向可以用惠更斯原理说明，即：波动的波前上每一点皆可视为一个新的点（子）波源，以各新点（子）波源为中心各自发出子波球面波，所有子波的包络面形成新的波前。惠更斯第一个提出了子波相干的思想。认为光是一种特殊的弹性媒质中传播的机械波，这种理论也解释了光的反射和折射等现象。然而惠更斯认为光是纵波，他的理论是很不完善的。19 世纪初，托马斯·杨和菲涅耳等人的实验和理论工作，把光的波动理论向前推进，解释了光的干涉、衍射现象，初步测定了光的波长，并根据光的偏振现象，确定光是横波。根据光的波动理论研究光的折射，得出的结论是光在水中的速度应小于光在空气中的速度，1862 年法国物理学家傅科通过实验证实了这一点。因此，到 19 世纪中叶，光的波动理论战胜了微粒说，在比较坚实的基础上确立起来。

惠更斯–菲涅耳波动理论的弱点和微粒理论一样，在于它们都带有机械论的色彩，把光的现象看成某种机械的运动过程，认为光是一种弹性波，必须臆想"以太"这种特殊的弹性媒质充满空间。为了不与观测事实相抵触，还必须赋予"以太"极其矛盾的属性：密度极小和弹性模量极大。这不仅在实验上无法得到证实，理论上也显得荒唐。

重要的突破发生在 19 世纪 60 年代，麦克斯韦（James Clerk Maxwell）总结了当时电磁学方面的基本定律和实验成果，建立了经典电磁理论。这一理论预言了电磁波的速度与光速相同，因此麦克斯韦认为光是一种电磁波现象，即波长较短的电磁波。尽管这时关于"以太"的问题尚未解决，但麦克斯韦理论已为光波特性的研究奠定了理论基础。1883 年，迈克尔逊（Michelson）实验否定了"以太"的存在，也就否定了弹性波性质的波动说，更加确立了光的电磁波理论学说。1888 年赫兹实验发现了波长较长的电磁波——无线电波，它有反射、折射、干涉、衍射等与波长类似的性质。后来的实验又证明，红外线、紫外线和 X 射线等也都是电磁波，它们彼此的区别只是波长不同而已。光的电磁理论，以大量无可辩驳的事实赢得了普遍公认。

光的电磁理论的确立，推动了光学乃至整个物理学的发展。现代光学尽管产生了许多新的领域，并且许多光学现象需要用量子理论来解释，但光的电磁理论仍是掌握现代光学的一个重要基础。

三　光的波粒二重性

对于光的微粒说和波动说两种截然不同的观点，由于受到当时生产水平所限，尚不能证明哪个观点正确，特别是由于那时候牛顿已经是威望很高的权威科学家，因而从 17 世纪到整个 18 世纪，微粒说占了主导地位。

到了 19 世纪，由于光的波动说的几个重要实验的结果，动摇了牛顿微粒说的基础，人们记起了惠更斯的波动说，并进而由麦克斯韦在前人研究的基础上，建立了电磁理论，指出光也是一种电磁波，确立了光的电磁波理论学说。

随着科学技术的发展，特别是黑体辐射能量按波长分布的规律和光电效应的发现，光的微粒说向波动说提出了新的挑战。于是，光的波动说与微粒说又在一个新的层次上展开了争论。

20 世纪初，由于量子理论的提出和发展，人们对光的认识更加深化。

由光的干涉、衍射和偏振等现象所证实的光的波动性以及由黑体辐射、光电效应及康普顿（Compton）效应所证实的光的量子性——粒子性，都客观地反映了光的特性，光实际上具有波粒二重性。这两种看起来完全不同的属性的统一，实际上是一切微观粒子的共同特性，这个观点使人们对光的本性有了更深刻的认识。应当指出，人们对光的本性的认识还远远没有完结，对光的本性、传播规律及光与物质相互作用的研究，仍然是一个不断探索、不断深化的研究课题。

研究光的本性，光的产生、传播、接收和应用的科学就是光学。从光与物质相互作用的基本观点出发，光学有三种基本理论研究体系：经典理论体系、半经典理论体系和全量子理论体系。在经典理论体系中，认为光是经典电磁波场，利用麦克斯韦电磁理论（电磁光学）描述；介质由经典粒子组成，利用经典（牛顿）力学描述。在半经典理论体系中，光仍然被认为是经典电磁波场，利用麦克斯韦电磁理论（电磁光学）描述；介质则由具有量子性的粒子组成，利用量子力学描述。在全量子理论体系中，认为光是量子化的光场，利用量子光学描述；介质由具有量子性的粒子组成，利用量子力学描述。从目前光学的实际应用看，利用经典理论、半经典理论体系已经能够处理所遇到的大部分光学问题。因此，利用光的电磁理论可以较好地处理目前光电子学和光电子技术应用中的大部分光传播与控制问题。

四　可见光与电磁波谱

自从 19 世纪人们证实了光是一种电磁波后，又经过大量的实验，进一步证实了 X 射线、γ 射线也都是电磁波，它们的电磁特性相同，只是频率（或波长）不同而已。按电磁波的频率（或波长）次序排列成谱，称为电磁波谱，如图 7-1 所示。

通常所说的光学频谱（或光波频谱）包括红外线、可见光和紫外线。由于光的频率极高（10^{12}—10^{16} Hz），数值极大，使用起来很不方便，因而更常采用波长表征，光谱区域的波长范围从 1—10nm。习惯上，人们又将红外线、可见光和紫外线细分为如图 7-2 所示。由图中可见，在可见光范围内，不同频率的光将引起不同的颜色感觉，波长从小到大呈现出从紫色到红色等各种颜色。

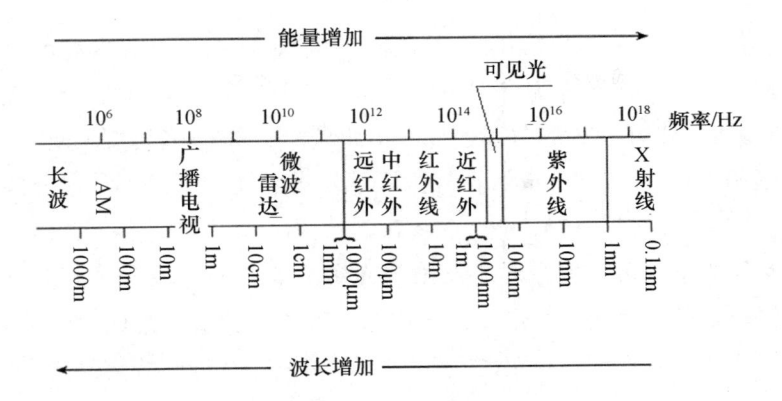

图 7-1 电磁波谱示意

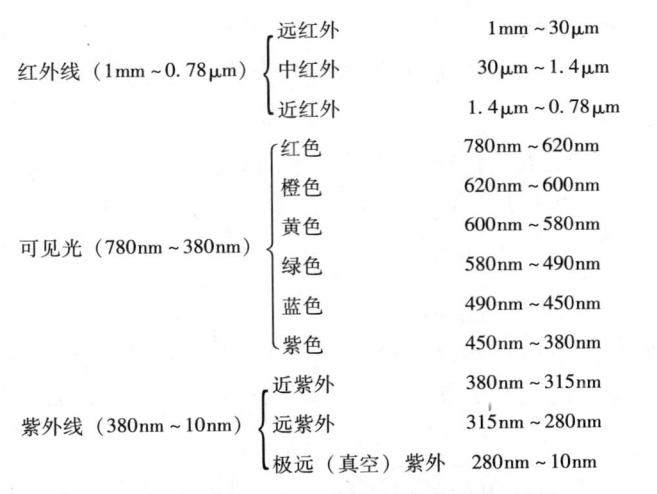

图 7-2 红外线、可见光和紫外线的波长范围

红外线（1mm~0.78μm）
- 远红外 1mm~30μm
- 中红外 30μm~1.4μm
- 近红外 1.4μm~0.78μm

可见光（780nm~380nm）
- 红色 780nm~620nm
- 橙色 620nm~600nm
- 黄色 600nm~580nm
- 绿色 580nm~490nm
- 蓝色 490nm~450nm
- 紫色 450nm~380nm

紫外线（380nm~10nm）
- 近紫外 380nm~315nm
- 远紫外 315nm~280nm
- 极远（真空）紫外 280nm~10nm

能发射光的物体称为光源，常用的光源有两类：普通光源和激光光源。普通光源有热光源（由热能激发，如白炽灯、太阳）、冷光源（由化学能、电能或光能激发，如日光灯、气体放电管）等。各种光源的激发方式不同，辐射机理也不相同。在热光源中，大量分子和原子在热能的激发下处于高能量的激发态，当它从激发态返回到低能量状态时，就把多余的能量以光波的形式辐射出来，这便是热光源的发光。

只含单一波长的光，称为单色光。然而，严格的单色光在实际中是不存在的，一般光源的发光是由大量分子或原子在同一时刻发出的，它包含了各种不同的波长成分，称为复色光。如果光波中包含波长范围很窄的成分，则这种光称为准单色光，也就是通常所说的单色光。波长范围 $\Delta\lambda$ 越窄，其单色性越好。例如，用滤光片从白光中得到的色光，其波长范围相当宽，$\Delta\lambda \approx 10\mathrm{nm}$；在气体原子发出的光中，每一种成分的光的波长范围 $\Delta\lambda \approx 10^{-4}$—$10^{-2}\mathrm{nm}$。

利用光谱仪可以把光源所发出的光中波长不同的成分彼此分开，所有的波长成分就组成了光谱。光谱中每一波长成分所对应的亮线或暗线，称为光谱线，它们都有一定的宽度。每种光源都有自己特定的光谱结构，利用它可以对化学元素进行分析，或对原子和分子的内部结构进行研究。

可见光是能激起人视觉的电磁波，是变化电磁场在空间的传播。实验表明，能引起眼睛视觉效应的是光波中的电场，所以光学中常用电场强度 E 代表光振动，并把 E 矢量称为光矢量。光振动指的是电场强度随时间周期性地变化。

人眼或感光仪器所检测到的光的强弱是由平均能流密度决定的，平均能流密度正比于电场强度振幅 E_0 的平方，所以光的强度 I（即平均能流密度）

$$I \propto E_0^2 \tag{7.1}$$

通常我们关心的是光强度的相对分布，可设比例系数为 1，故在传播光的空间内任一点光的强度，可用该点光矢量振幅的平方表示[1]，即

$$I = E_0^2 \tag{7.2}$$

1972 年，美国 K. M. 埃文森等人直接测量激光频率 ν 和真空中的波长 λ，算得 $c =$（299792458 ± 1.2）米/秒。1975 年第 15 届国际计量大会确认上述光速值作为国际推荐值使用。1983 年，光速取代了保存在巴黎国际计量局的铂制米原器被选作定义"米"的标准，并且约定光速严格等于 299792458 米/秒，米被定义为 1/299792458 秒内光所通过的路程。

根据现代物理学，所有电磁波，包括可见光，在真空中的速率是常数，即是光速。强相互作用、电磁作用、弱相互作用传播的速率都是光速。根据广义相对论，万有引力传播的速率也是光速，2003 年已经证实。

---

[1] 石顺祥、王学恩、马琳：《物理光学与应用光学》，西安电子科技大学出版社 2014 年版，第 3 页。

光速 299792458 米/秒一般会被简写成 30 万千米/秒。但光速为 30 万千米/秒还有一个前提，即是在真空中测得的。事实上，在不同介质中，光速是不一样的。1850 年，菲佐用齿轮法测定了光在水中的速率，第一次证明水中光速小于空气中的光速。在一些常见介质中光的速率为：

光在水中的速率：$2.25 \times 10^8 m \cdot s^{-1}$；

光在玻璃中的速率：$2.0 \times 10^8 m \cdot s^{-1}$；

光在冰中的速率：$2.3 \times 10^8 m \cdot s^{-1}$；

光在空气中的速率：$3.0 \times 10^8 m \cdot s^{-1}$；

光在酒精中的速率：$2.2 \times 10^8 m \cdot s^{-1}$。[①]

第二节 光度学基本概念

一 光度学和辐射度学

研究可见光的测试、计量和计算的学科称为"光度学"。简而言之，光度学就是研究光的强弱的学科。光度学与辐射度学紧密相关，发光体实际上是一个电磁波辐射源，光学系统可以看作辐射能的传输系统。研究一切电磁波辐射（包括无线电波、红外线、可见光、紫外线和 X 射线等）的测试、计量和计算的学科称为"辐射度学"。显然，光度学是依据人眼的敏感度来研究电磁辐射中可见光强弱的计量学，它是辐射度学的一部分，在研究方法和概念上基本相同。

人类早期对太阳、月亮、星星的观察以及对火光、烛光、月光的比较，是光度学的雏形。1729 年，法国天文学家贝利·伯格（Pierre Bouguer）发明了第一个可以用来比较两个光源发光强度的光度计，标志着光度学的诞生。1760 年，德国物理学家朗伯（Johann Heinrich Lambert）建立了一套完整的有关光的数量关系的理论，标志着光度学成为一门独立的学科。朗伯定义了光度学中的光通量、发光强度、亮度、照度等基本概念，并给出了它们的数学表达式。[②]

光度学中的基本物理量称为光度量，包括：光能、光通量、发光强

---

① 艾星雨：《物理改变世界》，山西教育出版社 2015 年版，第 37 页。
② 王文军、张山彪、杨兆华：《光学》，科学出版社 2011 年版，第 68 页。

度、光亮度和光照度。这些参量也可以描述红外辐射或紫外辐射，此时相应地称为辐射能、辐射通量、辐射强度、辐射亮度、辐射照度；相应的系列名称也称为辐射度量。在不会产生误会时，相同符号既可表示光度学符号，又可以表示辐射度量学符号。但如果会产生混淆，光度学符号加下标 v，辐射度量学符号则加下标 e。

二　辐射度学基本物理量

（一）辐射能

所谓辐射能，就是以电磁波的形式发射、传播或接受的能量，用符号 Q_e 表示，度量辐射能的单位是焦耳（J）。

（二）立体角

在光辐射测量中，立体角是一个常用的概念，有些辐射量就是通过立体角来定义，如点光源的发光强度等。所谓立体角是一个物体对特定点的三维空间的角度，是站在某一点的观察者测量到的物体大小的尺度。一个在观察点附近的小物体可以与一个远处的大物体对于同一个观察点有相同的立体角。

立体角是从一点出发，通过一条闭合曲线各点的射线所构成的图形。如图 7-3 所示，一个面元矢量 dA[①]，其大小为该面元的面积，方向取该面积元所在平面的外法线方向，r 为面元 dA 相对于 O 点的位置矢量，θ 是 dA 所在平面的外法线方向与 r 之间的夹角。则面元 dA 对空间 O 点所构成的立体角元 dΩ 的大小定义为

$$d\Omega = \frac{dA \cdot r}{r^3} \tag{7.3}$$

（三）辐射通量

辐射通量是指单位时间内辐射体所辐射的总能量，它表示了该辐射体辐射的强弱，用符号 Φ_e 表示，并采用一般的功率单位瓦特作为辐射通

[①] 在研究力学、物理学以及应用科学时所遇到的量可以分为两类，一类量完全由数值决定，这一类量叫作数量；另一类量，不但有大小，还有方向，这一类量叫作矢量或向量。如果矢量的起点为 A，终点为 B，记为 $\overrightarrow{AB}$。现在普遍接受字母上加箭头以表示矢量的方法，尤其在手写稿中流行。为了印刷的方便，用单个字母表示矢量时，这个字母排成粗体。

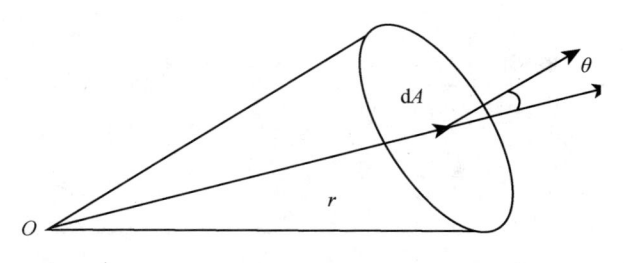

图 7-3　立体角定义示意

量的计量单位。实际上，辐射通量就是辐射体的辐射功率。

（四）辐射强度。

辐射通量只表示辐射体以辐射形式发射、传播或接受的功率大小，而不能表示辐射体在不同方向上的辐射特性。为了表示辐射体在不同方向上的辐射特性，在给定方向上取立体角 $d\Omega$，在 $d\Omega$ 范围内的辐射通量为 $d\Phi_e$，$d\Phi_e$ 与 $d\Omega$ 之比称为辐射体在该方向上的"辐射强度"，用符号 I_e 表示。

$$I_e = \frac{d\Phi_e}{d\Omega} \tag{7.4}$$

辐射强度的单位为瓦每球面度（W/sr）。

（五）辐（射）出射度、辐（射）照度

辐射强度表示辐射体在不同方向上的辐射特性，但不能表示辐射体表面不同位置的辐射特性。为了表示辐射体表面上任意一点 A 处的辐射强弱，在 A 点周围取微面 dS，不管其辐射方向，也不论在多大立体角内辐射，假定 dS 微面辐射出的辐射通量为 $d\Phi_e$，如图 7-4（a）所示，则 A 点的辐（射）出射度为

$$M_e = \frac{d\Phi_e}{dS} \tag{7.5}$$

即把 $d\Phi_e$ 与 dS 之比称作"辐（射）出射度"，单位为瓦每平方米（W/m²）。

如果某一表面被其他辐射体照射，如图 7-2（b）所示，为了表示 A 点被照射的强弱，在 A 点周围取微小面积 dS，假定它接受辐射通量为 $d\Phi_e$，则微面 dS 接受的 $d\Phi_e$ 与 dS 之比称为"辐（射）照度"，用符号 E_e 表示，即

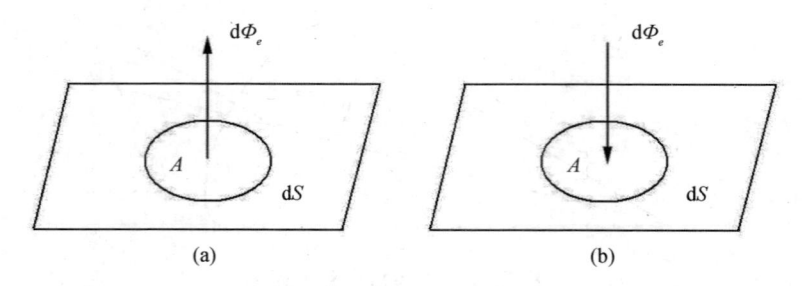

图 7-4 辐（射）出射度、辐（射）照度定义示意

$$E_e = \frac{\mathrm{d}\Phi_e}{\mathrm{d}S} \tag{7.6}$$

辐（射）照度与辐（射）出射度的单位一样，也是瓦每平方米（W/m²）。

（六）辐（射）亮度

辐（射）出射度只表示辐射表面不同位置的辐射特性，而不考虑辐射方向，为了表示辐射体表面不同位置和不同方向上的辐射特性，在辐射体表面 A 点周围取微面 $\mathrm{d}S$，在 AO 方向上取微小立体角 $\mathrm{d}\Omega$，如图 7-5 所示。$\mathrm{d}S$ 在 AO 垂直方向上的投影面积为 $\mathrm{d}S_n$，$\mathrm{d}S_n = \mathrm{d}S \cdot \cos\alpha$。假定在 AO 方向上的辐射强度为 I_e，则 I_e 与 $\mathrm{d}S_n$ 之比称为辐（射）亮度，用符号 L_e 表示

$$L_e = \frac{I_e}{\mathrm{d}S_n} \tag{7.7}$$

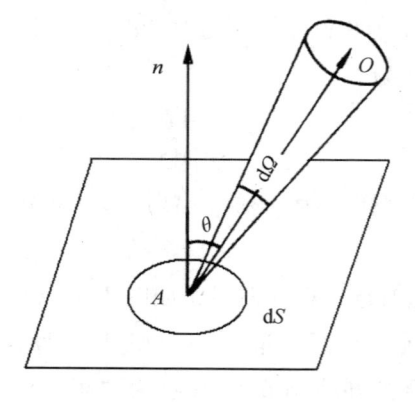

图 7-5 辐（射）亮度定义示意

辐（射）亮度等于辐射体表面上某点周围的微面在给定方向上的辐射强度除以该微面在垂直于给定方向上的投影面积，它代表了辐射体不同位置和不同方向上的辐射特性。单位为瓦每球面度平方米 [W/(sr·m²)]。

三　光度学基本物理量

对于可见区的辐射通常采用光度学的量来描述。度量辐射能的上述各个量是仅与客观有关的物理量，但光度学的量不仅与客观有关，还与人的视觉有关，也就是说它是一种生理物理量。在辐射度学中的各个量，乘上一个与视觉有关的比例系数，即可见度（或称视见度）K_λ，就得到光度学中的各个量。也就是说，辐射度学的各个量与光度学的各个量在可见光区彼此有一一对应的关系，两者相差一个可见度 K_λ。

所谓可见度就是指在 λ 这个波长下，辐射出 1 瓦的功率（辐射通量），被标准观察者全部接收后所承认的光功率（光通量）的大小，即 K_λ 等于光通量与辐射通量之比，单位是流明/瓦（lm/W）。这就是在 λ 波长下每瓦功率全部转换成光功率的理想转换效率。

（一）光能

光能有时又称光量，就是辐射能落于人眼而引起视觉的这部分能量的大小，即按肉眼可见度来度量辐射能的大小，是光通量在可见光范围内对时间的积分，用符号 Q_v 表示

$$Q_v = Q_e \cdot K_\lambda = \int \Phi_v dt \tag{7.8}$$

光能的单位是流明·秒（lm·s），这个量一般很少用。

（二）光通量

假定某辐射体发出的光线是波长为 λ 的单色光，该辐射体单位时间内所辐射的能量就是辐射通量 Φ_e，由该辐射通量对人眼所引起感觉的量为光通量 Φ_v，它表示单位时间内流出光能的大小，单位是流明（lm）。

$$\Phi_v = K_\lambda \Phi_e \tag{7.9}$$

（三）发光强度

光源在单位立体角内所发出的光通量称为该光源的光强 I_v。

$$I_v = \frac{d\Phi_v}{d\omega} \tag{7.10}$$

其中，$dΦ_v$ 为光源在给定方向上的立体角元 $dω$ 内发出的光通量。

发光强度的单位为坎德拉（Candela，记作 cd）。坎德拉是国际单位制中 7 个基本单位之一，其定义为：坎德拉是一光源在给定方向上的发光强度。该光源发出频率为 $540×10^{12}$Hz 的单色辐射，且在此方向上的辐射强度为 1/683（W/sr）。

（四）光亮度

光源表面一点处的面元 dA 在给定方向上的发光强度 dI_v，与该面元在垂直于给定方向的平面上的正投影面积之比，称为光源在该方向上的亮度，用公式表达为

$$L_v = \frac{dI_v}{dA \times \cos\theta} \qquad (7.11)$$

其中，$θ$ 为给定方向与面元法线间的夹角。亮度的法定计量单位为坎德拉每平方米（cd/m²）。

（五）光照度

被照明物体在给定点处单位面积上的入射光通量称为该点的照度，即

$$L_v = \frac{dΦ_v}{dA} \qquad (7.12)$$

其中，$dΦ_v$ 是给定点处的面元 dA 上的光通量，照度的法定计量单位是勒克斯（lx）。

照度与亮度是两个完全不同的物理量，照度表征受照面的明暗程度，照度与光源至被照面的距离的平方成反比，而亮度是表征任何形式的光源或被照射物体表面是面光源时的发光特性。如果光源与观察者眼睛之间没有光吸收现象存在，那么亮度值与两者间距离无关。

第三节　光的测量

光的测量分主观测量和客观测量两种。直接以人眼作为接收器进行光度测量称为主观测量，又叫目视测量；以物理探测器作为接收器进行光度测量，称为客观测量，又称为物理测量，常用仪器有各种光电探测器、热电探测器和照相底片等。现在用得最多的是光电探测器加上滤光

片的方法。

一 辐照度的测量

凡是能把光能转换为其他形式能量的器件，统称为感光元件。有的感光元件其感光能力与波长有关，称为选择性感光元件，如光电池。另一部分感光元件其感光能力与波长无关，称为无选择性感光元件，如热电偶等。显然，在辐照度测量中应采用后者。利用光的热电效应做成无选择性感光元件的辐射计，其结构包括具有一定面积 S 的黑色金属 A 作为感光元件，A 因吸收辐射通量而温度升高，同时向外散热。设辐照度为 E_e，散热系数为 K，则感光元件 A 接收的辐射功率为 $E_e S$，向周围环境散失的功率为 $KS(T_1 - T_2)$，其中 T_1 是 A 的温度，T_2 是环境的温度。当达到热平衡时，T_1 保持不变，这时接受的辐射功率等于散失的功率，于是

$$E_e = K(T_1 - T_2) \tag{7.13}$$

由此可知，辐射照度 E_e 与温度差 $(T_1 - T_2)$ 成正比。若事先通过实验测出系数 K，用温差电偶测出温度差，便可确定辐射照度 E_e 的大小。精度较高的辐射计可测出 10^{-10} W 的辐射功率。

二 发光强度的测量

光源的发光强度不能直接测出，测量发光强度的基本方法是待测光源与标准光源比较法。具体做法是调节两光源到同一被照面的距离，使之在该被照面上产生相同的光照度。根据光照度定律，待测光源的发光强度 I 可表示为

$$E_e = K(T_1 - T_2) \tag{7.14}$$

$$I = \frac{r^2}{r_0^2} I_0 \tag{7.15}$$

式中，r、r_0 分别是待测光源和标准光源到被照面的距离，可通过实验测出。

当标准光源的发光强度 I_0 已知时，待测光源的发光强度 I 即可由上式算出。依据这个原理，人们设计了各种光度计，其中最常用的是对比式陆末-布洛洪光度计。

三 亮度测量

只要用测得的光强除以在给定方向上表面的投影面积就可以得到亮度。常用的简便方法是在表面前面放一块已知大小的光阑,特别在发光表面的亮度不同时,这种方法更有用,可以确定亮度分布和平均亮度。

四 光照度的测量

照度测量是最流行的光度测量形式,照明工程中常需在现场进行照度测量,测量光照度通常用照度计,即用光电探测器代替人眼的光电式照度计。照度计一般用光电池(或光电管)作为光电转换元件,亦即感光元件。若把硒光电池(或光电管)和电流表连接起来,并将表头以勒克司为单位进行分度,即构成照度计。由于1000lx以上的光照易损坏光电池,故要用减光片保护。由于光电池(或光电管)的光谱灵敏度分布和人眼相差较大,为了消除与人眼视见函数的差别,一般的照度计在探测器前都装有校正滤光器[常称为$V(\lambda)$滤光器],使其与人眼的光谱灵敏度相符,但这样做将使光电池(或光电管)的灵敏度显著下降。

第四节 光照对档案载体材料的影响

一 光对档案载体材料的危害及特征

许多档案的制成材料都是有机质,如纸张、皮革、织物、漆木器等都是动植物纤维组成的。光辐射对档案材料的破坏是使有机质材料受到光辐射时,引发光裂解和光氧化反应,造成分子链被打断,在空气中氧的作用下引发一系列光氧化反应,从而使有机材质化合物分子结构发生变化,产生多种化合物,并随之出现一系列变脆、泛黄等明显的光老化特征,例如:

(1)档案载体外观上改变,有斑点及龟裂、变形等;

(2)有机染料、颜料、字迹褪变色,对无机矿物颜料的影响还包括掺和的胶结物的黏结能力的影响;

(3)性能强度变差,变脆、弹性减弱、易折断;

(4)物理性能有所改变,如溶解度、吸湿性、透光性等都有变化;

（5）组织结构也有所改变，如分子间构型的变化并产生交联，分子量变小等，致使褪色现象发生。

二　光对档案载体材料危害的原因

　　光辐射对档案的保存与展出都是有害的，这种危害主要来自太阳的自然光与人工光源，其中紫外光的危害最为严重。光对档案材料的危害分别来自光的热效应和光化学反应。

　　投射在物体上的光，一部分被物体所反射，一部分进入物体的内部；进入物体内部的光，或全部被物体吸收，或一部分被物体吸收，其余部分透过物体而射出。被物体吸收的光在物体内部将发生光的效应，常见的物体被阳光照射后它的温度会升高这就是光的效应的一种。物体吸收光能而升高它的温度的现象叫作光的热效应。

　　从光子说可以知道，光子是一种物质微粒，这种物质和其他物质一样，具有一定的能量。光电效应就是光能变成电能的过程，光能不仅可以变成电能，它还可以变成热能和化学能。由光能变为热能的过程，就是光的热效应。太阳光照射到地面上，使地面上的一切物体都变热，也是光的热效应的例子。光的热效应是辐射能转变成为内能的一种过程，这种现象普遍存在于实际生活中。

　　光的热效应对档案造成两方面的破坏，其一，光照使物质局部发热或干燥，使档案的材质发生不可逆变化，如木刻的龟裂、表面漆皮起皱和粉化脱落等；其二，温度的升高能使有关破坏档案材料的化学反应加快。

　　但是光照危害的主要影响是因为光化学反应，其后果是光线造成许多有机质档案材料表面的质变，如对纸质档案、简牍档案、缣帛档案、羊皮档案、缩微档案、声像档案等的破坏。光对有机质档案材质的破坏，引起表面变质并加速反应，导致档案材质的褪色老化。

　　物质吸收光之后会发生化学变化，这个现象称为光化学反应，原始的光化学反应事件和次级反应是有区别的。光化学反应包括复杂分子、原子团或多原子离子离解成各个单元成分以及由简单分子形成复杂分子或由相同分子形成复杂分子（聚合）等过程。

　　由于光的作用，复杂分子将被分解成比较简单的成分或原子，这个现象称为分子光化离解（也称光致蜕变或光致离解）。光化离解的产物是原子、原子团或离子团，在这一过程中，一个粒子处于激发态，激发态能量等于吸收到的光能量与分子离解能量的差值。

在光化反应中，有几个重要的光化学定律。1818 年德国化学家 Theodor Grothus 指出：光只有被吸收才能引发光化学反应。1841 年，英国化学家 John William Draper 通过深入的研究，进一步发展了这一结论，并提出：只有被物质吸收的光才能产生光化学反应。这就是光化学第一定律，又称 Grothus-Draper 定律。根据这一定律，照射在反应体系中的光在能量上必须满足体系中分子激发的条件需求，否则将不能被分子所吸收。但事实证明，有时照射的光被非反应性分子吸收也能引发光化学反应，而非一定是被反应分子吸收才行；而且，即使照射光的能量满足了分子激发的需要，但若不能被体系中的分子有效地吸收，则也不能引发光化学反应。

1908 年 J. Stark 和 1912 年 A. Einstein 把能量的量子概念应用到分子的光化学反应上，分别提出了量子活化原则：在初始光化学反应中，被活化的分子数等于吸收的光量子数，即当一个分子经过光化学变化时，只吸收一份能量，这就是光化学第二定律，又称 Stark–Einstein 定律。在用低光强的普通光照射的光化学系统中，第二光子的吸收概率极小，这个定律是正确的，但在强光（如激光）的照射下，有时会发生双光子吸收，即一个分子可以吸收两个能量较低的光子而被激发。这两个光子的吸收可以是同时的，也可以是分步完成的。[①]

一些物质被光照射后会发生明显的化学反应，最著名的例子是 AgX（X = Cl，Br，I）在光的照射下分解，如：

$$2AgBr \xrightarrow{h\nu} 2Ag + Br_2 \qquad (7.16)$$

三　光与物质的相互作用

由光化学第一定律可知，物质对光的吸收是有选择性的。假设从现代的量子理论来探讨光与物质的相互作用，则光子传输给予物质的量子

[①] 倪永红：《辐射技术与材料合成》，安徽师范大学出版社 2011 年版，第 75 页。

能量 E 可由式（7.17）求得：

$$E = h\nu \tag{7.17}$$

式中，h 是普朗克常数，ν 是光的频率。

对于紫外线而言，能量与聚合物的化学键是可比拟的，并能导致其断裂，造成共价键断裂的能量值与引起键离解的入射光的最大波长见表 7-1。[①] 由表 7-1 可看出，物质与光的相互作用特点及结果以及同光的波长的关系。

表 7-1　造成共价键断裂的能量值与引起键离解的入射光的最大波长

光解作用时的化学反应	能量/（千焦/克分子）	入射光波长/毫微米
$CH_3 - CH_3 \rightarrow 2\dot{C}H_3$	350	340
$HCl \rightarrow \dot{H} + \dot{Cl}$	433	277
$CH_3Cl \rightarrow \dot{C}H_3 + \dot{Cl}$	336	355
$CH_2 = CH - CH_3 \rightarrow \dot{C}H_2 = CH + \dot{C}H_3$	455	264
$C_6H_5 - CH_3 \rightarrow \dot{C}_6H_5 - \dot{C}H_3$	370	323
$C_6H_5 - CH_2 - CH_3 \rightarrow \dot{C}_6H_5 - \dot{C}H_2 + \dot{C}H_3$	263	454
$CH_4 \rightarrow \dot{C}H_3 + \dot{H}$	426	280
$(CH_3)_3CH \rightarrow (CH_3)_3\dot{C} + \dot{H}$	376	318
$C_6H_6 \rightarrow \dot{C}_6H_5 + \dot{H}$	426	280

物质吸收光的过程，或者光通过物质层时光强度的减弱程度按照浦盖尔-拉姆佩尔特定律，取决于层厚 x，并以式（7.18）表示：

$$I = I_0 e^{-\mu x} \tag{7.18}$$

式中：I_0 为入射光的强度；μ 为给定物质的吸收系数。

吸收系数取决于光波的长度，但与光的强度无关，因此，它不取决于吸收层的厚度。理论上，吸收系数 μ 等于单位厚度内的光强度相对减少。

吸收系数 μ 同光强度和层厚无关联性，可以得出一个非常重要的结论：物质吸收光射线的过程，不取决于光辐射的强度。它是不变的，因

[①] 魏铭炎：《电绝缘材料的光稳定性》，中国标准出版社 1985 年版，第 2 页。

为吸收系数是恒定的。在这种情况下，为了吸收一个光量子，总是需要一个分子，因此吸收分子的数量，等于被吸收光量子的数量。爱因斯坦的当量值定律，或者光化学第二定律的实质也就在于此。

被吸收的光量子数与化学上起反应的分子数之比，称为量子灵敏度，或者叫量子输出。当量值定律只与光化学的最初过程有直接关系，并且第一过程因其后的反应和第二过程而变得复杂；在光反应中，第一过程（初级过程）是光化学过程；由于第一反应而被激活的反应，称为第二反应（次级过程），如在聚合物损坏时光引发链反应等，就属于此种情况。第一过程是严格遵照爱因斯坦的当量值定律的，而第二过程服从于其他规律性。一般认为，在第二反应中，光的作用可忽略不计，因为在反应中产生的中间产物由于其反应能力很大，处于不可能吸收相当大部分光的微小浓度，因此不可能受其影响。当然，这些第二过程在很多方面取决于其他反应条件，例如聚合物发生光氧化时，就取决于氧、温度等。

四 材料的光老化机理

档案载体材料（主要是有机质材料）的光老化是一个复杂的物理化学过程，它从吸收光子开始，吸收光子的物理过程可能引发材料光化学反应（初级过程）和其他光化学反应，继而引起一系列热化学反应（次级过程），导致材料光氧化降解致老化。辐射到地球外层空间的太阳光是一个连续的能量光谱，其中紫外光虽然只占到达地球表面阳光总量的6%，但其光子能量巨大，是引发材料光老化的主要能量来源。

理论上讲，很多有机物对阳光应当是稳定的，因为这些有机物在理想情况下（即绝对纯净），没有能够吸收光量子的发色团，但实际上这些有机材料暴露在阳光下却能够迅速反应，这是因为它们中含有许多能够吸收紫外线的杂质。由于这些杂质的存在（它们都可作为发色团而吸收紫外光），导致这些有机物在空气中迅速发生光氧化作用，类似植物的光合作用。众所周知，CO_2 和 H_2O 都不能吸收阳光，而叶绿素却能吸收，并使 CO_2 和 H_2O 产生光化学反应——光合作用，将 CO_2 和 H_2O 合成为碳水化合物：

$$CO_2 + H_2O \xrightarrow{\text{叶} \ h\nu} \frac{1}{6n}(C_6H_{12}O_6)_n + O_2$$

当有机物受到光照时，其吸收光的基团受到激发而生成自由基，称之为光老化的链引发阶段，在空气中氧的参与下，并发生氧化（光化次级反应）等复杂的链增长、链支化和链终止过程，导致有机材料分子断裂和交联，即产生所谓光氧化老化降解。而且，热氧化老化过程可能与光氧化老化过程叠加在一起，甚至在较高温度和较低光强度的条件下，热氧化速度甚至超过光氧化速度。但是，热化学反应的活化能来源于分子碰撞，而光化学反应活化能来源于光子的能量，光化学反应活化能小于一般热化学反应活化能，这是两种化学反应的主要不同之处，并且光化反应速率是光源频率和强度的函数，受温度影响很小，所以在较低温度下，光氧化老化即可能迅速进行，例如光合作用就是在常温下进行的。

以高分子聚合材料（polymer，有机物的一种，常见的塑料、纤维、橡胶等都是高分子聚合材料）为例，其光氧化过程可表示为如下过程：[1]

（1）链引发

$$\left.\begin{array}{r}\text{氢过氧化物 POOH}\\ \text{羰基化合物 C=O}\\ \text{残留催化剂}\\ \text{PH}+O_2\end{array}\right\} \xrightarrow{\text{叶}\Delta,\ h\nu} P^{\cdot},\ PO^{\cdot},\ HO^{\cdot},\ HO_2^{\cdot} \cdots\cdots \text{自由基}$$

（2）链增长

$$P^{\cdot} + O_2 \xrightarrow{\Delta} PO_2^{\cdot}$$

$$PO_2^{\cdot} + PH \xrightarrow{\Delta} POOH + P^{\cdot}$$

在过量氧的存在下，该链增长反应能反复地进行数百次，使氢过氧化物浓度不断增加，这些氢过氧化物吸收热能和光能又产生裂解等一系列光化学反应和热化学反应，将链增长所产生的氢过氧化物消耗掉。

（3）链支化

$$POOH + PH \xrightarrow{\Delta,\ h\nu} PO^{\cdot} + HO^{\cdot}$$

$$2POOH \xrightarrow{\Delta,\ h\nu} PO^{2\cdot} + PO^{\cdot} + H_2O$$

---

[1] 郑德、李杰：《塑料助剂与配方设计技术》，化学工业出版社2002年版，第225页。

$$PO^{\cdot} + PH \rightarrow POH + P^{\cdot}$$
$$HO^{\cdot} + PH \rightarrow H_2O + PO^{\cdot}$$

(4) 链终止

链终止是自由基之间碰撞而失活，断开的聚合物分子重新连接起来，或生成稳定的新的生成物。但它们甚至可能是交联产物，它们的分子量比原来有的提高了，有的下降了，也就是说光氧化老化使高分子材料化学结构和组分发生了变化，所以该材料的物理化学性能也改变了。链终止反应式如下：

$$P^{\cdot} + P^{\cdot} \rightarrow P^{\cdot} - P^{\cdot}$$
$$P^{\cdot} + PO^{\cdot} \rightarrow POOP$$
$$2PO_2^{\cdot} \rightarrow POOP + O_2$$
$$2PO_2^{\cdot} \rightarrow + O_2$$

光氧老化反应是在氧的参与下发生的光化学反应，如果反应过程没有氧的参与，这种光化学反应就是光裂解反应。光裂解反应一样可以造成档案材料的老化，其反应速度可用链断裂量子产率表示，即单位时间内，断裂的聚合物分子数与吸收的光子数之比。

一般直接光裂解的量子产率很低，如在波长为 253.7nm 紫外光辐射下，链断裂的量子产率：纤维素为 1.0×10^{-3}、醋酸纤维素为 2.0×10^{-4}。其原因有二：一是高分子材料对光辐射的吸收速度较低；二是其间荧光、磷光等物理过程又消散了大部分光能。

第五节 光与其他环境参数及过程的关系

一 光与温度之间的关系

档案馆的光源包括自然光源和人工光源。自然光源来源于自身能够发光的物体，通过物理或化学变化发出，例如太阳光，太阳所发出的光就是其内部热核反应所产生的。太阳拥有的、最丰富的元素——氢发生核聚变，释放出耀眼的光，并伴随着巨大的能量。太阳不停地向宇宙空间各个方向均匀地发射其内部产生的能量，太阳不断地辐射能量，也不断地消耗氢，但是太阳中氢的含量极为丰富，按目前太阳热核聚变的耗氢速率估计，还足够维持上百亿年，所以太阳称得上是一个取之不尽，用之不竭的永久性能源库。

太阳在单位时间内以辐射形式发射出的能量称为太阳的辐射功率，也称为辐射通量，它的单位是瓦特（W）。投射到单位面积上的辐射通量称为辐照度，单位是 W/m^2。辐射通量与辐照度的概念在本章第二节"光度学基本概念"之"二 辐射度学基本物理量"中已解释。单位面积上的太阳辐射能称为曝辐射量，单位为 J/m^2。

到达地球表面的太阳辐射能，有一小部分用来推动海水和大气的对流运动，这便是海流能、波浪能、风能的由来；还有更少一部分太阳能被植物叶子的叶绿素所捕获，成为光合作用的能量来源。太阳能的大部分转变为热能，使地球的平均温度大约保持在13℃，形成适合各种生物生存和发展的自然环境。

光照可以引起被光照物体温度的升高，这是因为光照是一种辐射能，自然界所有物体对辐射能都有吸收、反射和透射的本领。这样被光照射就相当于一种能量的传递，这种传递通过空气传播。太阳辐射能通过空气传递到物体上，物体吸收辐射能后分子运动剧烈程度加剧，而温度的实质就是表征物体分子运动剧烈程度的，所以受光照，物体温度会有上升。

但是持续光照，物体温度不会持续上升，因为温度高于绝对零度（273.15K）的各种物体都会向外辐射出能量。物体温度越高，则辐射到周围空间去的能量越多。当物体温度上升到一定程度后，物体自身的辐射散热量也大大增加。根据斯蒂芬－玻尔兹曼定律，黑体的全辐射能与热力学温度的四次方成正比，所以温度升高很容易影响到辐射能散失的多少。当物体收到的辐射能和散出的辐射能相等时，物体的温度就恒定了。

二 水分对光氧老化反应的催化作用

由本章"第四节 光照对档案材料的影响"之"四 材料的光老化机理"中的讨论可知，光化反应速率是光源频率和强度的函数，受温度影响很小。但是水分的存在会对其产生一定的影响，这是因为水分中的氢离子起着光氧化的催化作用。

在空气存在下通过紫外线的照射，高分子材料因氧化而生成过氧化氢物，由于水分中氢离子的存在而解离为羰基，新生成的羰基可进一步吸收紫外线而变得更具活性，使之与羰基相邻接的 C—H 结合的氢原子易于脱出，因此成为氧化的诱发因素，所以生成的羰基加速了光氧老化反应。因此，透光的档案载体材料在南方湿热的环境比在北方干燥的环境老化快。

第六节　环境光照的控制

光是损害档案载体材料的因素之一，由于光辐射特别是紫外光的辐射，可引起有机质档案材料的一系列光化学反应，加速有机分子材料的老化变质，因此档案馆应采取有效措施来保护档案，例如合理地选择光源，控制光强度和有效选用光稳定剂、紫外线吸收剂等抑制光的化学反应的措施都是十分必要的。

一　采光与照明

关于采光与照明，《档案馆建筑设计规范（JGJ 25—2010）》规定：

（1）档案库、档案阅览、展览厅及其他技术用房应防止日光直接射入，并应避免紫外线对档案、资料的危害。这是因为光特别是太阳光对于档案纸张和某些字迹有很大的破坏作用，有资料介绍，光波短于 486nm 的光线即可以断裂 C—C 键，短于 358nm 的光线（紫外线）即可断裂有机物分子的线性饱和链。

（2）档案库、档案阅览、展览厅及其他技术用房的人工照明应选用紫外线含量低的光源，尽量避免或降低人工光源的紫外线对档案造成危害。当紫外线含量超过 $75\mu W/1m$ 时，应采取防紫外线的措施。实际上，档案在展出、阅览或技术处理时，暴露在灯光下的时间更长，更应采取保护措施。

《档案馆建筑设计规范（JGJ 25—2010）》规定档案馆照明的照度标准应符合表 7-2 中的规定。[①]

[①] 国家档案局档案科学技术研究所：《档案馆建筑设计规范（JGJ 25—2010）》，中国建筑工业出版社 2010 年版，第 17 页。

表 7–2　　　　　　　　　　档案馆照明的照度标准

房间名称	参考平面及其高度	照度标准值/lx
阅览室	0.75m 水平面	300
出纳台	0.75m 水平面	300
档案库	0.25m 水平面	≥50
修裱、编目室	0.75m 水平面	300
计算机房	0.75m 水平面	300

《档案馆建筑设计规范（JGJ 25—2010）》在档案防护的"一般规定"中指出：非纸质载体的档案材料保管库要根据各自载体材料的理化性质要求进行设计，创造适宜于不同载体保管的库房条件。在"条文说明"关于"防日光直射和紫外线照射"中说明："75μW/1m"的最高限值是参考了国际标准 ISO 11799：2003（E）以及博物馆、图书馆等部门相关标准而制定。

《博物馆建筑设计规范（JGJ 66—2015）》在"8.1 采光"中规定展厅应根据展品特征和展陈设计要求，优先采用天然光且采光设计应符合下列规定：

（1）天然光产生的照度应符合博物馆建筑的采光标准值（见表 7–3）的规定。

（2）展厅内不应有直射阳光，采光口应有减少紫外辐射、调节和限制天然光照度值和减少曝光时间的构造措施。

（3）应有防止产生直接眩光、反射眩光、映象和光幕反射等现象的措施。

（4）当需要补充人工照明时，人工照明光源宜选用接近天然光色温的高温光源，并应避免光源的热辐射损害展品。

（5）顶层展厅宜采用顶部采光，顶部采光时采光均匀度不宜小于 0.7。

（6）对于需要识别颜色的展厅，宜采用不改变天然光光色的采光材料。

表7-3　　　　　　　　　博物馆建筑的采光标准值

采光等级	场所名称	侧面采光		顶部采光	
		采光系数标准值/%	室内天然光照度标准值/lx	采光系数标准值/%	室内天然光照度标准值/lx
Ⅲ	文物修复室、标本制作室、书画装裱室	3.0	450	2.0	300
Ⅳ	陈列室、展厅、门厅	2.0	300	1.0	150
Ⅴ	库房、走道、楼梯间、卫生间	1.0	150	0.5	75

（7）光的方向性应根据展陈设计要求确定。

（8）对于照度低的展厅，其出入口应设置视觉适应过渡区域。

（9）展厅室内顶棚、地面、墙面应选择无反光的饰面材料。

关于博物馆建筑的照明，其设计应遵循有利于观赏展品和保护展品的原则，并应安全可靠、经济适用、技术先进、节约能源、维修方便。《博物馆建筑设计规范（JGJ 66—2015）》规定博物馆建筑的照明设计应符合现行国家标准《博物馆照明设计规范（GB/T 23863）》和《建筑照明设计标准（GB 50034）》的规定，并规定展厅内展品的照明应根据展品的类别确定，且照度标准值不应大于表7-4的规定，以及部分场所的照度标准值应符合表7-5的规定。

表7-4　　　　　　　　博物馆展厅展品照度标准值

展品类型	参考平面及其高度	照度标准值/lx	年曝光量/(lx·h/a)
对光特别敏感的展品，如织绣品、国画、水彩画、纸质展品、彩绘陶（石）器、染色皮革、动植物标本等	展品面	≤50（色温≤2900K）	50000

续表

展品类型	参考平面及其高度	照度标准值/lx	年曝光量/(lx·h/a)
对光敏感的展品，如油画、不染色皮革、银制品、牙骨角器、象牙制品、竹木制品和漆器等	展品面	≤150（色温≤3300K）	360000
对光不敏感的展品，如钢铁等金属制品，石质器物、宝玉石器、陶瓷器、岩矿标本、玻璃制品、搪瓷制品、珐琅器等	展品面	≤300（色温≤4000K）	—

表7-5　博物馆建筑相关场所照度标准值

房间或场所	参考平面	照度标准值/lx
门厅	地面	200
综合大厅	地面	100
寄物处	地面	150
接待室	0.75m 工作面	300
报告厅、教室	0.75m 工作面	300
美工室	0.75m 工作面	500
编目室	0.75m 水平面	300
摄影室	0.75m 水平面	100
熏蒸室	实际工作面	150
藏品修复室	实际工作面	750
标本制作室	实际工作面	750
书画装裱室	实际工作面	500
实验室	实际工作面	300
周转库房	地面	50
藏品库房	地面	75
一般库房	地面	100
鉴赏室	0.75m 水平面	150
阅览室	0.75m 水平面	300
绘画展厅	地面	100
雕塑展厅	地面	150
科技馆展厅	地面	200

此外，博物馆展厅照明光源宜采用细管径直管型荧光灯、紧凑型荧光灯、卤素灯或其他新型光源。有条件的场所宜采用光纤、导光管、LED等照明。一般展品展厅直接照明光源的色温应小于5300K，对光线敏感展品展厅直接照明光源的色温应小于3300K。藏品库房室内和对光特别敏感展品的照明应选用元紫外线的光源，并应有遮光装置。展厅内的一般照明应采用紫外线少的光源。对于对光敏感及特别敏感的展品或藏品，使用光源的紫外线相对含量应小于$20\mu W/lm$。

图书馆建筑应充分利用自然条件，采用天然采光，《图书馆建筑设计规范（JGJ 38—2015）》规定图书馆各类用房或场所的天然采光标准值不应小于表7-6中的规定。

表7-6　　图书馆各类用房或场所的天然采光标准值

用房或场所	采光等级	侧面采光			顶部采光		
		采光系数标准值/%	天然光照度标准值/lx	窗地面积比 A_c/A_d	采光系数标准值/%	天然光照度标准值/lx	窗地面积比 A_c/A_d
阅览室、开架书库、行政办公、会议室、业务用房、咨询服务、研究室	Ⅲ	3	450	1/5	2	300	1/10
检索空间、陈列厅、特种阅览室、报告厅	Ⅳ	2	300	1/6	1	150	1/13
基本书库、走廊、楼梯间、卫生间	Ⅴ	1	150	1/10	0.5	75	1/23

二　光稳定化机理和途径

为了防止或减缓档案材料光老化速度，延长其寿命，可以在光老化进程的不同阶段，采用物理和化学的措施，干预档案载体材料光化反应的进行。首先在光物理过程中，可以屏蔽或反射紫外线、吸收紫外线，或加入猝灭剂猝灭已吸收高能光子产生的电子激发态分子，使其失活。通过上述三个途径，在光物理过程中去阻止光化学反应的发生，从而减缓档案载体材料的光老化。

屏蔽或反射紫外线，是通过减少材料吸收紫外线光子的概率。例如在档案的制成材料中添加炭黑、钛白粉等光屏蔽剂，或者在保护档案的表面涂敷、包裹不透光的其他材料，彻底隔绝光线与材料的接触。

吸收紫外线，是在档案制成材料中添加紫外线吸收剂，该吸收剂能强烈吸收紫外线，其吸收率应远高于档案载体材料对紫外线的吸收率，因此减少了紫外线对档案载体的辐射强度，减缓了材料光老化的链引发反应速度。紫外线吸收剂吸收紫外线能量以后，其化学结构发生异构重排，该紫外线吸收剂的同分异构物非常不稳定，速度极快地将吸收的光子能量以热能等形式释放出去，该同分异构体回复为原紫外线吸收剂化学结构。

猝灭激发态分子，是在档案制成材料中添加猝灭剂，能和材料中的激发态分子之间产生电子能量转移，将材料中激发态分子能量转移到猝灭剂分子上，材料中激发态分子因此失活回到基态，避免了光化反应的进行。猝灭剂分子接受激发态分子能量后，从原态转化为激发态分子，但它能很快将所接收的能量以热能等形式散发掉而回到原态。

在光化学阶段可以通过加入化学物质，例如，受阻胺光稳定剂，去捕获材料并分解光化反应产生的氢过氧化物（主要是链增长所产生的过氧化物），或原来档案材料本身就具有的氢过氧化物，使材料中自由基和氢过氧化物保持相对较低的浓度，从而减缓材料的链引发、链增长、链支化的反应速度，因此也就减缓了材料光老化速度，即通过化学的方法抑制光氧化老化反应的进行。有时需要在光氧化老化不同进程中设置多层保护，例如同时加入紫外线吸收剂和受阻胺光稳定剂。使用紫外线吸收剂，力图阻止材料光老化的链引发的发生，用受阻胺捕获链增长和链支化产生的自由基和过氧化物，努力终止链增长，以达到理想的光稳定化效果。①

---

① 隋昭德、李杰、张玉杰：《光稳定剂及其应用技术》，中国轻工业出版社2010年版，第11页。

第八章

档案保护环境之气体

第一节 环境气体的定义

一 环境气体的定义

环境气体是指暴露在人群、植物、动物和建筑物之外的室外空气，又称环境空气。它和包围地球的空气密切相关，围绕地球的空气包层称为"大气"，按照国际标准化组织（ISO）的定义：大气是指地球环境周围所有空气的总和。因此，欲研究档案保护环境的气体，首先需要对大气充分理解。

大气的性质包括空气的物理、化学和生物学特性。物理特性主要是指空气的温度、湿度、气压和降水等，这些在其他章节已有阐述，化学特性则主要为空气的化学组成。大气的化学组成比较简单，氮和氧的含量占绝对优势，因此长期以来认为没有必要对其进行深入研究。但是自20世纪50年代以来，许多国家由于出现了多次严重的烟雾污染事件，于是对大气的化学组成及相关变化开始越来越重视，特别是对大气污染化学进行较全面和系统的研究，逐渐形成了"大气化学"这一门独立的学科。这段时间的研究领域限于城市大气化学组成、分布和变化，并着重研究了硫酸烟雾和光化学烟雾。近20年来对气溶胶的组成、分布和变化及其形成机理也进行了调查研究。大气化学的研究领域不断扩大，研究内容不断深入，从孤立地静态地研究大气圈的化学组成和分布，到近年来着重把大气圈当作地球的一个重要组成部分，从大气圈和其他圈层间的物质和能量交换，研究大气圈的物质变化过程，发展为大气环境化学。① 大气化学和大气环境化学，是一门复杂的动态化学系统科学，需要有专门的论述，所以在有限篇幅内对其详述是不可能的，在此仅能概述其一二而已。

大气可以按照物理性质和特征等标准进行分层，按照物理性质自下而上依次分别是：

（1）对流层是紧贴地面的一层，它受地面的影响最大。因为地面附近的空气受热上升，而位于上面的冷空气下沉，这样就发生了对流运动，所以把这层叫作对流层。它的下界是地面，上界因纬度和季节而不同。在低纬度地区其上界为17—18千米，在中纬度地区为10—12千米，在高纬度地区仅为8—9千米。夏季的对流层厚度大于冬季。以南京为例，夏季的对流层厚度达17千米，而冬季只有11千米，冬夏厚度之差达6千米之多。

（2）在对流层的顶部，直到高于海平面50—55千米的这一层，气流运动相当平衡，而且主要以水平运动为主，故称为平流层。

（3）平流层之上，到高于海平面85千米高空的一层为中间层。这一层大气中，几乎没有臭氧，这就使来自太阳辐射的大量紫外线白白地穿过了这一层大气而未被吸收，所以，在这层大气里，气温随高度的增加而下降得很快，到顶部气温已下降到 $-83℃$ 以下，由于下层气温比上层高，有利于空气的垂直对流运动，故又称之为高空对流层或上对流层。

（4）从中间层顶部到高出海面800千米的高空，称为暖（热）层，又叫电离层。这一层空气密度很小，在700千米厚的气层中，只含有大气总重量的0.5％。暖层里的气温很高，据人造卫星观测，在300千米高度上，气温高达1000℃以上。所以这一层叫作暖层或者热层。

（5）暖层顶以上的大气统称为散逸层，又叫外层。它是大气的最高层，高度最高可达到3000千米。这一层大气的温度也很高，空气十分稀薄，受地球引力场的约束很弱，一些高速运动着的空气分子可以挣脱地球的引力和其他分子的阻力散逸到宇宙空间中去。

（6）地球大气圈之外还有一层极其稀薄的电离气体，其高度可伸延到22000千米的高空，称之为地冕。地冕也就是地球大气向宇宙空间的过渡区域。

---

① 唐永銮：《大气环境化学》，中山大学出版社1992年版，第1页。

此外，按大气特征分，又可以细分为：

（1）按着大气的化学成分来划分。这种划分是以距海平面90千米的高度为界限的。在90千米高度以下，大气是均匀地混合的，组成大气的各种成分相对比例不随高度而变化，这一层叫作均质层。在90千米高度以上，组成大气的各种成分的相对比例，是随高度的升高而发生变化的，比较轻的气体如氧、氦、氢等越来越多，大气就不再是均匀混合了，因此，把这一层叫作非均质层。

（2）按大气被电离的状态来划分，可分为非电离层和电离层。在海平面以上60千米以内的大气，基本上没有被电离处于中性状态，所以这一层叫非电离层。在60千米以上至1000千米的高度，这一层大气在太阳紫外线的作用下，大气成分开始电离，形成大量的正、负离子和自由电子，所以这一层叫作电离层，这一层对于无线电波的传播有着重要的作用。①

大气的垂直结构示意图如图8-1所示，由以上讨论可以看出：档案保护

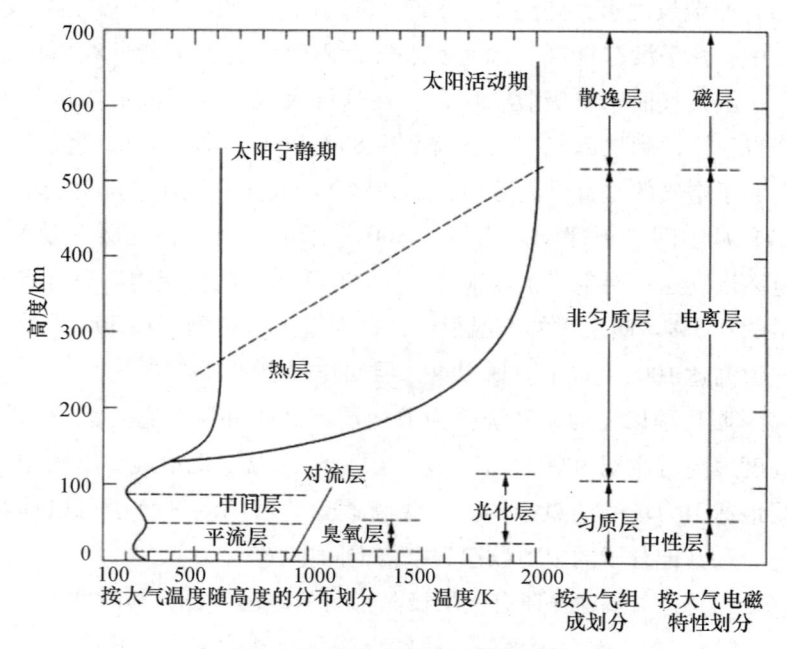

图8-1 大气的垂直结构示意②

---

① 贾金明、王运行、吴建河等：《气象与生活》，气象出版社2008年版，第15页。
② 林海龙、李永峰、王兵等：《基础环境工程学》，哈尔滨工业大学出版社2013年版，第22页。

环境的气体环境主要是指大气层按物理性质分的紧贴地面的对流层,按大气化学成分分的均质层,或按大气被分离的状态分的非电离层。

二 环境气体的组成

档案保护环境气体是由多种气体组成的混合体,如前述其与大气层密切相关。大气中的气体按其成分可分为稳定的、可变的和不确定的三种组分类型。稳定组分主要指大气中的氮、氧、氩及微量的氦、氖、氪、氙等稀有气体。可变组分主要指大气中的二氧化碳、二氧化硫和水汽等,这些气体受地区、人类生产活动、季节、气象等因素影响而有所变化。其中水汽含量虽然很少,但其受时间、地点、气象条件影响,变化范围较大,也是导致各种复杂的天气现象(如雨、雪、霜、露等)的主要原因之一。此外水汽又具有很强的吸收长波辐射的能力,对地面的保温起着重要的作用。另外,大气中还有一些组分,主要来源于自然界的火山爆发、森林火灾、地震以及人类社会的生活消费、交通、工业生产等产生的煤烟、尘埃、硫氧化物、氮氧化物等,它们是大气中的不确定组分,可造成一定空间范围在一段时间内暂时性的大气污染。

表 8 – 1　　　　　　　　清洁干燥大气的组成[①]

成分	化学式	相对分子量	体积分数
氮	N_2	28.01	78.09%
氧	O_2	32.00	20.95%
氩	Ar	39.94	0.93%
二氧化碳	CO_2	44.01	0.033%
氖	Ne	20.18	18×10^{-6}
氦	He	4.003	5.3×10^{-6}
甲烷	CH_4	16.04	1.5×10^{-6}
氪	Kr	83.80	1×10^{-6}
一氧化二氮	N_2O	44.01	0.5×10^{-6}
氢	H_2	2.016	0.5×10^{-6}
氙气	Xe	131.30	0.08×10^{-6}
臭氧	O_3	48.00	$(0.01—0.04) \times 10^{-6}$

---

① 王红云、赵连俊:《环境化学》,化学工业出版社2009年版,第13页。

在讨论大气的组成时，也可以根据其含量大小分为主要成分、微量成分和痕量成分三大类。主要成分是指含量（体积分数）在百分之几数量级的成分，它们是氮、氧和氩，三者约占大气总体积的 99.97%；微量成分（有时也称为次要成分）含量在 $1\times10^{-6}\%—1\%$，包括二氧化碳、水汽、甲烷、氦、氖和氪等；痕量成分含量在 $1\times10^{-6}\%$ 以下，主要有氢、臭氧、氙、一氧化氮、一氧化二氮、二氧化氮、氨气、二氧化硫和一氧化碳等。[1]

表 8-1 中所列的大气组成称为是干燥空气，是指大气中除去水汽、液体和固体微粒以外的整个混合气体，简称干空气，也是大气的主要组成。

大气中水汽含量很少，但变化很大，其变化范围在 0—4% 之间。水汽绝大部分集中在低层，有一半的水汽集中在 2 千米以下，四分之三的水汽集中在 4 千米以下，10—12 千米高度以下的水汽约占全部水汽总量的 99%。大气中的水汽来源于下垫面，包括水面、潮湿物体表面、植物叶面的蒸发。由于大气温度远低于水面的沸点，因而水在大气中有相变效应。水汽含量在大气中变化很大，是天气变化的主要角色，云、雾、雨、雪、霜、露等都是水汽的各种形态。水汽能强烈地吸收地表发出的长波辐射，也能放出长波辐射，水汽的蒸发和凝结又能吸收和放出潜热，这都直接影响到地面和空气的温度，影响到大气的运动和变化。

大气中除了气体成分以外，还有很多的液体、固体杂质和微粒。固体杂质是指来源于火山爆发、尘沙飞扬、物质燃烧的颗粒、流星燃烧所产生的细小微粒和海水飞溅扬入大气后而被蒸发的盐粒，还有细菌、微生物、植物的孢子花粉等。它们多集中于大气的底层。液体微粒，是指悬浮于大气中的水滴、过冷水滴和冰晶等水汽凝结物。

大气中杂质、微粒，聚集在一起，直接影响大气的能见度。但它们能充当水汽凝结的核心，加速大气中成云致雨的过程；亦能吸收部分太阳辐射，又能削弱太阳直接辐射和阻挡地面长波辐射，对地面和大气的温度变化产生了一定的影响。[2]

---

[1] 苑静、唐文华、蒋向辉：《环境化学教程》，西南交通大学出版社 2015 年版，第 20 页。
[2] 高艳玲、张继有：《物理污染控制》，中国建材工业出版社 2005 年版，第 204 页。

另外，随着工业和社会的发展，许多人造的污染物排入大气中，也成为大气中有害的新成分。

第二节 环境气体污染

一 空气污染与空气污染物

档案保护环境气体污染物主要受空气污染的影响。随着现代经济的快速发展，人们大规模地使用包括煤和石油在内的能源和其他自然资源，给环境造成了不同程度的污染。煤和石油在燃烧过程中排放出大量的二氧化碳、氮氧化物、一氧化碳、粉尘和碳氢化合物等物质，当它们在空气中的浓度达到一定程度，在一定的气象条件下，就会对人、动植物及其生存环境造成明显的损害，这就是空气污染，又称为大气污染。按照国际标准化组织（ISO）的定义，空气污染通常是指由于人类活动或自然过程引起某些物质进入大气中，呈现出足够的浓度，达到足够的时间，并因此危害了人类的舒适、健康和福利或环境的现象。换言之，只要是某一种物质其存在的量、性质及时间足够对人类或其他生物、财物产生影响者，我们就可以称其为空气污染物；而其存在造成的现象，就是空气污染。

空气污染物是指以气体形式进入近地面或低层大气环境的外来物质，包括常规空气污染物和危险空气污染物两大类。

常规空气污染物一般是指具有健康阈值、比较常见的污染物。因此，常规空气污染物普遍采用空气质量标准的形式予以控制，主要包括二氧化硫、二氧化氮、一氧化碳、臭氧、可吸入颗粒物、细颗粒物等。

（1）二氧化硫（sulfur dioxide，SO_2）

二氧化硫是最常见的大气污染物之一。二氧化硫为无色、具辛辣及窒息性气味的气体，属中等毒性物质；相对分子质量为64.06，液态相对密度为1.434，气体较空气重约2.3倍，熔点 -72.7℃，沸点 -10℃；易溶于水（在水中溶解度8.5%，25℃）。

早在20世纪30年代初期，世界上发生的多起大气污染事件，如伦敦烟雾事件，日本的四日市哮喘等均与二氧化硫对大气的污染有关。含硫石油、煤、天然气的燃烧，硫化矿石的熔炼和焙烧，各种含硫原料的加工生产过程等均能产生二氧化硫而污染大气。由于煤和石油是主要能源，其燃烧产生的二氧化硫占大气中二氧化硫的70%。产生二氧化硫的工业生产过程主要有：有色金属冶炼、石油精制、硫酸制造、硫黄精制、造纸、硫化橡胶等，其中以有色金属冶炼和硫酸制造最为严重，全世界每年向大气排放的二氧化硫约为1.5亿吨。

空气中二氧化硫浓度过高不但会对人体健康产生损害，而且会导致硫酸型酸雨污染（详见本章第五节"气体对其他环境参数的影响"之第二部分"酸雨"）。此外，二氧化硫氧化后生成的硫酸盐类物质，也是细颗粒物的来源之一。

除二氧化硫外，空气中硫的化合物还有硫化氢（H_2S）、三氧化硫（SO_3）、硫酸和硫酸盐及其气溶胶、有机硫及其气溶胶等。它们在空气中的背景值[①]均很低，作为含量最多的硫化合物，二氧化硫的背景值也只有十亿分之几；正常硫化氢的浓度在常规化学分析仪器检出限度之下；有机硫，如二甲硫［$(CH_3)_2S$］和二甲二硫［$(CH_3)_2S_2$］在空气中有时被检测出来，其浓度远在二氧化硫之下。

（2）氮氧化物（NO_x）

氮氧化物也是大气中常见污染物。作为大气污染物，氮氧化物（NO_x）通常是指一氧化氮（NO）和二氧化氮（NO_2）。大气中还有一氧化二氮（N_2O）、三氧化二氮（N_2O_3）、四氧化二氮（N_2O_4）、五氧化二氮（N_2O_5）等氮氧化物，其中N_2O_3、N_2O_4、N_2O_5易分解为NO和NO_2。

一氧化氮是无色、无味、无刺激性、难溶于水的气体，相对分子质量30.01，熔点 -163.6℃，沸点 -151.7℃。在空气中能与氧或臭氧生成二氧化氮。

二氧化氮是红棕色的、有刺激性、微溶于水的气体，相对分子质量46.01，熔点 -9.3℃，沸点 -21.2℃。NO_2在空气中的正常浓度为1×10^{-9}，一般较稳定，但在阳光紫外线的作用下能与氧气生成一氧化氮和臭氧。

氮氧化物主要来自石油、煤、天然气等燃料的燃烧，火力发电站和

---

① 在环境保护科学中，背景值即环境背景值，亦称环境本底值，是指自然环境未受污染的情况下，各种环境要素的化学元素或化学物质的基线含量，它反映环境质量的原始状态。

其他工业的燃料燃烧以及硝酸厂、氮肥厂、硝基炸药厂、冶炼厂等工业生产过程，均有氮氧化物排放。在燃烧的高温条件下，燃料中的含氮有机态化合物与空气中的氧化合生成氮氧化物，而且在燃料燃烧过程中，温度高于1000℃时，大气中的氮也可被氧化成一氧化氮。汽车排出的废气是城市大气中氮氧化物的重要污染源。

空气中二氧化氮浓度过高，不仅危害人体健康，而且会导致硝酸型酸雨污染。氮氧化物在空气中与挥发性有机物在光催化下会生成臭氧。另外，二氧化氮氧化后生成的硝酸盐，也是细颗粒物的来源之一。氮氧化物和烃类大气污染物在强烈日光作用下，经一系列光化学反应可生成臭氧、过氧乙酰硝酸酯、醛类等二次污染物，蓄积于大气中形成一种浅蓝色光化学烟雾，毒性很大，所以氮氧化物形成光化学烟雾后危害程度增加。

(3) 碳的化合物

空气环境中，除氮和氧外，碳的化合物是一类很重要的化合物，主要包括一氧化碳、二氧化碳和有机化合物等。

二氧化碳（CO_2）是大气的正常成分，但其浓度增加会给环境带来多种影响。二氧化碳无色，相对分子量44.01，比空气重，约为空气质量的1.5倍，能聚积在不通风的地方。如果它在空气中的质量超过6%可对人体产生致命的危险。可用蜡烛燃烧作为检查空气中二氧化碳含量的指标：当二氧化碳含量超过2%时，烛光为红色；超过8%，烛火即熄灭。与一氧化碳不同，它易溶于水，在气压为$1.01325 \times 10^5 Pa$和20℃时，每100mL水中能够溶解88mg的二氧化碳。因此，二氧化碳在环境中起着多方面的作用，空气中二氧化碳含量左右着地球表面许多有机和无机化学反应的进程。

一氧化碳则是排放量很大的污染物，是一种无色、无味的窒息性气体，相对分子量为28.01，比空气略轻。在水中溶解度很小，100mL水中只能溶解0.0249mg（20℃）。一氧化碳即通常所说的能引起人体中毒的"煤气"，它产生于含碳化合物不完全的燃烧过程，主要来源于燃料燃烧、汽车排出的废气以及其他加工业。据估计全世界每年排放到大气中的一氧化碳为2.2亿吨左右，其中80%是由汽车排出的。汽油在汽车发动机中燃烧产生大量一氧化碳作为废气排出，因此在大城市交通路口汽车来往频繁的地方，空气中的一氧化碳浓度可能很高，有时高达50ppm，远远大于其1ppm左右的天然本底值。

除一氧化碳和二氧化碳，在城市空气中还可能鉴定出多种碳氢化合物，如烷烃、烯烃和芳香烃。它们形态各异，有气体、液体和固体，其中有的对人的感官器官有刺激作用，有的会致畸、致突变和致癌。碳氢化合物参与空气中、特别是污染空气中发生的光化学反应，与氮、氧、氯和硫结合形成许多衍生物。因此，空气中有机化合物含量虽很少，但是种类多，影响大，因而对它们的研究越来越引起人们的重视。

（4）其他污染物

除了上述大气污染物外，较为常见的无机气体污染物有硫化氢、氯化氢、氨、氯气等。随着有机合成工业和石油化学工业的发展，进入大气的有机化合物气体越来越多，目前较常见的苯、酚、酮、醛、芘、苯并芘、过氧硝基酰、芳香胺、氯化烃等。这些污染物一般具有恶臭气味，对人体感官有刺激作用，有的被认为有致病、致畸和致突变作用。另外，随着放射能应用范围的扩大，如核武器试验、核燃料循环排放出的各种放射性废料，供诊断医疗用的辐射源和放射性核素，农业科学研究用同位素等，都可能造成人工放射性污染。[①]

臭氧是一种光化学污染物，是由氮氧化物和挥发性有机物在光照条件下生成的。臭氧浓度过高会对人体的呼吸道、中枢神经、皮肤和免疫系统产生影响，引发支气管炎、肺气肿、记忆力衰退、皮肤癌和淋巴细胞染色体病变等疾病。

可吸入颗粒物是指空气动力学当量直径不大于$10\mu m$的颗粒物，又称PM10。PM10可引发心脏病、肺病和呼吸道疾病，其主要来自于污染源的直接排放，如工业烟尘、建筑场地沙尘、机动车尾气等的排放。

细颗粒物是指空气动力学当量直径不大于$2.5\mu m$的颗粒物，也称PM2.5。PM10可以随咳嗽排出体外，但PM2.5会随着人体呼吸进入肺部沉积，甚至可以进入肺泡、血液，损伤肺泡和黏膜，引起肺组织的慢性纤维化，导致肺心病、哮喘等一系列病变，严重者可能危及生命，对老

---

① 《环境保护工作全书》编委会：《环境保护工作全书》，中国环境科学出版社1997年版，第41页。

人和儿童的危害尤其明显。如果浓度过高，PM2.5 对健康的危害大于 PM10。如果其表面还附着其他有毒、有害物质，则危害更大。PM2.5 的污染源除工业设施、机动车等的 PM2.5 直接排放外，还包括排放的二氧化硫、氮氧化物、VOC（挥发性有机化合物 volatile organic compounds 的英文缩写）、氨等污染物之间发生化学反应而间接形成的 PM2.5。首先，VOC 与氮氧化物在光催化下生成臭氧，臭氧本身也是标准空气污染物，也要符合空气质量标准。臭氧氧化空气中的二氧化硫、氮氧化物形成 PM2.5。

危险空气污染物（hazardous air pollutants，HAPs）是指那些已知的或者可能引起癌症或严重健康危害，如对生殖系统的影响或出生缺陷，或不利于环境和生态效应的空气污染物。在美国，危险污染物没有健康阈值，一般不设定空气质量标准，只是给出这些污染物的环境健康风险要小于百万分之一等规定。截至 2012 年，美国已识别的危险空气污染物共有 13 类 189 种，包括卤代脂肪烃、醛酮和醚类等。[①]

二　空气污染指数

空气污染指数（Air Pollution Index，API）就是将常规监测的几种空气污染物浓度简化成为单一的概念性指数值形式，并分级表征空气污染程度和空气质量状况，适合于表示城市的短期空气质量状况和变化趋势。空气污染的污染物有：烟尘、总悬浮颗粒物、可吸入悬浮颗粒物（浮尘）、二氧化氮、二氧化硫、一氧化碳、臭氧、挥发性有机化合物等。

根据我国空气污染特点和污染防治重点，目前计入空气污染指数的项目暂定为：二氧化硫、氮氧化物和可吸入颗粒物或总悬浮颗粒物。随着环境保护工作的深入和监测技术水平的提高，将调整增加其他污染项目，以便更为客观地反映污染状况。

空气污染指数是根据空气环境质量标准和各项污染物的生态环境效应及其对人体健康的影响，来确定污染指数的分级数值及相应的污染物浓度限值。空气质量周报所用的空气污染指数的分级标准是：

（1）空气污染指数 API50 点对应的污染物浓度为国家空气质量日均

---

① 宋国君：《环境规划与管理》，华中科技大学出版社 2015 年版，第 161 页。

值一级标准；

（2）空气污染指数 API100 点对应的污染物浓度为国家空气质量日均值二级标准；

（3）空气污染指数 API200 点对应的污染物浓度为国家空气质量日均值三级标准；

（4）空气污染指数 API 更高值段的分级对应于各种污染物对人体健康产生不同影响时的浓度限值。[①]

第三节　环境气体对档案载体材料的影响

一　臭氧的影响

臭氧是浅蓝色气体，有特殊的鱼腥臭味。化学式 O_3，O_3 是 O_2 的同素异形体。液态臭氧是深蓝色，固态臭氧是紫黑色，熔点 $-192.7\pm2℃$，沸点 $-111.9℃$。臭氧稳定性极差，在常温下的空气中 30 分钟左右即可自行分解为氧气。空气经紫外线照射和静电放电都可产生臭氧。

臭氧是一种强氧化剂，对许多无机物和有机物都具有氧化作用。臭氧在空气中含量虽然很少（每 100 立方米空气中含 2.5 毫克臭氧），但它对档案变质会产生很大影响。

$$O_3 \rightarrow O_2 + [O] + Q$$

原子态氧的活性比氧气大得多，再加上放出能量，对有机质地档案具有很强的破坏作用。臭氧可使有机物中的碳—碳双键、碳—氮双键等化学键断裂，还能生成过氧化物，这些过氧化物又可按自由基过程继续反应，使有机材料变质。

有氧存在，并有光照的情况下，纤维质地档案会发生强烈的氧化作用，生成易粉碎的氧化纤维素。氧的存在对金属质档案也十分有害，金属因氧化而锈蚀。

氧对紫外线照射引起的丝绸泛黄有很大影响，是由于紫外线照射丝素分子产生自由基，再与氧反应所致。

[①] 王贵水：《你一定要懂的环保知识》，北京工业大学出版社 2015 年版，第 181 页。

二 二氧化硫的影响

二氧化硫又名亚硫酸酐，是人口密集地区最重要的大气污染物。大气中二氧化硫浓度达 $1\times10^{-6}\%$—$5\times10^{-6}\%$ 时，会刺激呼吸道，可使气管和支气管的管腔缩小，气道阻力增大。树木长期接触二氧化硫生长会减慢。二氧化硫气体主要来自含硫燃料的燃烧、金属冶炼、石油炼制、硫酸生产和硅酸盐制品焙烧等过程。

排至大气中的二氧化硫可缓慢地被氧化成三氧化硫，三氧化硫只占硫的氧化物总量的很小部分。

二氧化硫在常压下（-10℃）就能液化，易溶于水，通常情况下每升水溶解40升的二氧化硫，其和水反应生成亚硫酸（H_2SO_3）。亚硫酸有漂白作用，能使颜料和字迹褪色。亚硫酸是极不稳定的化合物，吸收空气中的氧以后，生成化学性质较稳定的硫酸（H_2SO_4）。

硫酸是一种强酸，具有强烈的吸水性、脱水性和氧化性，尤其是在较高温度时，能与许多金属或金属氧化物作用生成硫酸盐。因此，硫酸对金属质档案都有很强的腐蚀作用，对建筑材料、石刻、壁画和有机质地档案都有腐蚀作用。

在纸质档案中，硫酸生成后会长久地存留在纸中，随着时间的推移硫酸越积越多，纸张的酸度越来越高。档案纸张在有硫酸存在时，将加速其中纤维素的水解速度，使纤维素聚合度降低，当聚合度降到200以下时，就会碎裂成粉末，使纸张的强度下降到零。

三 硫化氢的影响

硫化氢来源于工业废气（炼油、炼焦、煤气、橡胶工业等）、废水、废渣和自然界，化学式 H_2S，是一种大气污染物，有毒、恶臭的无色气体，熔点-85.5℃，沸点-60.7℃。当空气中含有0.1%硫化氢时，就会引起人们头疼、晕眩，当吸入大量硫化氢时，会造成昏迷，甚至死亡。

硫化氢溶解在水中呈酸性反应，生成氢硫酸。氢硫酸是一种弱酸，具有漂白作用，可使字迹、颜料褪色，也可以使植物纤维素遭到破坏。氢硫酸还能使银、铜制品的表面发黑，能与许多金属发生离子作用，生成不溶于水或酸的硫化物沉淀。

四 二氧化氮的影响

燃料在空气中高温燃烧时，可使空气中的氮氧化成氧化氮，化肥厂、制造硫酸或硝酸的工厂及各种用硝酸处理的工序都会排放一氧化氮，一氧化氮吸收空气中的氧气后生成二氧化氮，二氧化氮与水反应生成硝酸。

二氧化氮在光的作用下会分解为一氧化氮和初生态氧，因此，二氧化氮既是酸性有害气体，又是氧化性有害气体。

硝酸能加速植物纤维素的水解作用，使纤维素降解，强度降低。初生态氧又可加速纤维素的氧化，使之生成氧化纤维素。

五 氯气的影响

氯气来源于制碱厂、氯气厂和用氯制造其他化学产品的工业，化学式 Cl_2，氯单质为黄绿色气体，有毒，剧烈窒息性臭味，熔点为 $-100.98℃$，沸点为 $-34.6℃$。氯气对人的鼻腔和喉有刺激作用，能引起胸部疼痛和咳嗽，每升大气中含有2.5毫克氯气时，即可在几分钟内使人死亡。在空气中，通常可允许的游离态氯的最高浓度为0.001毫克/升。

氯气具有强的氧化能力，能与有机物和无机物进行取代和加成反应，同许多金属和非金属能直接起反应。空气中的氯离子是腐蚀金属特别活跃的因素。氯离子极易溶解在吸附水中，并具有很强的穿透力和盐吸湿性，青铜器上形成的绿色粉状锈，即"青铜病"就是氯化物腐蚀产生的。

氯易溶于水，在常温下，1体积的水约能溶解3体积的氯气。氯溶解在水中生成盐酸和次氯酸，次氯酸不稳定，易分解为盐酸和初生态氧，初生态氧又会与空气中的氧发生作用，生成臭氧。因此，氯气既是酸性有害气体，又是氧化性有害气体。氯气的存在能加速档案纸张纤维素的氧化作用和水解作用，缩短档案的保藏寿命，又可使字迹、颜料褪色。

第四节 环境气体的测量

一 气体试样的采集

环境气体的测量结果能否为档案保护环境的监测、控制和科研提供可靠的分析数据，直接取决于气体试样有无代表性。若要从大量的被测气体中采取能代表整个气体对象的小样，必须掌握适当的技术，遵循一定的规则，必须采用合理的采栏方法。

根据被测物质在空气中的存在状态、浓度以及所用分析方法的灵敏度，可采用不同的采样方法。气体样品的采样方法主要包括：

（1）抽气法。由于被测对象的理化性质和在空气中的存在状态不同，必须选用不同的采样仪器及吸收剂，以保证被测气体物质吸收完全，即采样的效率高。吸收剂可分为吸收液和固体吸附剂两种。

吸收液：主要吸收气态和蒸气态物质。常用的吸收液有纯水、水溶液、有机溶剂。吸收液的选择依据被测物质的性质及所用分析方法而定，但是吸收液必须与被测物质发生作用快，吸收率高，同时便于此后分析步骤的操作。

吸收液的选择依被测物质的性质及所用的分析方法而定。但是，吸收液必须与有害物质作用快，吸收效率高，同时便于此后分析步骤的操作。如 HF、HCl 易溶于水，可用水做吸收液。

固体吸附剂：有颗粒状吸附剂和纤维状吸附剂两种，颗粒吸附剂主要有硅胶、素陶瓷等。吸附作用主要是物理性阻留，用于采集气溶胶。常用的硅胶是粗孔或中孔硅胶，这两种硅胶均有物理和化学吸附作用，细硅胶比较少用。素陶瓷表面非常粗糙，也具有较大的比表面积，需用酸或碱除去杂质，并在 110—120℃ 烘干。由于素陶瓷并非多孔性物质，仅能在粗糙表面上吸附，所以采样后洗脱比较容易。颗粒状吸附剂可用于气态、蒸气态和气溶胶的采样。

纤维状吸附剂有滤纸、滤膜、脱脂棉、玻璃棉等。吸附作用主要是物理性阻留，用于采集气溶胶。采用的滤纸及滤膜要求质密而均匀，否则采样效率降低。

（2）真空瓶法。当气体中被测物质浓度较高，或测定方法的灵敏度较高，或当被测物质不易被吸收液吸收，而且用固体吸附剂采样有困难时，可用此方法采样。将不大于 1 升的具有活塞的玻璃瓶抽成真空，在采样地点打开活塞，被测空气立即充满瓶中，然后往瓶中加入吸收液，使其有较长的接触时间以利吸收被测物质，然后进行化学测定。

（3）置换法。采取少量空气样品时，将采样器（如采样瓶、采样管）连接在一台抽气泵上，使通过比采样器体积大 6—10 倍的空气，以便将采样器中原有的空气完全置换出来。也可将不与被测物质起反应的液体如水、食盐水注满采样器，采样时放掉液体，被测空气即充满采样器中。

（4）静电沉降法。此法常用于气溶胶状物质的采样。空气样品通过12000—20000伏电压的电场，在电场中气体分子电离所产生的离子附着在气溶胶粒子上，使粒子带负电荷，此带电荷的粒子在电场的作用下就沉降到收集电极上，将收集电极表面沉降的物质洗下，即可进行分析。此法采样效率高、速度快，但在有易爆炸性气体、蒸气或粉尘存在时不能使用。

关于气体采样原则：

（1）采样效率。在采样过程中，要得到高的采样效率，必须采用合适的收集器及吸附剂，确定适当的抽气速度，以保证空气中的被测物质能完全地进入收集器中，被吸收或阻留下来，同时又便于下一步的分离测定。

（2）采集气体的量，采样前必须计算出最小采气量，以保证能测出最高容许浓度水平的被测物质。由下式可计算出最小的采气量：

$$V = \frac{ac}{bd} \tag{8.1}$$

式中：V 为最小采气体积，以 L 表示；a 为样品的总体积，以 mL 表示；b 为分析时所取样品的体积，以 L 表示；c 为测定方法的灵敏度，以 μg/mL 表示；d 为最高容许浓度，以 mg/m³ 表示。

如空气中被测物质浓度很高，则不受最小采气体积的限制，可以少采些。

（3）采样点的选择。根据测定的目的选择采样点，同时应考虑到气体采集环境的实际情况、被测物质的理化性质情况以及当时的气象条件等因素。

每一个采样点必须同时平行采集两个样品，测定结果之差不得超过20%，记录采样时的温度和压力。[①]

二　气体污染物的测量

对于常见的空气污染物常用的方法主要有：

[①] 周俊英、金谷、张贤萱等：《定量化学分析实验》，中国科学技术大学出版社1995年版，第70页。

（1）测量二氧化硫常用的方法有分光光度法、紫外荧光法、电导法、库仑滴定法、火焰光度法等。

（2）测量氮氧化合物常用的方法有盐酸萘乙二胺分光光度法、化学发光法及恒电流库仑滴定法等。

（3）测定大气中一氧化碳的方法有非分散红外吸收法、气相色谱法、定电位电解法、间接冷原子吸收法等。

（4）臭氧的测定方法有吸光光度法、化学发光法、紫外线吸收法等。

（5）测定总烃和非甲烷烃的主要方法有气相色谱法、光电离检测法等。

（6）测定大气中氟化物的方法有吸光光度法、滤膜（或滤纸）采样－氟离子选择电极法等。目前广泛采用后一种方法。

（7）总悬浮颗粒物的测定，用抽气动力抽取一定体积的空气通过已恒重的滤膜，则空气中的悬浮颗粒物被阻留在滤膜上，根据采样前后滤膜重量之差及采样体积，即可计算总悬浮颗粒物的质量浓度。滤膜经处理后，可进行化学组分分析。

（8）粒径小于 $10\mu m$ 的颗粒物称为飘尘（PM10）。测定飘尘的方法有重量法、压电晶体振荡法、卢射线吸收法及光散射法等。

（9）悬浮颗粒物中主要组分的测定，颗粒物中常需测定的金属元素和非金属化合物有铍、铬、铅、铁、铜、锌、镉、镍、钴、锑、锰、砷、硒、硫酸根、硝酸根、氯化物等。它们之中多数含量很低，需选择灵敏度高的方法测定，例如原子吸收分光光度法、原子发射分光光度法、荧光分光光度法等。[①]

三　常用分析方法

（一）分光光度法

分光光度法（Spectrophotometry）是通过测定被测物质在特定波长处或一定波长范围内光的吸收度或发光强度，对该物质进行定性和定量分析的方法，其测定基本原理是基于物质对光的选择性吸收，包括比色法、可见光分光光度法（Visible spectrophotometry）和紫外分光光度法（Ultra-

---

[①] 奚旦立、孙裕生、刘秀英：《环境监测》，高等教育出版社 1995 年版，第 127 页。

violet spectrophotometry）等。

　　光是一种电磁波，具有波粒二象性。光的能量取决于光的波长（或频率）。理论上，把某一个波长的光称为单色光，组成单色光的光子能量是相同的。不同波长的单色光所组成的光称为复合光，如日光。

　　人眼能够接收并识别的光称为可见光。一般来说，可见光的波长为400—760nm，可见光分光光度法就是基于物质对于可见光区的某一单色光选择性地吸收。当一束白光（如日光或白炽灯光）照射到某一溶液时，一部分波长的光被溶液选择性地吸收。其他波长的光则透过溶液（当溶液为无色透明时，复合光全部透射；当溶液为黑色不透明时，复合光全部被吸收）。溶液的颜色由透射光所决定，透射光与被吸收的光组合成白光，组成白光的两种光互为补色光。例如，高锰酸钾（KMnO）溶液因吸收了绿色的光而透射紫红色的光，所以呈现紫红色，那么绿色的光与紫红色的光就互为补色光。[①]

　　在分光光度法分析时，将不同波长的光连续地照射到一定浓度的样品溶液时，便可得到与不同波长相对应的吸收强度。如以波长（λ）为横坐标，吸光度（A）为纵坐标，就可绘出该物质的吸收光谱曲线，利用该曲线即可进行物质定性、定量的分析。用紫外光源测定无色物质的方法，称为紫外分光光度法；用可见光光源测定有色物质的方法，称为可见光光度法。紫外光区与可见光区是常用的，但分光光度法的应用光区包括紫外光区（200—400nm）、可见光区（400—760nm）、红外光区（2.5—25μm）。

　　分光光度法用于定量分析的基本方法是：用选定波长的光照射被测物质溶液，测定它的吸光度，再根据吸光度计算被测组分的含量。计算的依据是吸收定律，它是由朗伯和比尔两个定律相联合而成的，又叫朗伯-比尔（Lambert-Beer）定律。

　　1729年，法国科学家波格（Pierre Bouguer）发现气体对光的吸收与光通过气体的光程有关。1760年，波格的学生朗伯（Johann Heinrich Lambert）指出："当溶液的浓度固定时，溶液的吸光度与光程成正比。"这个关系称为朗伯定律，其公式为

[①] 廖力夫、刘晓庚、邱凤仙：《分析化学》，华中科技大学出版社2015年版，第206页。

$$A = \lg \frac{1}{T} = \lg \frac{I_0}{I_t} = k_1 b \tag{8.2}$$

式中：A 为吸光度（又称消光值）；T 为透光率；I_0 为入射光强度；I_t 为透射光强度；k_1 为比例常数；b 为光程（光通过的液层厚度）。

1852 年，德国科学家比尔（August Beer）发现，一束单色光通过固定厚度的有色溶液时，溶液的吸光度与溶液的浓度成正比，这个关系称为比尔定律，其公式为

$$A = k_2 c \tag{8.3}$$

式中：k_2 为比例常数；c 为溶液的浓度。

把朗伯定律与比尔定律合起来，就是朗伯－比尔定律，其公式为

$$A = \lg \frac{1}{T} = \lg \frac{I_0}{I_t} = abc \tag{8.4}$$

式中：a 为吸光系数。由于吸光度 A 量纲为 1，浓度 c 的单位为 g/L，光程 b 的单位为 cm，所以 a 的单位为 L/(g·cm)。如果 c 采用物质的量浓度，那么吸光系数为摩尔吸光系数（molar absorptivity），用字母 ε 表示，单位为 L/(mol·cm)，此时式（8.4）就可以写为

$$A = \lg \frac{1}{T} = \lg \frac{I_0}{I_t} = \varepsilon bc \tag{8.5}$$

ε 是一定条件、一定波长和溶剂情况下的特征常数，与入射光的波长、溶液的性质、温度及仪器的狭缝宽度等因素有关，而与溶液的浓度和液层的厚度无关。

由朗伯－比尔定律可知，在应用分光光度法进行测量时，溶液层的厚度 b 和吸光系数 ε 都是固定的，这样吸光度 A 与溶液的浓度 c 即是一种简单的线性关系。首先测定溶液对不同波长光的吸收情况（吸收光谱），从而确定最大吸收波长，然后以此波长的光为光源，测定一系列已知浓度 c 溶液的吸光度 A，作出 $A-c$ 工作曲线。在分析未知溶液时，根据测量的吸光度 A，查工作曲线即可确定出相应的浓度，这就是分光光度法定量分析的原理。

（二）紫外荧光法

荧光通常是指某些物质受到紫外光照射时，各自吸收了一定波长的光之后，发射出比照射光波长长的光，而当紫外光停止照射后，这种光

也随之很快消失。当然,荧光现象不限于紫外光区,还有 X 荧光、红外荧光等。利用测荧光波长和荧光强度建立起来的定性、定量方法称为荧光分析法。

用于荧光分析的仪器有目视荧光计、光电荧光计和荧光分光光度计等。它们由光源、滤光片或单色器、样品池及检测系统等部分组成。根据所用仪器是否有色散原件,又可分为荧光光度法和荧光分光光度法。

荧光通常发生于具有 π-π 电子共轭体系的分子中,如果将激发光源发出的光用单色器分光后,让某一波长的光照射这种物质,记录每一种荧光波长发射的强度,得到荧光强度随荧光波长的变化曲线,即荧光发射光谱(简称荧光光谱)。而固定荧光波长,改变激发光波长,得到的荧光强度随激发光强度变化的曲线图,则为激发光谱。不同物质的分子结构不同,其激发光谱和发射光谱不同,这是进行定性分析的依据。最直接的荧光定性分析方法是将待测物质的荧光发射光谱与预期化合物的荧光发射光谱相比较,方法简便并能取得较好的效果。在一定的条件下,物质发射的荧光强度与其浓度之间有一定的关系,这是进行定量分析的依据。①

(三)原子吸收分光光度法

原子吸收分光光度法又称原子吸收光谱法,它是基于被测元素的气态基态原子对其原子共振辐射的吸收进行的元素定量分析方法。该方法与分光光度法同属于吸收光谱法的范畴,两者在形式上并无差异,但就吸收机制而言,这两种吸收具有本质区别。分光光度法研究溶液中化合物的分子吸收,除了分子外层电子能级跃迁外,同时还有振动能级和转动能级的跃迁,所以是一种宽带吸收,可以使用连续光源,而原子吸收分光光度法研究的是元素的原子吸收,只有原子外层的电子的跃迁,是一种窄带吸收,又称谱线吸收,通常只使用锐线光源。

元素外层电子在稳定状态时所具有的能量称为能级。未受激发的电子所处能级的能量状态称为基态,高于基态的所有能量状态称为激发态。原子吸收外界能量后,其最外层电子可跃迁到不同能级(激发态)。电子从基态跃迁到能量最低的激发态时,要吸收一定频率的辐射,称为共振

---

① 董文庚、刘庆洲、高增明:《安全检测原理与技术》,海洋出版社 2004 年版,第 41 页。

吸收；它再跃回基态时，则发射出同样频率的辐射称为共振发射。电子的跃迁可以在基态和不同能级间进行，就会对应产生许多的吸收线和发射线，跃迁所需要的能量越低，跃迁越易发生，相对应的吸收线和发射线就越强。原子吸收分光光度法中广义地把由基态向高能级的跃迁或高能级直接向基态的跃迁称为共振跃迁。

原子吸收光谱是由基态原子吸收其共振辐射，外层电子由基态跃迁到激发态所产生的。原子吸收光谱位于紫外光区和可见光区。每种元素原子特有的吸收线或发射线就称为该元素的特征谱线。特征谱线的波长是定性分析的基础，特征谱线的强度是定量分析的依据。

原子吸收分光光度法的测量对象是呈原子状态的金属元素和部分非金属元素，系由待测元素灯发出的特征谱线通过待测样品经原子化产生的原子蒸气时，被蒸气中待测元素的基态原子所吸收，通过测定辐射光强度减弱的程度，求出待测样品中待测元素的含量。①

原子吸收分光光度计由光源、原子化器、单色器、监测系统四个部分组成，仪器构造与紫外－可见分光光度计相似，不同之处在于用空心阴极灯作锐线光源代替了连续光源，用原子化器代替了吸收池。原子化器的作用是将样品中的待测元素转变为原子蒸气，并使其进入光源的辐射过程。常用的原子化器有火焰原子化器和非火焰原子化器。

（四）原子发射分光光度法

绝大多数的化合物在加热到足够高的温度时可解离成为气态原子或离子。其中，气态自由原子在外界作用下，既能发射也能吸收具有特征性的谱线而形成谱线很窄的锐线光谱。这种锐线光谱只反映原子的性质而与原子来源的分子状态无关。测量自由原子对特征谱线的吸收程度或发射强度可以推断试样的元素组成和含量，这就是20世纪70年代起得到迅速发展和广泛应用的原子光谱法（atomic spectroscopy）。

原子光谱法包括三种方法：原子吸收分光光度法（atomic absorption spectrophotometry，AAS）、原子发射分光光度法（aomic emission spectrophotometry，AES）、原子荧光分光光度法（atomic fluorescence spectropho-

---

① 刘德秀、石慧、潘华英等：《药用基础化学》，华中科技大学出版社2015年版，第342页。

tometry，AFS)。

原子发射分光光度法，又称为原子发射光谱法，它的基本原理是：处于基态的原子在外界能源（光、电、热）作用下获得能量，其电子从低能级跃迁到高能级，使原子具有更高的能量，呈发射态。由于激发态的原子极不稳定，约经 10^{-8} 秒后，电子又从高能级将多余的能量以光的形式放出，跃迁回到最低能级，原子由激发态回到基态。由于不同元素的原子结构不同，在跃迁过程中能够产生不同的特征光谱，原子发射光谱法即利用这种特征光谱来进行定性定量分析。

电感耦合等离子体发射光谱法是原子发射光谱法的一种，简称 ICP - AES，它是利用发射光谱的原理，采用电感耦合等离子炬作为等离子体光源。该法自 60 年代中期问世以来，经过 20 多年的发展，以其优越的分析性能及日益完善的仪器技术迅速进入各个分析领域，是目前发射光谱中最受重视、发展最快的一种分析方法。[①]

根据激发机理不同，原子发射光谱有 3 种类型：第一，原子的核外光学电子受热能和电能激发而发射的光谱，通常所称的原子发射光谱法是指以电弧、电火花和电火焰（如 ICP）为激发光源来得到原子光谱的分析方法。以化学火焰为激发光源来得到原子发射光谱的，称为火焰光度法。第二，原子核外光学电子受到光能激发而发射的光谱，称为原子荧光。第三，原子受到 X 射线光子或其他微观粒子激发使内层电子电离而出现空穴，较外层的电子跃迁到空穴，同时产生次级 X 射线即 X 射线荧光。

原子发射光谱仪的基本结构是由四部分组成，即激发光源、单色器和检测器以及数据处理系统。

通过比较原子吸收光谱和原子发射光谱，可以发现其仪器的基本结构类似，所不同的就是单色器的位置。单色器又称为分光系统，在原子吸收分光光度计中，待测样品是在单色器之后；而原子发射分光光度计，待测样品则在单色器之前，荧光光谱仪亦是如此。这是因为单色器的作用是将待测元素的共振线与邻近的谱线分开，在原子吸收分光光度计中，提供的光源须是待测元素的特征谱线，光源需要锐线光源，而原子发射

[①] 赵德山：《微量元素与心脑血管疾病》，黑龙江科学技术出版社 1995 年版，第 85 页。

分光光度计检测的是激发态原子回到基态发射的特征光谱。

（五）气相色谱法

俄国植物学家茨维特（Tswett）于 1906 年提出了色谱法。他在研究植物色素的组成时，把植物色素的石油醚提取液注入一根装有碳酸钙颗粒的竖直玻璃管中，提取液中的色素被吸附在碳酸钙颗粒上，然后再加入纯净的石油醚，任其自由流下，经过一段时间以后，在玻璃管中形成了不同颜色的谱带，"色谱"（"有色的谱带"）一词由此而得名。他把这种分离方法命名为色谱法，把这根玻璃管称为色谱柱。

茨维特的这一发现引起了人们的注意，人们对这种分离技术进行了不断的研究与应用，1952 年英国生物化学家马丁（Martin）和辛格（Synge）研究成功气—液色谱法并提出塔板理论。这种方法在分离、鉴定和测定挥发性化合物中，显示了巨大的优越性，进一步推动了色谱法的发展。马丁和辛格由于在色谱法的研究中做出了重大贡献而荣获 1952 年的诺贝尔化学奖。[①]

用气体作流动相的色谱方法称为气相色谱法（gas chromatography），这是一种主要适用于低沸点易挥发组分的高效分离分析方法。根据不同物质在互不相溶的两相（固定相和流动相）间分配系数、吸附系数或其他亲和作用的差异，当两相做相对运动时，物质在两相间连续进行多次分配，原来微小的差异即可产生很大的不同，使不同物质随流动相移动的速度产生差别，分别在不同的时间依次到达检测器，达到彼此分离和检测的目的。[②]

气相色谱仪的主要组成部分是载气系统、进样器、色谱柱、检测器和记录仪。其中色谱柱和检测器是色谱仪的关键部件。混合物能否有效分离取决于色谱柱和色谱操作条件，分离后的组分能否灵敏准确地检测出来，取决于检测器。

气相色谱属于柱色谱，有三种分类方法，按固定相的聚集状态不同，分为气—固色谱法（GSC）及气—液色谱法（GLC）；按分离原理分为吸附色谱法及分配色谱法。

---

① 陈贻文、李庆宏、黄文亮：《有机仪器分析》，湖南大学出版社 1996 年版，第 1 页。
② 陈国松、陈昌云、徐继明等：《仪器分析实验》，南京大学出版社 2015 年版，第 83 页。

一个混合物样品，经气相色谱分离后，得到了一系列色谱峰，定性分析的任务就是鉴别这些峰是属于什么物质的。对已知范围的样品，一般较容易定性，对一些复杂的样品如天然有机物、生物样品等，单靠色谱定性是很困难的，需与其他分析方法配合定性。目前，色谱定性方法很多，例如利用保留值（"保留值"表示试样中各组分在色谱柱内停留时间的数值）定性。任何一种物质在选定的色谱条件下，都有确定的保留值，依据这一特性即可定性。

气相色谱分析的定量分析依据为每个组分的响应信号（如峰面积、峰高）与物质量之间有确定的数量比例关系。要进行准确的定量，必须首先测量组分的峰面积或峰高，再测出定量校正因子，即可进行定量计算。

（六）非分光红外吸收法

非分光红外吸收法（non–dispersive infrared absorption），又称非分散红外吸收法，即由光源发出的光直接穿过试样后通过滤镜（得到单一波长的光）到达检测器，相对应的分光红外法是光源发出的光先经过分光后产生特定的单一波长的光穿过试样后直接到达检测器。该法主要用来测量二氧化碳、一氧化碳、二氧化硫等气体，其工作原理是当红外线通过北侧气体时，某一频率段的红外线被气体吸收，据此确定被测气体的浓度。其定量分析的依据亦是朗伯–比尔定律。[①] 非分光红外吸收法分析仪器主要是由红外光源、红外吸收池、红外接收器、气体管路、温度传感器等组成。

第五节　气体对其他环境参数的影响

一　大气温室效应

在地球大气层中有一些微量气体，这些气体对短波辐射的吸收能力很弱，而对长波辐射的吸收能力很强，所以太阳短波辐射可以透过大气层使地球表面升温，而地球向宇宙空间发射的长波辐射则被大气层吸收，使大气升温后又向地而辐射能量，从而使地球表面一直保持较高温度，

---

① 张洪亭、王明赟：《测试技术》，东北大学出版社2005年版，第319页。

这就是温室气体产生温室效应的基本原理。温室效应又称花房效应，它们的作用相当于给整个地球建造了一个巨大的温室，这些对长短波具有选择吸收特性的气体被称为温室气体。据估计，如果没有大气层和温室气体，地球表面的平均温度就会从目前正常情况下的 15℃ 下降到 -23℃，这就是说温室效应使地表温度提高了 38℃。

能够引起温室效应的气体，称为温室气体，主要有二氧化碳（CO_2）、甲烷（CH_4）、各种氟氯烃（CFCs）、氧化亚氮（N_2O）和臭氧（O_3）。大气中温室气体的体积分数与年平均增长率如表 8-2 所示，其中上述 5 种重要的温室气体对温度升高的影响权重为 $CO_2 > CFCs > CH_4 > O_3 > N_2O$。

表 8-2　　　　大气中温室气体的体积分数与年平均增长率[①]

气体	大气中的体积分数/10^{-9}	年平均增长率/%
二氧化碳	379000	0.4
甲烷	1650	1.0
氧化亚氮	314	0.25
臭氧	不定	—
CFC-11	0.23	5.0
CFC-12	0.4	5.0
四氯化碳	0.125	1.0

温室气体中，CFCs 是一种人造化学物质，大气中本来几乎不含 CFCs，从 20 世纪以来被广泛应用于制冷剂、喷雾剂和生产塑料的发泡剂，使用过程中便大量排入到大气环境，使其在大气中的浓度迅速上升。CFCs 中最主要的成分是 CFC-11 和 CFC-12，由于其化学性质不活泼，被释放到大气中之后，会滞留一二百年之久。研究发现，20 世纪 80 年代 CFCs 对全球温室效应的贡献率约为 24%，即将成为 21 世纪仅次于二氧

---

① 何德文、张聪璐、柴立元：《物理性污染控制工程》，中国建材工业出版社 2015 年版，第 127 页。

化碳的温室气体。

大气中的水蒸气也是自然温室效应的主要原因之一,其含量比二氧化碳和其他温室气体的总和还高许多,因此自然温室效应主要是水蒸气在起作用,只是有部分波长的红外线它不能吸收,而二氧化碳正好吸收这段波长的红外线。由于水蒸气在大气中的含量相对稳定,因此目前普遍认为大气中的水蒸气不直接受人类活动的影响。

温室效应的影响是多方面的,例如影响生物多样性,破坏生态系统;新型病毒肆虐,严重威胁人类,等等。但是针对温室效应对气候环境的影响,目前不存在较大争议的主要是:

(1) 气候变暖。最新分析表明,过去的 100 年中,全球地表温度平均上升了 0.6℃。如果大气中二氧化碳的浓度增加 1 倍,全球温度将上升 3—5℃,这比过去 1 万年地球平均气温的变化还要大。普遍预计,未来全球变暖的速度会加快。如果采取措施控制温室气体的排放,使其每年的排放量基本上保持不变,则未来 20 年内,气温平均每 10 年会上升 0.2℃;即使将所有温室气体和气溶胶的浓度控制在 2000 年的水平上,未来气温平均每 10 年会上升 0.1℃ 左右,这主要是因为海洋的响应滞后所导致的。这样的升温将给地球上各种类型的生态系统造成巨大威胁,对人类生活也产生直接和间接的影响。

(2) 海洋变化。全球变暖将导致海水受热膨胀、冰川溶解使海洋水分增加,因而造成海平面上升。据美国国家海洋大气管理局的研究报告,世界大洋温度正以每年 0.1℃ 的速度升温。有关分析表明,全世界海平面在过去的 100 年里平均上升 14.4cm,我国沿海海平面也平均上升 11.5cm,海平面上升已是一种既成事实。在 CO_2 增加 1 倍的情况下,海平面将上升 65 ± 35cm,IPCC 对海平面上升的预测幅度较宽,认为到 2100 年,海平面将上升 13—94cm,但最可能的上升幅度是 49cm。据估算,海平面每上升 1 毫米,至少会有 500 多万平方千米的土地被海水淹没。全世界人口约三分之一生活在距海岸 60 千米以内的地带,沿海也是世界经济和财富最集中的地区。海平面的显著升高将严重威胁低地势岛屿和沿海低洼地区,带来一系列的政治、经济影响。

大气中二氧化碳浓度的提高,将导致海洋酸度增加。相对工业革命前,当前海洋的 pH 值已经下降了 0.1,如果二氧化碳的排放不受控制,海洋表面 pH 值在未来 100 年内还会下降 0.14—0.35。海洋酸度的提高，将导致海水矿物质结构发生改变，从而影响海洋动植物的种群结构和生活习性，使得海洋生态发生变化。①

（3）区域性自然灾害加重。全球变暖会加大海洋和陆地水的蒸发速度，从而改变降水量和降水频率在时间和空间上的分配。研究表明，一方面，全球变暖使世界上缺水地区降水和地表径流减少，加重了这些地区的旱灾，也加快土地荒漠化的速度。另一方面，气候变暖又使雨量较大的热带地区降水量进一步增大，从而加剧洪涝灾害的发生。北半球冬季期缩短，并且更冷更湿，而夏季则变长且更干更热，亚热带地区将更干燥，而热带地区则更湿。此外，全球变暖还会使局部地区在短时间内发生急剧的天气变化，极端高温事件增多，导致气候异常，造成高温、热浪、热带风暴、龙卷风、沙尘暴、厄尔尼诺现象等自然灾害加重。②

二　酸雨

按理论计算，大气中的二氧化碳在蒸馏水中达到溶解平衡时的酸度约为 5.6，因此把 pH 值小于 5.6 的雨水称为酸雨。目前世界降水 pH 背景值为 5.0，自 1872 年英国化学家史密斯（R. A. Smith）在研究英国上空烟气的论文中首次提出酸雨这一术语后，酸雨已经成为世界性的环境问题之一，对酸雨的研究也日益受到各国的重视。

在我国，酸雨主要是硫酸型，酸雨区分别为：华中酸雨区，它是全国酸雨污染范围最大，中心强度最高的酸雨污染区；西南酸雨区，它是仅次于华中酸雨区降水污染的严重区域；华东沿海酸雨区，它的污染强度低于华中、西南酸雨区。③

酸雨对环境的危害主要是：使水域和土壤酸化，破坏生态系统，损害动植物的生长；通过皮肤沉积吸收、呼吸道吸入、重金属中毒等方式危害人类健康；酸雨容易腐蚀水泥、大理石，使金属表面生锈，所以酸雨会使建筑物容易腐蚀。

---

① 马建锋、李英柳：《大气染污控制工程》，中国石化出版社 2013 年版，第 192 页。
② 陈杰瑢：《物理性污染控制》，高等教育出版社 2007 年版，第 233 页。
③ 杜惠、王金燕：《地球"发烧"了》，广西人民出版社 2015 年版，第 128 页。

酸雨的形成是一个很复杂的问题，包括物理和化学过程，影响这些过程的因素很多，有自然和人为因素。目前对这个问题尚未完全清楚，但硫酸和硝酸是酸雨最主要组成成分已无异议，它们占酸雨总酸量的90%以上。国外酸雨区酸雨中硫酸与硝酸之比约为2：1，我国酸雨中以硫酸占优势，硝酸含量不及硫酸的十分之一。

硫酸及其盐类是由二氧化硫转化而来，硝酸及其盐类是由氮氧化合物转化而来，这已得到肯定。目前争论的焦点是二氧化硫和氮氧化合物的主要来源，其实质是，酸雨是自然现象，还是工业发展引起的后果。环境科学工作者和从事环境保护工作者发现，人为酸雨的出现是人为排放大量二氧化硫和氮氧化合物所致，但尚未发现在二氧化硫和氮氧化合物排放源和排放量与酸雨分布区和酸雨酸度之间的关系，尤其难以肯定它们有直接关系和线性关系，因此该论点还未获得普遍接受。实业界不少人认为酸雨是自然现象，其主要依据是自然界有形成酸雨的丰富物质来源，如火山爆发、森林火灾和微生物分解有机物过程中均能产生硫化物和氮氧化物。从中国实际情况看，酸雨的形成是人为和自然因素综合作用的结果。

酸雨中酸性物质的形成和来源有三条主要途径：

（1）二氧化硫和氮氧化合物在大气中的气相和液相转化为硫酸和硝酸及其气溶胶后，再进入云中，或成为降雨形成的凝结核。

（2）二氧化硫和氮氧化合物进入云中后，才转化为硫酸和硝酸及其气凝胶，最后转入雨滴中。

（3）由二氧化硫和氮氧化合物转化为硫酸和硝酸及其气凝胶，存在于云下，这些酸性物质随降水而进入雨滴中。

上述三条途径究竟以哪条为主尚未确定，对这些途径的研究，有助于了解形成酸雨中酸性物质（硫酸和硝酸）的初始物质（二氧化硫和氮氧化合物）来自近距离、中距离，或者远距离，从而为解决酸雨形成问题的解决提出科学依据，同时为酸雨的防治提出有效的方法。[①]

---

① 唐永銮：《大气环境化学》，中山大学出版社1992年版，第303页。

第六节 环境气体污染的控制

一 空气污染源

空气环境质量如果出现问题，发生破坏，很多情况下是一种不可逆的过程，恢复良好的空气环境质量要比采取措施从根本上防治空气污染付出更多的经济代价。出于从源头防治的目的，对空气环境质量进行监测和控制就显得十分必要。为了达到环境污染控制的目的，在对环境污染物种类、来源认识的基础上，还须对空气污染源充分了解，以便采取有效的措施，进行有针对性的治理。

空气污染源是指向空气排放足以对环境产生有害影响物质的生产过程、设备、物体及场所。一方面可以指污染物的发生源，另一方面也可以指污染物的来源。

按照污染源的存在形式，空气污染源可以划分为固定污染源和移动污染源；按照污染物排放的时间可以划分为连续源、间断源和瞬间源三种；按照污染物产生的类型可划分为工业污染源、生活污染源和交通污染源三种；按照污染物排放方式可划分为点污染源、面污染源和线源三种。

针对第一种分类方式而言，固定源一般指排放量较大、排放普遍具有一定的规律、排放位置不变的污染源，包括但不仅限于工厂烟囱、车间的排气筒等。移动源包括但不仅限于路上机动车、非道路机械、飞机、轮船、火车等。移动源的特点显然是排放位置是变化的。面源也可以简单地认为是除固定源和移动源之外的污染源，主要是一些逸散性的排放源，排放比较复杂，监测困难，也包括排放量比较小的固定源。

二 常规空气污染物控制

对于常规空气污染物的主要控制措施在于加强常规空气污染物的管理，实现空气质量达标，一般通过空气质量达标规划制度强制执行。中央政府负责制定国家空气质量标准，地方政府负责制定与实施空气质量达标规划，最终使空气质量达到国家标准。对于不同的空气污染源，采取不同的控制措施：

（1）空气固定污染源排放控制的最终目标是保障空气质量达标，控制措施普遍采取排放标准（或排放限值）强制污染源达标排放。排放标准一般分行业分别制定，包括基于技术的排放标准和基于空气质量的排放标准。排放标准除包括污染物排放量、排放浓度、排放速率等数值标准外，还包括涉及污染源运营，尤其是环保设备的运行和保养等操作要求的运行标准。

一般情况下，基于技术的排放标准分为四类：第一，最佳可行控制技术，适用于在防止重大恶化区域内新建或改建的污染源，主要是指在考虑到能耗、环境、经济成本等影响因素的情况下可以获得的能达到最大减排量的技术；第二，最低可达排放率，是指在实施计划中所规定的最严格的排放标准或在实践中所能达到的最严格的排放标准；第三，合理可行控制技术，相对于最佳可行控制技术而言，该标准更多地考虑技术和经济成本，排放要求比最佳可行控制技术更为宽松，适用于未达标地区的现有污染源，是运行许可证制度主要采用的排放标准；第四，最大可行控制技术，主要适用于危险空气污染物，通常情况下，最大可行控制技术所能实现的排放水平不能低于现有污染源中排放控制效果最优的前12%的平均排放水平。如果基于技术的排放标准仍不能满足环境空气质量标准的要求，则需要基于空气质量达标制定排放标准。

（2）空气移动污染源排放控制的主要途径是促进技术进步。例如，规定机动车的排放标准，提高油品的清洁水平，清洁能源的替代，以及其他综合性措施等。推进这些措施的政策手段包括强制达标排放检测制度、鼓励补贴制度等。

（3）空气污染面源主要包括：小型燃煤锅炉、茶浴炉、餐饮业燃煤炉灶；建筑施工工地、土堆、煤场、料场、矿场等扬尘；路面交通机动车扰动扬尘；服装干洗店、金属酸洗、喷漆作业、汽车保养、表面涂装、道路沥青铺设等逸敞源排放的有毒有害物质；人口集中地区露天焚烧油毡、橡胶、塑料、皮革、垃圾产生有毒有害烟尘等。面源污染的主要特点是多样、分散、数量众多、不易监测等，很难掌握其确切的排放状况。针对面源污染特征，主要提高相应的管理措施，包括提高清洁能源使用比例、加强城市基础设施建设、规范建筑施工环境。

三 危险空气污染物控制

对于危险空气污染物的治理方式主要包括：（1）列出危险空气污染物重点控制名录和主要污染源清单，对排放危险空气污染物的点源实施最大可行控制技术标准进行管理，而对面源实施一般可行控制技术标准进行管理；（2）开展残余风险评估和污染源控制效果评估，以补充和完善相关标准；（3）通过模型估算和现场实测，开展区域调查评估，提出城市污染较重的污染物名单，实施地区削减策略；（4）定期开展危险空气污染物的全国评估，确认健康风险最大的危险空气污染物，制定阶段控制目标并实施。①

四 环境空气质量标准

环境空气质量标准是指在一定程度上的空气污染是可以接受的基础上，对污染物浓度值的法律限制，它是以改善环境空气质量、保护公众健康和公共福利而设定的用来判别区域空气质量水平的标杆。

中华人民共和国环境保护部 2012 年发布了第 7 号公告，公告称："为贯彻《中华人民共和国环境保护法》和《中华人民共和国大气污染防治法》，保护环境，保障人体健康，防治大气污染，现批准《环境空气质量标准》为国家质量标准，并由我部与国家质量监督检验检疫总局联合发布。标准名称、编号如下：环境空气质量标准（GB 3095—2012）。按有关法律规定，本标准具有强制执行的效力。本标准自 2016 年 1 月 1 日起在全国实施……自本标准实施之日起，《环境空气质量标准（GB 3095—1996）》、《环境空气质量标准》（GB 3095—1996）修改单（环发〔2000〕1 号）和《保护农作物的大气污染物最高允许浓度》（GB 9137—88）废止。"

《环境空气质量标准》（Ambient air quality standards）规定了环境空气功能区分类、标准分级、污染物项目、平均时间及浓度限值、监测方法、数据统计的有效性规定及实施与监督等内容。各省、自治区、直辖市人民政府对本标准中未作规定的污染物项目，可以制定地方环境空气

---

① 宋国君：《环境规划与管理》，华中科技大学出版社 2015 年版，第 161 页。

质量标准。本标准首次发布于1982年。1996年第一次修订，2000年第二次修订，2012年根据国家经济社会发展状况和环境保护要求适时作第三次修订。

《环境空气质量标准》明确规定了不同环境质量功能区常规污染物不同时间尺度的浓度限值执行标准。环境空气功能区分为二类：一类为自然保护区、风景名胜区和其他需要特殊保护的区域；二类区为居住区、商业交通居民混合区、文化区、工业区和农村地区。依据功能区划分，浓度限值依据时间尺度分为年平均、季平均、24小时平均、1小时平均及8小时滑动平均等，其中，时间尺度越小，其浓度临界值相应越大。

环境空气功能区的空气质量要求：一类区适用一级浓度限值，二类区适用二级浓度限值。一、二类环境空气功能区的空气质量要求见表8-3和表8-4。

表8-3　　　　环境空气污染物基本项目浓度限值

序号	污染物项目	平均时间	浓度限值 一级	浓度限值 二级	单位
1	二氧化硫（SO_2）	年平均	20	60	$\mu g/m^3$
		24小时平均	50	150	
		1小时平均	150	500	
2	二氧化氮（NO_2）	年平均	40	40	
		24小时平均	80	80	
		1小时平均	200	200	
3	一氧化碳（CO）	24小时平均	4	4	mg/m^3
		1小时平均	10	10	
4	臭氧（O_3）	日最大8小时平均	100	160	
		1小时平均	160	200	
5	颗粒物（粒径≤10μm）	年平均	40	70	$\mu g/m^3$
		24小时平均	50	150	
6	颗粒物（粒径≤2.5μm）	年平均	15	35	
		24小时平均	35	75	

表 8-4　　　　　　　环境空气污染物其他项目浓度限值

序号	污染物项目	平均时间	浓度限值		单位
			一级	二级	
1	总悬浮颗粒（TSP）	年平均	80	200	μg/m³
		24 小时平均	120	300	
2	氮氧化物（NO$_x$）	年平均	50	50	
		24 小时平均	100	100	
		1 小时平均	250	250	
3	铅（Pb）	年平均	0.5	0.5	
		季平均	1	1	
4	苯并芘（BaP）	年平均	0.001	0.001	
		24 小时平均	0.0025	0.0025	

《环境空气质量标准》规定：基本项目（见表 8-3）在全国范围内实施；其他项目（见表 8-4）由国务院环境保护执行主管部门或者省级人民政府根据实际情况，确定具体实施方式。

五　室内空气质量标准

为保护人体健康，预防和控制室内空气污染，国家质量监督检验检疫总局提出，2002 年 11 月 19 日国家质量监督检验检疫总局、卫生部、国家环境保护总局批准了《室内空气质量标准》（Indoor air quality standard）（GB 18883—2002）。该标准规定了室内空气质量参数及检验方法，适用于住宅和办公建筑物，其他室内环境可参照其执行。

室内空气应无毒、无害、无异常嗅味，其质量以室内空气中与人体健康有关的物理、化学、生物和放射性参数来表示，室内空气质量标准见表 8-5。

该标准还在附录"室内空气监测技术导则"中规定了室内空气监测时的选点要求、采样时间等。

表 8-5　室内空气质量标准

序号	参数类别	参数	单位	标准值	备注
1	物理性	温度	℃	22—28	
				16—24	
2		相对湿度	%	40—80	
				30—60	
3		空气流速	m/s	0.3	
				0.2	
4		新风量	$m^3/(h·人)$	30	
5	化学性	二氧化硫 SO_2	mg/m^3	0.50	
6		二氧化氮 NO_2	mg/m^3	0.24	
7		一氧化碳 CO	mg/m^3	10	
8		二氧化碳 CO_2	%	0.10	
9		氨 NH_3	mg/m^3	0.20	
10		臭氧 O_3	mg/m^3	0.16	
11		甲醛 HCHO	mg/m^3	0.10	
12		苯 C_6H_6	mg/m^3	0.11	
13		甲苯 C_7H_8	mg/m^3	0.20	
14		二甲苯 C_8H_{10}	mg/m^3	0.20	
15		苯并芘	mg/m^3	1.0	
16		可吸入颗粒物 PM10	mg/m^3	0.15	
17		总挥发性有机物 TVOC	mg/m^3	0.60	
18	生物性	菌落总数	cfu/m^3	2500	依据仪器定
19	放射性	氡 ^{222}Rn	Bq/m^3	400	平均值（行动水平）

选点要求：(1) 采样点的数量根据监测室内面积大小和现场情况而确定，以期能正确反映室内空气污染物的水平。原则上小于 50 平方米的房间应设 1—3 个点，50—100 平方米设 3—5 个点，100 平方米以上至少设 5 个点。在对角线上或梅花式均匀分布。(2) 采样点应避开通风口，离墙壁距离应大于 0.5 米。(3) 采样点的高度，原则上与人的呼吸高度相一致。相对高度 0.5—1.5 米。

采样时间和频率：年平均浓度至少采样 3 个月，日平均浓度至少采样 18 小时，8 小时平均浓度至少采样 6 小时，1 小时平均浓度至少采样 45 分钟，采样时间应涵盖通风最差的时间段。

六 档案馆室内环境的相关标准

随着社会的进步，人类在生产、生活中产生了大量的有害物质，侵扰着人们，也危害着文物。硫化物、灰尘、可吸入颗粒物等空气中的有害物质，或侵蚀档案载体的肌体，或附着档案载体的整体，危害着档案的健康。监测、控制空气质量，保护档案馆环境，是档案保护重要的课题。

中华人民共和国行业标准《档案馆建筑设计规范（JGJ 25—2010）》之"5.6 防尘和防污染"规定：

"5.6.1 档案馆区内的绿化设计，应有利于满足防尘、净化空气、降温、防噪声等要求。

5.6.2 档案库应防止有害气体和颗粒物对档案的危害。

5.6.3 锅炉房、除尘室、消毒室、试验室以及洗印暗室等的位置应合理安排，并应结合需要设置通风设备。

5.6.4 档案库楼、地面应平整、光洁、耐磨。档案库内部装修、档案装具和固定家具等应表面平整、构造简洁，并应选用环保材料。"[①]

为便于广大设计、施工、科研、学校等单位的有关人员在使用《档案馆建筑设计规范》标准时能正确理解和执行条文规定，《档案馆建筑设计规范》编制组按章、节、条顺序编制了该标准的条文说明，对条文的目的、依据以及执行中需注意的有关事项进行了说明。其中，条文说明中"5.6 防尘和防污染"说明：

"5.6.1 本条例明确了档案馆区内的绿化设计应利于满足防尘、净化空气、降温、防噪声等要求。

5.6.2 本条明确了档案库房应防止有害气体和颗粒物对档案的危害。

5.6.3、5.6.4 此两条都是为了减少灰尘和有害气体对档案及技术处理过程的影响。从防尘和便于维持库内洁净考虑，要求地面应平整、光

---

① 国家档案局档案科学技术研究所：《档案馆建筑设计规范（JGJ 25—2010）》，中国建筑工业出版社 2010 年版，第 12 页。

洁、耐磨。出于相同考虑，要求内粉刷面层光洁、不起灰尘和便于清扫。从调查中了解到若采用涂料或无光油漆时，可考虑添加防霉剂。采用环保材料可减少有害气体对档案、工作人员的伤害。"[1]

除了《档案馆建筑设计规范》中的有关规定，因为档案在现实中与文物、图书的内涵极其接近，关系复杂，甚至难分彼此，非常容易混为一谈，所以在这些领域的有关规定也可以被借鉴用于档案馆环境控制的现实工作中。例如，2015年6月30日发布，2016年2月1日实施的中华人民共和国行业标准《博物馆建筑设计规范（JGJ 66—2015）》；以及2015年8月28日发布，2016年5月1日实施的中华人民共和国行业标准《图书馆建筑设计规范（JGJ 38—2015）》。

《博物馆建筑设计规范》中"6 藏品保存环境"规定了藏品库房、展厅空气中烟雾灰尘和有害气体浓度的限值（见表8-6）和藏品库房内环境污染物浓度的限值（见表8-7）。在该规范的条文说明中对此还解释道："空气中的硫氧化物、氮氧化物、碳氧化物、硫氢化物、氯氢化物及灰尘等对藏品有破坏作用。博物馆学者认为博物馆的空气质量应达到国家标准《环境空气质量标准（GB 3095）》中一类区的一级浓度限值要求。"[2]

表8-6　　藏品库房、展厅空气中烟雾灰尘和有害气体浓度限值

污染物	日平均浓度限值/（mg/m³）
二氧化硫	≤0.05
二氧化氮	≤0.08
一氧化碳	≤4.00
臭氧	≤0.12（1小时平均浓度限值）
可吸入颗粒物	≤0.12

---

[1] 国家档案局档案科学技术研究所：《档案馆建筑设计规范（JGJ 25—2010）》，中国建筑工业出版社2010年版，第38页。

[2] 华东建筑设计研究院有限公司：《博物馆建筑设计规范（JGJ 66—2015）》，中国建筑工业出版社2015年版，第29、88页。

表 8–7　　　　　　　　藏品库房内环境污染物浓度限值

污染物	最高浓度限值/（mg/m³）
甲醛	≤0.08
苯	≤0.09
氨	≤0.2
氡	≤200BQ/m³
总挥发性有机化合物	≤0.5

《图书馆建筑设计规范》中"5 文献资料防护"之"5.4 防尘和防污染"规定：

"5.4.1 图书馆的环境绿化宜选择具有净化空气能力的树种。

5.4.2 书库的楼、地面应坚实耐磨，墙面和顶棚应表面平整、不易积灰。

5.4.3 书库的外门窗应有防尘的密闭措施。特藏书库应设固定窗，必要时可设少量开启窗扇。

5.4.4 锅炉房、除尘室、洗印暗室等用房应设置在对图书馆污染影响较少的部位，并应设置通风设施。"

《图书馆建筑设计规范》的条文说明对此的解释是：

5.4.1 图书馆的庭园绿化对环境保护有积极的作用。绿色植物特别是树木，对烟灰、粉尘有明显的阻挡、过滤和吸附作用。

5.4.2、5.4.3 书库防尘包括避免库内围护结构（主要是地面）起尘和防止库外灰尘的进入，因此书库的楼地面及墙面需选用光滑、平整、不易起尘的饰面材料。书库门窗需有良好的密闭性能，特藏书库对环境中的灰尘和有害气体的含量限制要求较高，灰尘和有害气体会严重损坏藏品。因此，需设固定窗，当设少量开启扇时，需采用密闭窗。

第九章

档案保护环境之生物环境

第一节 生物环境

档案保护生物环境是指档案保护环境因素中，相对于由物理化学的环境因素所构成的非生物环境而言的活着的生物。非生物环境即光、温度、湿度、压力等环境因素，是指所有无生命的东西，生物环境限定是指活着的生物。与之相对，还有一对意义相近的概念——无机环境与有机环境，无机环境限定于无机物及其实际状态，而有机环境不仅是包含生物，也包括来源于生物或其他的有机物。所以，这两组概念意义近似，但并不完全同义。

非生物环境是档案保护的基础环境，但档案保护、保管与生物环境之间关系亦非常密切，这是由于在档案的保护环境中，微生物无处不有，广泛分布。许多档案的载体材料，如纸张、竹简、木牍、帛书等都是有机大分子材料，它们都是菌类生长发育的良好营养基，这些菌类有的与纸张等有机质档案直接发生反应，产生有色物质；有的则代谢分泌色素，这些色素可能存在于孢子之中，显现在菌丝里，通过其中的胶质附着于档案表面，以上情况都有可能使档案受到破坏。

据报道，湖南长沙竹简博物馆珍藏了一大批走马楼出土的三国时期东吴竹简，竹简作为我国古代早期文字记录的一种重要载体，具有极为重要的史料价值，是一类珍贵的档案遗产。但是在出土后的保存过程中，该批竹简暴发了竹简蚀斑病，竹简竹体被微生物侵蚀，其中的木质素、纤维素被某种或者某群微生物所降解，蚀斑中的竹简竹体变为半透明膜状物质，并且容易破裂脱落。以吴简为材料，将微生物从竹简中分离并培养，对这些分离菌株进行多相分类学的鉴定。根据其培养特征、生理生化特性、细胞脂肪酸组分的测定以及部分菌株基因序列分析，发现这些菌株划归为4个属。①

如果纸张上生有霉菌，霉菌可以通过酶降解、酸降解、色泽污染等破坏档案纸张。张晓梅等对一本劣变严重的清代档案进行了科学分析，研究表明，档案纸张老化除了水的影响，霉菌侵蚀破坏也是关键因素。霉菌在代谢中分泌的各种酶对档案纸张材料成分进行催化水解降解，使它们的化学键断裂，并以分解后的小分子产物为营养，吸入细胞内，从而破坏了纸张材料，导致纸张机械强度大大地下降；霉菌在生长过程中产生的有机酸也能对纸张档案造成降解破坏，加速纸张纤维素的水解反应，引起纸张破损；还会在纸张表面形成黄、绿、青、褐、黑等霉斑，遮住字迹和图像，污染纸张；霉菌还可以分泌出黏液使档案之间发生黏结，促使形成"档案砖"。② 所以生物对档案的危害主要是微生物中的霉菌对档案的霉害，凡是生长有霉菌的档案上，都有各种不同颜色的霉斑。色素附着在档案上，有时会将文字遮住，影响阅读。霉菌对档案的破坏性很大，想除去这样的霉斑，而且不使纸张等档案材料受到损伤，是比较困难的。

危害档案的生物不仅有微生物，还包括档案害虫和鼠类。档案害虫主要是昆虫及其幼虫，它们会以木器、纸张、棉毛织物、毛皮等含碳或氮的物质作为主要食物来源。当档案馆的环境适于害虫生长时，各种有机质档案就有可能受到这种害虫及其幼虫的破坏。1992年，国家档案局科研所保护技术主任、高级工程师冯惠芬和工程师胡新两同志深入云南省部分档案馆、档案室调查取样，调查方法是五点取样与典型取样结合。被采虫样经初步鉴定确认，有6目9科，约13种，待鉴定的有鞘翅目的两个种，详见表9-1和表9-2。从以上两表可以看出，鞘翅目窃蠹科害虫最多，其他目均为1科1种。种类虽少，但多数为档案的重要害虫，有

---

① 曾维政、陈锐、宋少华等：《长沙走马楼东吴竹简蚀斑微生物的研究》，《微生物学杂志》2007年第5期。

② 张晓梅、卞景、韩秀琴：《清代档案纸张保存状况及劣变原因分析》，《档案学通讯》2012年第4期。

的还是毁灭性种。前者如档案窃蠹、烟草甲等，后者如白蚁。在一定条件下，它们都会对档案造成很大的危害。①

表9－1　　　　　　　　云南省档案昆虫分目

目别	鞘翅目	缨尾目	啮虫目	蜚蠊目	拟蝎目
科数	4	1	1	1	1
种数	8	1	1	1	1

表9－2　　　　　　　　云南省档案昆虫种类

虫名	被害物	虫名	被害物
档案窃蠹	档案、图书	烟草甲	档案、目录册
药材甲	档案	毛衣鱼	图书资料
书虱	图书、档案	圆腹拟蝎	图书、档案
黑皮蠹	图书、柜架	澳洲大蠊	档案架
白蚁	图书架、库外朽木	褐粉蠹	档案
新甲科	档案	鞘翅目	档案

微生物不仅可以破坏有机质档案，对无机质档案同样具有破坏作用。例如，有些好氧性细菌或霉菌生长在石刻的微小裂缝中，它们在代谢过程中产生的各种有机酸能够直接对石刻产生风化破坏作用。同样，有机酸也会对金属质档案产生腐蚀作用。因此在档案保护工作中对生物环境一定要引起重视，积极采取防治措施进行预防保护。

第二节　霉腐微生物

一　霉腐微生物的定义

微生物是形体微小、构造简单的低等生物的总称。由于微生物体形微小，绝大多数是肉眼看不见的，所以必须用显微镜或电子显微镜放大

---

① 冯惠芬、胡新、陶琴：《云南省档案昆虫种类分布及为害调查》，《云南档案》1992年第4期。

几百倍、几千倍,甚至几万倍才能观察清楚。它们的个体通常是单细胞的,也有简单的多细胞和没有典型细胞结构的类型。微生物包括:无细胞结构的病毒、亚病毒因子(卫星病毒、卫星 RNA、朊病毒和噬病毒体等),原核生物的真细菌和古生菌,真核生物的真菌(酵母菌、霉菌和蕈菌),单细胞藻类和原生动物。它们具有形体微小、种类繁多、代谢类型多样、生长繁殖迅速、容易变异、抗逆性强、分布广泛等特点。[1]

霉腐微生物是指能够引起非金属物霉腐变质、性能降低甚至完全损坏的微生物,主要是腐生型和兼性腐生型微生物,也有一些化能自养微生物。霉腐微生物包括真核生物界的霉菌和酵母菌以及原核生物界的放线菌和细菌。环境中霉腐微生物的类型取决于介质物质的化学成分、含水量和环境湿度,如水域和土壤中以酵母菌和细菌为主;地表和大气环境中则以放线菌、丝状真菌为主。在好气条件下,多数霉腐微生物大量生长,因而破坏性较大。

霉菌霉腐微生物通过各种酶系分解各种物质中的非金属部分,如梭状芽孢细菌、棒槌芽孢杆菌、放线菌、木霉、多孔菌等产生的纤维素酶能破坏棉、麻、竹、木;葡萄球菌、枯草杆菌、放线菌、土曲霉、黄曲霉等的蛋白酶能分解丝、毛、皮革;放线菌、曲霉、青霉、交链孢霉和芽枝霉等的氧化酶和水解酶相继作用可降低合成材料的质量;黑曲霉、焦曲霉、橘青霉等可使涂料、塑料、橡胶、黏结剂等老化。杂色曲霉、灰绿曲霉等代谢活动的产物可侵蚀玻璃;生长较普遍的黄曲霉、杂色曲霉、冰岛青霉、橘青霉等所产生的真菌毒素直接危害人类健康。

二 霉腐微生物种类

(1)细菌

细菌是自然界中分布最广、数量最多、与人类关系最密切的一类微生物。日常生活中出现的低度酒类、果汁、乳品、蛋品、肉类等食品的变质,食物中毒,墨汁发臭,抹布发黏,化妆品产气发胀,某些传染病的发生,铁、铜、铝等金属制品的腐蚀等,主要是细菌活动的结果。

细菌的个体很小,是最小的细胞生物,已经能够真正独立生活,自

---

[1] 何培新:《高级微生物学》,中国轻工业出版社 2017 年版,第 1 页。

行繁殖。细菌一般进行无性繁殖，以裂殖的方式，使一个细胞分裂为两个大小基本相等的子细胞。除无性繁殖外，细菌也存在着有性结合，但细菌有性结合频率较低。

细菌的形态多种多样，常随着菌龄和环境条件的不同而有所改变。各种细菌在幼龄和生长条件适宜时，表现出正常的形态。根据细菌的外形不同，可将细菌分为球形、杆形和螺旋形三种基本形态，分别被称为球菌、杆菌与螺旋菌。细菌大小通常以微米作单位，球菌大小以其直径表示，杆菌和螺旋菌以其长度与宽度表示。螺旋菌的长度是菌体两端点间的距离，而不是真正的长度，它的真正长度应按其螺旋的直径和圈数来计算。球菌的直径约为 0.5—2 微米，杆菌为 $0.5—1 \times 1—5$ 微米，弧菌为 $0.3—0.5 \times 1—5$，螺旋菌为 $0.3—1$ 微米 $\times 1—50$ 微米。

（2）放线菌

放线菌由于菌落呈放射状而得名，它具有生长发育良好的菌丝体。放线菌是一类介于真菌与细菌之间，但又接近于细菌的一类原核微生物，主要通过形成无性孢子方式进行繁殖。放线菌在自然界分布很广，而土壤是它们的大本营，一般在中性或偏碱性的土壤和有机质丰富的土壤中较多。

放线菌大部分是腐生菌，少数是寄生菌。寄生性放线菌可引起动物、植物病害，如一些放线菌和诺卡氏菌引起动物的皮肤、脚、肺或脑膜感染，放线菌引起的植物病害有马铃薯疮痂病与甜菜疮痂病等。放线菌具有特殊的土霉味，使食品变味。有些放线菌能使棉、毛、纸张等霉坏。

（3）酵母菌

酵母菌通常是指一类以单细胞为主，以出芽方式进行营养繁殖，既能好气又能厌气生长的真菌。

在自然界中，酵母菌主要分布在含糖量较高的偏酸性环境中，如利用酵母菌酿酒、发面。但是一部分酵母菌则是发酵工业的污染菌，它们消耗酒精，降低产量或产生不良气味，影响产品的质量，甚至有些酵母菌还能造成食物腐败，像鲁氏酵母、蜂蜜酵母能使果酱和蜂蜜败坏。所以，酵母菌对人们有益，但也常给人类带来危害。例如，球拟酵母产生的气体，使罐头膨胀，甚至爆裂。酵母还能使果汁、酒、啤酒、肉类等食品腐败，少数酵母菌还能引起人、动物、植物的病害。或与霉菌混杂生长在粮食、药材等表面，参与破坏作用。

大多数酵母菌为单细胞，其细胞形态多样，如卵圆形、圆形、椭圆形、柠檬形或香肠形等，有的种类还可产生藕节状的假菌丝，少数种类也可产生竹节状的真菌丝。这些形态因培养时间、营养状况以及其他条件的差异而有所变化。酵母细胞的大小，根据不同的种差别很大，一般在 1—5×5—30 微米之间。通常见到的椭圆形酵母，大小为 3—5×8—15 微米。

酵母菌具有典型的细胞结构，有细胞壁、细胞膜、细胞质及细胞核。细胞质中有液泡、线粒体及各种贮藏物等。酵母菌的繁殖方式分无性繁殖和有性繁殖两种，一般酵母菌以无性的芽殖为主进行繁殖。

（4）霉菌

霉菌在自然界分布很广，大量存在于土壤中，比其他微生物更能耐受较酸的环境，空气中也含有大量霉菌孢子。人们可以轻易地用肉眼看到这些生长在阴暗潮湿处的呈绒毛状、絮状或丝状的"霉"。在南方，每当雨季来临时，更是随处皆遇，令人讨厌，霉菌是引起各种档案载体材料、工业原料、农副产品、仪器设备、衣物、器材、工具和食品等发霉变质的主要微生物。不少霉菌能引起人、动物与植物病害。近年来，还发现不少霉菌（如黄曲霉、米曲霉、灰绿曲霉、绿青霉、柠檬青霉等）能在食品、谷物中生长，并产生真菌毒素，其中黄曲霉毒素有明显的致癌作用，危害人体健康。

霉菌的菌体由菌丝构成，菌丝可无限制伸长和产生分枝，分枝的菌丝相互交织在一起，形成了菌丝体。霉菌的菌丝有两类：一类菌丝中无隔膜，整个菌丝体可看作一个多核的单细胞，如低等种类的根霉、毛霉、犁头霉等霉菌的菌丝均无隔膜。另一类菌丝体有横隔膜，每一段就是一个细胞，整个菌丝体是由多细胞构成，多数霉菌都属这一类。

霉菌的菌丝细胞都由细胞壁、细胞膜、细胞质、细胞核和其他内含物组成。菌丝的宽度一般为 2—10 微米，比细菌或放线菌宽几倍至几十倍。细胞壁的厚度为 100—250 纳米，成分各有差异，大部分霉菌细胞壁由几丁质组成（占干重的 2%—26%）。少数低等的水生性较强的霉菌，则细胞壁以纤维素为主。细胞膜厚约 7—10 纳米，与酵母细胞膜的结构和功能相同。霉菌是真核微生物，霉菌的细胞核有核膜、核仁和染色体，细胞核的直径为 0.7—3 微米。

霉菌主要依靠各种孢子进行繁殖。孢子分无性和有性两种。无性孢子主要有孢子囊孢子、分生孢子、节孢子、厚垣孢子等；有性孢子如卵孢子、接合孢子、子囊孢子、担孢子等。

三 霉腐微生物的细胞结构

在霉腐微生物中，细菌和放线菌属原核微生物，原核微生物是由原核细胞构成。酵母菌和霉菌属真核微生物，真核微生物是由真核细胞构成。原核细胞结构简单，种类较少，真核细胞结构复杂，种类繁多。原核细胞与真核细胞在结构上有重大区别，原核细胞只有原核或拟核，真核细胞有细胞核、细胞器及复杂的内膜系统。

例如，细菌是单细胞原核生物，细菌细胞结构可分为两部分。一是不变部分或基本结构，包括细胞壁、细胞膜、细胞核和核糖体，为全部细菌细胞所共有。二是可变部分或特殊结构，如鞭毛、伞毛、荚膜、芽孢和气泡，这些结构只在部分细菌中被发现，可能具有某些特定功能。

真核微生物种类变化多端，但基本结构却一样，都是由细胞构成的。细胞是生物体的基本构成单位，又是生命活动的基本单位。生命的各种活动，如生长、发育、繁殖、对外界刺激的反应、物质代谢、能量传递等，都是在细胞这个生命单位中实现的。真核细胞有定形的细胞核，细胞质内有膜系统构成的细胞器。细胞内有明显的分工，提高了工作效率。细胞之间有分化，分化了的细胞，一般彼此不能互相转化，也不能互相替代。

四 霉腐微生物的特点

（1）个体小，吸收多

由于微生物体积微小，而且它们从外界环境中汲取营养和排泄废物是通过整个细胞表面进行的，因此它们具有极大的表面与体积比，其单位体积所占有的面积就大大地高于高等生物。极大的表面积，使微生物有可能在短时间内吸收大量养料和排出大量代谢废物，为大量生长繁殖提供了物质基础。微生物的吸收能力也非常强大，与人相同体重的大肠杆菌，在单位时间内的耗氧量比人大 100—150 倍，积极活动的大肠杆菌，每小时能消耗相当于其体重 2000 倍的乳糖。

(2) 代谢旺，繁殖快

微生物具有惊人的转化速度和代谢能力。微生物的代谢强度比高等动物大几千至几万倍，甚至几十万倍，如乳酸菌每小时可产生相当于其体重 1000—10000 倍的乳酸。霉腐微生物的代谢越旺，则所破坏的物质就越多，对人类造成的损失就越大。

微生物也有惊人的繁殖速度，例如在适宜的条件下，大肠杆菌能在 20—30 分钟繁殖一代。由于霉腐微生物的繁殖速度快，因此它们能在短期内产生很多后代，使档案载体材料、工业制品、物品、食品迅速腐蚀、腐败和霉变。更可怕的是致病微生物由于繁殖快，迅速使人和动物致病，造成传染病的流行，引起人和动物的大量死亡。

(3) 分布广，种类多

微生物在自然界分布极其广泛，无孔不入，无处不在。土壤、河流、空气、平原、高山、深海、温带、热带、寒带、油井、矿山、盐湖、沙漠、动植物和人体内外，到处都有微生物存在与活动。即使在 pH 值为 1—13、温度 -20—100℃、饱和硝酸银溶液、1400 个大气压的深海等极其恶劣的条件下，都可发现微生物的踪迹。在档案、文物、工业制品、农产品、生活用品、食品中到处存在微生物的污染，一旦条件合适，这些微生物就生长活动，造成腐蚀、腐败、霉变。

从种类来说，微生物界也极其庞大，据统计目前已发现的微生物有 10 万种以上。不同种类的微生物具有不同的代谢方式，能分解各种有机物质，产生各种代谢物质。氧化铁硫杆菌及氧化硫硫杆菌这类自养型细菌，其代谢活动的结果生成硫酸，使金属溶浸，不仅可以腐蚀金属质档案载体，也可以影响水质，腐蚀各种地下管道、桥梁和建筑物基础。不少微生物能胞外分泌淀粉酶和蛋白酶，利用淀粉和蛋白质作为营养物质，大量繁殖，造成食品、皮革制品等腐败、霉变。尽管纤维素比淀粉更难分解，但霉菌中的木霉、根霉、曲霉、青霉，细菌中的黏菌属、纤维杆菌属，放线菌中的黑色旋丝放线菌、纤维放线菌属等微生物，具有纤维素酶活力，能分解纤维素，造成竹木制品、纤维制品、衣服、书籍等霉变损坏。有些微生物甚至还能分解酚、氰化物等。据估计，各种微生物的代谢产物已超过 1000 种。

（4）适应强，易变异

微生物由于其体积小、数量多、繁殖快以及与外界环境的接触更为直接等原因，就使它们比较容易适应外界不良的环境，例如对营养、空气、pH 值、药物以及温度等都具有较强的适应性。

微生物可以利用光能，也可以从氧化 NH_4^+、NO_2^-、H_2S、S、Fe^+ 或 H_2 等获得能量，还可以氧化分解糖（包括单糖、寡糖、淀粉、纤维素等）、脂肪、蛋白质及其各种降解物、烃、醇和有机酸等获得能量，作为碳源和氮源，合成菌体。有些霉腐微生物甚至可以利用 CO_2 作为碳源，利用 N_2 作为氮源。因此在某些人认为非常缺乏营养物质的环境中，微生物也能生长繁殖，引起档案载体、文物、工业制品、物品与食品的霉坏。

有些微生物可以在有氧条件下生长，有些微生物可在无氧条件下生长，还有一些微生物甚至既能在有氧条件下生长，又能在无氧条件下生长，这样无论在有氧还是无氧条件下，档案都可能污染上霉腐微生物。

就微生物总体来看，生长温度范围较广，在 -10—95℃，甚至在 100℃ 左右也能生长。微生物对 pH 适应性很强，在 $0.1 mol·L^{-1}$ 的酸溶液中也有污染微生物，有些青霉和曲霉能在 pH 值为 9—11 的碱性环境下生长。

微生物对环境的适应性还表现在易于进入休眠状态，抵抗干燥、高温等外界不良环境。许多微生物能形成休眠细胞，如细菌的芽孢、放线菌的分生孢子、真菌的各种有性孢子与无性孢子等。这些休眠体不仅能抵抗不良环境，而且在正常的环境下也能存活较长时间。由于休眠细胞小而轻，非常有利于微生物的传布。微生物的一般营养细胞也可以在低温下进入休眠状态而不死亡，或形成保护性结构（如细菌荚膜的形成）来应对不适宜的环境条件。

如果环境条件发生剧烈变化，群体中的大多数个体会死亡，其中个别个体会发生变异而适应新的环境。在进行档案保护处理时，霉腐微生物的防治工作常因微生物发生变异产生耐药性而给防治带来困难。

总体来讲，霉腐微生物的这些特点，既能够引起档案的严重破坏，又给档案的保护处理带来极大的困难，也会降低保护处理的效果和效率。了解霉腐微生物的特点，有助于了解其在档案保存环境中的分布及作用，才有可能采取更有效的抑制，甚至完全破坏霉腐微生物生命活动的有效措施，从而防止霉腐微生物的传播及档案载体材料的腐败霉变。①

第三节 微生物对档案载体材料的影响

由于微生物可以将档案载体材料作为其取之不尽、用之不竭的营养物质，因而给档案造成严重的破坏。有害微生物对档案的破坏性很大，其对不同载体的档案危害又有所不同。

一 霉腐微生物对有机质档案的破坏

（1）分解有机质档案制成材料

霉菌菌体内，水分占70%—85%，其余主要是蛋白质、碳水化合物、脂肪和少量的无机盐。霉菌为了维持生命和生长繁殖，必须从它寄生的介质中汲取养料，进行正常的新陈代谢，来补充构成菌体的各种物质。微生物是通过分泌出的各种酶将不溶于水的高分子化合物分解成能溶于水的小分子化合物，然后通过菌体细胞膜的渗透作用把营养吸收到体内。

例如，纸质档案的载体纸张，其主要成分是纤维素以及少量木质素、半纤维素等长链高分子化合物，不溶于水，不能被霉菌直接利用，然而霉菌在代谢中能分泌出纤维酶，使纤维分解为纤维二糖，然后再分泌出纤维二糖酶，继续分解成葡萄糖。由于葡萄糖的分子小，又溶于水，通过细胞膜渗透而被吸收。此外，用糨糊修补过的破损纸质档案还含有淀粉，这些有机物均能被档案有害微生物分解利用。这样，有害微生物酶通过对档案纸张成分进行催化分解，使它们的化学键断裂，并以此为营养，吸收入细胞内，从而破坏了纸张，导致纸张机械强度大大下降，淀粉粘胶失效。

胶片档案如影片、照片、底片和缩微胶片等含有明胶，明胶的主要成分是蛋白质，是档案有害微生物生长繁殖所需要的营养物质。为使胶片保持一定的弹性和柔软性，明胶中需含有一定的水分，这更有利于档案有害微生物的生长和繁殖。在适宜的温湿条件下，容易长霉，明胶被分解成小分子化合物，结果使明胶液化，从而失去黏性。而且，还会造

---

① 马振瀛、李象洪、陈枪雄：《防霉学》，云南科技出版社1990年版，第26页。

成图像模糊，严重时胶片会粘连在一起，造成胶片乳剂膜脱落，影像损坏，无法还原。

（2）增加制成材料的酸度

霉腐微生物分泌的酶在分解档案制成材料、汲取营养的同时，还会分泌出有机酸，如草酸、乳酸、丁酸、柠檬酸等。此外，霉腐微生物细胞在呼吸代谢时也能产生一些有机酸，如甲酸、醋酸、乳酸、琥珀酸等，从而使档案制成材料的酸度增加。

酸可作为催化剂加速纤维素的水解反应，这些有机酸长期积累在纸张上，会使纸张酸度增加，加快纸张中纤维素的水解，使某些耐酸性差的字迹褪色，给纸张带来极大的危害。例如，有一种菌，当它在档案纸张上生长时，纸张的酸度在数月内增加了两倍，草酸的含量达5%，纸张变为暗红色，而且易于脆裂成为碎片。

档案有害微生物作用于纸质档案时产生的有机酸对字迹也有影响，容易引起一些字迹褪色洇化。例如，霉菌在特殊情况下，能够使五倍子铁墨水字迹完全褪色，且难以恢复。

（3）污染档案

档案霉腐微生物，如霉菌的孢子具有各种颜色，颜色一般较深，另外菌丝也能分泌出色素，而有些放线菌和霉菌的菌丝也能分泌出各种色素。如霉腐微生物可以在纸质档案上形成黄、绿、青、褐、黑等色斑，另外霉菌与大部分纸张中含有的微量元素（主要是铁盐）作用时，会在纸张表面形成浅褐色（铁锈色）斑痕，称为霉斑。这些色斑和霉斑能遮盖档案字迹，严重时会影响阅读。由于色斑和霉斑的化学成分均极其复杂，色素性质常稳定，大多数不溶于水，所以要想除去比较困难，如果处理不当就会损伤纸张。

另外，档案有害微生物的菌丝覆盖在胶片档案的表面，这些菌丝能分泌色素，并且还带有各种颜色的孢子，它们会遮住图像，影响胶片档案上影像的清晰度，严重影响阅读。特别是如果胶片在冲洗过程中残留的硫代硫酸盐含量超过规定的标准，则档案有害微生物在生长繁殖过程中产生的有机酸会从硫代硫酸盐中分解出硫，硫能与乳剂层中的银起反应生成硫化银,导致胶片发黄变色。①

(4)增加档案的湿度

有些档案有害微生物在代谢过程中能吸收空气中一定的水分,使档案材料含水量提高,甚至有时还出现水滴,水滴与材料的胶类物质作用,使档案粘连。例如水滴与纸张中的胶类物质作用,可使纸质档案黏结并呈浆状。有的档案有害微生物甚至能分泌出黏液,如纤维黏菌和蚀孢黏菌等几种黏液纤维素细菌在水解纤维素时产生大量含有糠醛和糠醛酸成分的黄色黏液,使档案纸张或胶片之间发生黏结。纸质档案砖的形成与霉菌的作用有很大的关系,如果纸质档案在经雨水浸泡或接触了足量的水分后,又受到档案有害微生物长期侵染,尘埃堆积,周围空气不流通,再加上无人翻阅,一定时期后就会形成纸质"档案砖",形如砖石,从而使档案失去使用价值。②

(5)增加档案温度

霉腐微生物新陈代谢产生热量,加快档案的破坏速度。霉腐微生物是好氧微生物,能将一些有机物经三羧酸循环彻底氧化,生成二氧化碳和水,并释放出能量。其中一部分能量供霉腐微生物生命活动的需要,另一部分能量则以热的形式散发出来,因而档案生霉的部分发热、发潮。由于这部分湿度增大和温度升高,进而促使霉腐微生物生长繁殖加速,档案被霉腐破坏加速,形成恶性循环。③

可以看出,霉菌对档案的破坏性很大,档案长霉既是霉菌生长繁殖不断取得营养的过程,也是档案制成材料不断遭到破坏的过程。这是因为霉菌的生长繁殖,需要不断地得到营养的补充,档案制成材料中的部分成分是霉菌的主要营养,而且生长有霉菌的档案上,都有各种不同颜色的霉斑。色素附着在档案上,有时会将文字遮住,影响阅读。想除去这样的霉斑,而且不使档案受到损伤,是比较困难的。

细菌的破坏作用不像霉菌那样普遍,细菌只有以液体为媒介,才能

---

① 丁海斌、赵淑梅、侯希文:《档案物理管理与保护》,辽宁大学出版社2012年版,第162页。
② 郭莉珠、国家档案局:《档案保护技术》,档案出版社1993年版,第148页。
③ 李景仁、冯惠芬:《图书档案保护技术手册》,档案出版社1992年版,第32页。

发生破坏作用。如库房漏雨，或因保管环境不好，造成档案淋湿，就会引起细菌的破坏作用。在一般情况下，不容易发生细菌损害档案的事故。[①]

二　腐蚀微生物对无机质档案的破坏

微生物代谢过程中产生的有机酸有柠檬酸、葡萄糖酸、曲酸、乳酸、延胡索酸、丙酸、五倍子酸等，这些酸性代谢产物，使它周围环境的酸度增加，环境 pH 值的变化对金属或石材等无机质档案载体造成腐蚀。

参与或促进金属腐蚀过程的微生物叫腐蚀微生物。腐蚀微生物主要是在自然界中参与硫、铁元素循环的菌类，包括好氧菌和厌氧菌。好氧菌有硫杆菌属，如氧化硫杆菌、氧化亚铁硫杆菌和排硫硫杆菌等，它们分布于含硫的酸性矿水、土壤及海洋淤泥中，通过氧化元素硫和还原性硫化物，最终产生硫酸，导致金属强烈地酸腐蚀，腐蚀速度与产酸结果存在对应关系。

微生物引起的腐蚀是一种电化学腐蚀，与一般电化学腐蚀不同的是介质中因腐蚀微生物的繁衍和新陈代谢而改变了与之相接触的界面的某些理化性质。微生物新陈代谢的中间产物与最终产物的分泌物都能够引起材料失效。例如氧化硫杆菌的腐蚀反应可表示为：

（1）氧化硫杆菌氧化元素硫产酸：$4S + 6O_2 + 4H_2O \rightarrow 4H_2SO_4$。

（2）硫酸离解：$H_2SO_4 \rightarrow 2H^+ + SO_4^{2-}$。

（3）金属阳极反应：$Me \Leftrightarrow Me^+ + e$。

（4）酸性下阴极氢去极化：$2H^+ + 2e \Leftrightarrow H_2$。

由于氧化硫杆菌的存在不断提供氢离子，氢离子放电的阴极过程能顺利进行，使腐蚀继续下去。

造成氧差电池引起金属腐蚀的细菌，主要是铁细菌，铁细菌氧化水中溶解的和金属微电池腐蚀出来的亚铁成高铁化合物。高铁化合物覆盖了部分金属表面造成氧浓度的梯度，形成氧差电池。高铁化合物沉积覆盖下的缺氧区为腐蚀电池的阳极区（金属溶解区），其表面周围氧浓度高

[①] 刘贵林、栾杰：《档案工作手册》，吉林人民出版社 2005 年版，第 66 页。

的部分为阴极区（电子传递处），腐蚀的结果形成大锈瘤。

腐蚀金属的厌氧菌主要是硫酸盐还原菌，它广泛分布于 pH 值为 6—9 的土壤、淡水、海水、淤泥中，在金属腐蚀中出现最多的是脱硫弧菌，它将自然中存在的硫酸盐还原成硫化物。硫酸盐还原菌分解含硫的有机物产生硫化氢，硫化氢对金属文物有腐蚀作用。在土壤中有氧或缺氧情况下都会由微生物产生单质硫。在有氧时，一些硫细菌能氧化硫化物产生硫，在缺氧时，硫酸盐还原菌能使硫酸盐还原产生硫。单质硫会使铁等金属很快腐蚀。[①]

生物腐蚀破坏无机质档案的过程是诸多方面共同作用的结果，有时是直接发生的，有时是间接发生的，但对于某一具体档案的无机质载体腐蚀作用而言，可能有一方面是主要的。

有机酸同样也会对石质档案产生腐蚀作用。有些好氧性霉菌或细菌生长在石窟、石雕或壁画的微小裂缝中，它们在代谢过程中产生的多种有机酸直接对壁画及石刻起风化破坏作用。不仅如此，生物在其生命活动过程中，从矿物中吸取某些化学元素，产生 CO_2、O_2，并分泌排出各种有机酸和无机酸，与矿物中的盐基离子形成螯合物，促使矿物溶解与分解，这类破坏称为生物化学破坏。

例如，硝化细菌产生的硝酸，硫化细菌产生的硫酸以及硅酸盐细菌对矿质元素的利用，都可以加速分解碳酸盐和硅酸盐类矿物。还有丁酸细菌能够用它分泌的物质使硅酸盐和磷灰石强烈分解。含钾丰富的黑云母和长石之所以受到分解，是与细菌、真菌和藻类从中吸取钾素分不开的。硅藻可以从硅酸盐中摄取硅，以组成本身的有机体，过去曾被认为是比较稳定的高岭石，也可以被硅藻分解。

第四节　档案害虫及其对档案载体材料的危害

一　档案害虫的种类

档案在保存过程中，不可避免会遭受害虫的伤害，档案害虫对档案的危害是惊人的，它体现在档案被害虫毁坏率和档案珍贵原始记录的损

[①] 马淑琴：《文物霉害的防治》，科学出版社 1997 年版，第 9 页。

失。档案害虫的种类繁多，目前有记载的档案、图书害虫有几十种。冯惠芬等在《全国档案害虫种类及分布调查》中报道了我国档案害虫的实地调查情况，在长达七年的调查工作中，对458个档案馆进行了抽样调查。调查系采用分层抽查法、五点取样法、典型取样法，共采集虫样400余份。通过分析、汇总、鉴定、核实，共获得仓库昆虫62种，其中档案害虫54种，档案益虫2种，其他仓库害虫6种。在54种档案害虫中，有24种为档案界新记录种（其中国内新记录2种），分属于6目19科。① 李灿等在《我国档案图书害虫种类》中综合分析确认，中国现已经有记述的档案害虫有87种，隶属6目，22科。从生物多样性的物种多样性观点来看，87种害虫可能仍然不是我国档案害虫的全部种类。② 随着进一步地调查和研究，档案害虫的记录可能会越来越多，也会越来越全面。

在几十种档案害虫中，最常见的有17种。根据虫害对档案、图书的损害程度可分为三类，即主要害虫、次要害虫和偶发害虫。

主要害虫不论在档案局部发生还是普遍发生，对档案危害都非常严重。主要害虫有档案窃蠹、烟草甲、毛衣鱼、黑胸散白蚁等。

次要害虫是那些生命力强、分布广、常在档案装具或用品里、偶尔损坏档案或者是以档案霉菌为食的害虫，或者是喜食木质纤维素类物质的害虫。次要害虫有药材甲、竹蠹、短鼻木象、鳞毛粉蠹、书虱、东方蜚蠊、德国蜚蠊等。

偶发害虫是指多随人流、物流或处于某种需要而进入库房内的害虫。偶发性害虫有虫蚁、黑皮蠹、中华圆皮蠹、花斑皮蠹等。

其中，常见的档案害虫有：

（1）档案窃蠹，又名书窃蠹，鞘翅目，长蠹总科，窃蠹科。一年一代，以幼虫过冬。档案窃蠹的幼虫破坏性大，它在纸张上打洞为道，可穿透整卷档案或整册网书。该虫能消化纤维素，破坏档案、图书、胶合板、纤维板、纸箱，尤其以毛边纸为甚。受害物表面布满芝麻大小的虫孔，内部虫道密布，充满粪便、木屑、纸屑。分布在广东、广西、福建、

---

① 冯惠芬、荆秀昆、陶琴：《全国档案害虫种类及分布调查》，《档案学通讯》2003年第3期。

② 李灿、李子忠：《我国档案图书害虫种类》，《山西档案》2003年第4期。

四川、云南，浙江、贵州、湖北等地。

（2）毛衣鱼，又称蠹鱼、壁虫，缨尾目，衣鱼科。每年发生数代，温度适宜时完成一代只需3个月，37℃时仅需11个星期。怕光，平时隐藏在缝隙之中，喜食淀粉、糨糊、照片、纸张等。毛农鱼分布最普遍，属全国性档案害虫。

（3）书虱：书虱又名书蠹、米虱，啮虫目，书虱科。主要危害粮食、胶质储藏品、档案、图书、动植物标本等。一年发生3—6代，在16—35℃时完成一代需3—4周，生活周期短，种群繁衍迅速，生命力强。成虫性喜高湿环境，大量发生时易引起局部发热。分布于世界各大动物区，尤以热带、亚热带及温带的林区为多。

（4）白蚁：昆虫纲，蜚蠊目。原本为等翅目，2007年，等翅目撤销，被归入蜚蠊目①，但该观点尚有异议，有待进一步的证明②。类似蚂蚁营社会性生活，其社会阶级为蚁后、兵蚁、工蚁。白蚁与蚂蚁虽一般同称为蚁，但白蚁社会体系在分类地位上，白蚁属于较低级的半变态昆虫，蚂蚁则属于较高级的全变态昆虫。人们会误认为白蚁就是蚂蚁的一种，实际上白蚁和蚂蚁是两种不同物种。白蚁体软而小，通常长而圆，白色、淡黄色，赤褐色直至黑褐色。头前口式或下口式，能自由活动。触角念珠状，腹基粗壮，前后翅等长；蚂蚁触角膝状，腹基瘦细，前翅大于后翅。中国古书所称蚁、螱、飞螱、蚍蜉、螱、螱等，都与蚂蚁混同。宋代开始有白蚁之名，并确定为白蚁的别称。白蚁分布于热带和亚热带地区，以木材或纤维素为食，主要对建筑物、树木、门窗、家具等木材以及档案图书等有很大威胁。白蚁是一种多形态、群居性而又有严格分工的昆虫，群体组织一旦遭到破坏，就很难继续生存。全世界已知2000多种，分布范围很广。中国除了澳白蚁科尚未发现外，其余4科均有，共达300余种。

二 档案害虫发生的原因与传播途径

档案害虫发生的原因主要有：

---

① 李慕南：《生物趣谈》，辽海出版社2010年版，第91页。
② 吴鸿、王义平、杨星科等：《天目山动物志》（第3卷），浙江大学出版社2014年版，第209页。

（1）档案入库前不杀虫，这是档案害虫发生的重要原因。目前一些档案馆（室）接收档案时或因主观因素未查虫，或即使发现害虫，因无设备不进行杀虫，即将档案放在箱内或某一处所保存。此种情况下一般虫口密度较大，在适宜的条件下，在几个月之内即发生虫害，每卷少则几十条，多则上百条。有时借出的档案，归还时不杀虫即入库，并分别插到各档案卷架上，给害虫的传播、扩散创造了条件。

（2）久放不动的档案生虫，这是档案害虫发生的毁灭性原因。久放不动的档案给害虫创造了较稳定的生态条件。如在白蚁发生的地区，一年内就把档案蛀蚀得面目全非，使档案失去利用价值。有的把待销毁的档案放在隔离室，不到一年发现有大量黑胸散白蚁，把档案蛀蚀成地图状，缺边少角，其排泄物污损字迹。

（3）档案局部潮湿处为害虫的发生提供了孳生场所。由于档案排放过紧或档案位于柜架底层处，使得水分难以挥发而生虫。库房密闭，通透不良的处所会发生食蕈类害虫。如漆布、塑料布封面的卷皮（盒）生霉率较高，凡生霉的地方，这类害虫就多。食蕈类害虫以菌为食，并且本身携带霉菌又传播霉菌，造成虫霉共生，加重档案的霉变，给防治带来很大困难。

（4）特殊质地的档案可以为钻蛀性害虫提供适宜的生存环境。例如用稻草和麦秸等原料制得的马粪纸（学名黄板纸，颜色比较黄，故人们称马粪纸），在造纸的时候加工得比较粗厚。马粪纸质地的卷皮（盒）质地松软而厚，温湿度较稳定，既有利于害虫产卵，又为其提供了保护后代的生存条件。所以，在其他条件基本相同的同一处所，马粪纸较牛皮纸卷皮（盒）的生霉率高，害虫相应就多，造成虫霉共生，加重对档案的危害。[①]

档案害虫发生的原因和传播途径是紧密联系的，如果在档案的使用或保存、管理过程中，注意针对档案害虫发生的原因，有效地避免，就可以切断档案害虫的传播途径，反之则会造成虫害的泛滥。档案害虫的传播途径主要有自然传播和人为传播。[②]

[①] 所桂萍、翟霭远、阳春枝：《档案保护技术学》，河南人民出版社2006年版，第202页。
[②] 王森、陈玲、张红英：《病案信息技术大全》，中国协和医科大学出版社2017年版，第62页。

(1) 自然传播：害虫本身可以爬行或飞翔，能够从关闭不严的门窗飞入房间内，也可以通过墙壁的缝隙爬进库房，甚至通过暖气管道、上下水道钻入库房。

(2) 人为传播：有时在档案收集、归档整理过程中，忽略了害虫的预防，造成害虫繁殖、传播。如新的档案架、柜等物品，使用前应检查、清理，防止潜伏在里面的害虫爬入档案内繁殖、传播；借出的档案归还时，有的档案夹缝中爬进害虫，入库后极易造成害虫传播蔓延；利用长期闲置的房屋做档案库房，由于房间阴暗、潮湿的角落及缝隙，极易钻入害虫，使用前打扫不彻底，引起虫害，对档案造成很大的危害。

三 档案害虫生长发育过程

档案害虫属于节肢动物门昆虫纲动物，档案害虫的生长发育即昆虫的发育，是指昆虫个体生命的发展过程，是一个昆虫有机体从它的生命开始到成熟的变化，也就是昆虫身体自我构建和组织的过程。

昆虫的个体发育包括胚前发育、胚胎发育和胚后发育三个阶段。胚前发育阶段是指卵子和精子在亲体内形成以及完成授精和受精的过程。昆虫在完成受精后，雌虫开始为产卵做准备，通常会将卵产在幼虫的食物或栖境内。在卵内昆虫完成其胚胎发育阶段，卵通常较小，颜色浅淡，形状多样，外有卵壳，前端有卵孔。胚胎发育从卵被受精和激活开始，从单细胞的合子卵裂至发育成为内外器官俱全的胚胎，胚胎发育在即将完成时卵壳变薄，透过卵壳常常能看到胚胎的外形。昆虫完成胚胎发育后，从卵中孵化为幼虫，再发育到成虫性成熟，为胚后发育阶段。从卵孵化从幼虫并发育为成虫要经过外部形态、内部结构、生理功能、行为生态等一系列变化，称为变态。变态就意味着形态的变化，变态使得昆虫的生长发育像变魔术一样奇妙。

昆虫的胚后发育整个过程是通过孵化、生长、脱皮、化蛹和羽化过程而实现的。昆虫幼体破卵而出的过程称为孵化；初孵化幼虫称一龄幼虫，幼体发育过程中需要蜕皮数次，每次蜕皮后进入一个新的龄期（二龄、三龄、四龄、五龄……）；幼虫发育成蛹的过程称为化蛹；蛹自蛹壳脱出为成体，称为羽化。①

由于昆虫的整个胚前发育阶段和部分胚胎发育阶段发生在亲体内，所以档案害虫发生危害的阶段主要是指胚后发育阶段，所以一般把档案害虫的生长发育过程分为卵期、幼虫期、蛹期和成虫期四期。

（1）卵期：是档案害虫的胚胎时期，害虫个体发育的第一个阶段，也是对杀虫剂抵抗力最强的阶段。档案害虫都是卵生，卵是一个大细胞，最外层是坚硬的卵壳。卵壳的一端有一个小孔称为受精孔。卵壳内有卵黄膜、原生质、卵黄和卵核。档案害虫的卵很小，大小差别与害虫的种类、虫体的大小、各种害虫的潜在产卵量有关。卵的颜色有乳白色、淡黄色等，形状以椭圆形、长椭圆形居多。害虫产卵方式有单个散产的，有聚集成块的，并有各种排列方式。害虫成虫一般选择比较隐蔽的地方产卵，或是产在适宜后代发育且营养食物充足的场所。因此，档案的装订处、托裱处等处有装裱用糨糊，营养物质丰富，是较好的产卵场所。马粪纸内和较松散的纸张纤维间，则由于隐蔽性可以保护虫卵，而成为档案窃蠹产卵的选择。

（2）幼虫期：这是档案害虫个体发育的第二个阶段，在这一阶段幼虫由卵中孵化出来，至其变为蛹之前的生长发育阶段通称为幼虫期。幼虫生长发育速度快，需要从外界取得足够的食物，才能满足生长发育所需要的营养，所以对档案载体材料的危害极大，是档案遭受破坏的严重阶段。而且多数害虫的幼虫在低龄期对档案的危害轻，不易发现。但到后期，幼虫食量剧增，代谢旺盛，生长速度加快，只要条件合适，很容易爆发成灾，给档案带来极大的危害。因此，一旦发现档案害虫的幼虫，应立即杀灭，尤其是在幼虫期前期进行杀虫效果最好。

（3）蛹期：完全变态的档案害虫个体发育的第三个阶段。幼虫成熟后，停止取食，清除消化道，进入隐蔽场所，最后一次蜕皮，变为不食不动的蛹，这个过程叫蛹化。幼虫在蜕皮前，先要停止取食，寻找适当的化蛹场所。从外表看蛹不食不动，但内部组织与器官却发生剧烈的变化。幼虫期的组织与器官进行分解，成虫的组织与器官逐渐形成。所以这一阶段是害虫发育过程相对静止时期。

---

① 林育真、许士国：《隐秘的昆虫世界》，山东教育出版社2013年版，第115页。

（4）成虫期：是害虫生长发育的最后阶段。蛹体内旧的组织器官分解结束和新的组织器官发育完成之后，就成为成虫。成虫以其躯体的活动，迫使蛹壳裂开，从中脱出，这一过程即是羽化。成虫羽化后稍静止，翅逐渐伸展变硬，体壁也逐渐硬化并形成正常颜色，完成了变态的全过程，才开始飞行和活动。成虫的主要功能就是交配产卵、繁殖后代。有的成虫在羽化后性器官已经成熟，很快就交配产卵，这时不进食。有的成虫羽化后须经过几天或几十天不断取食，补充营养，使性器官成熟，才能生殖。

四 档案害虫的危害

档案害虫严重危害档案图书等，轻则致使档案呈现孔洞，重则千疮百孔，污迹斑斑，缺边少角，残缺不全，更有甚者整箱档案变为虫巢。档案害虫的危害主要表现在以下几个方面。

（1）取食档案

纸质档案、纸质档案用品、裱糊用的淀粉糨糊是档案害虫的良好食物。不同的档案害虫对食物各有选择，如档案窃蠹将卵产在粗糙而松软的纸张里，卵孵化后就地蛀食；毛衣鱼、蜚蠊喜啃食带有淀粉糨糊的书籍和裱糊过的档案；白蚁、褐粉蠹喜食木质结构的档案装具用品。

（2）蛀损档案

有些害虫虽然不取食档案，但是它们可以在档案中产卵，在档案中孵化后，幼虫在从档案中出来的过程中，咬损档案。

（3）污染档案

害虫在取食危害档案的过程中，将携带的污物、排泄物黏附在档案上，覆盖字迹，污染档案，严重影响利用。如白蚁将排泄物黏附在档案上，蜚蠊能带多种致病菌和污物，污染档案，同时也给档案工作者的健康带来威胁。

第五节 档案库房的鼠害及防治

鼠类是危害档案安全的另一个重要生物环境因素，鼠类不仅危害档案管理人员和档案利用者的健康，而且对档案制成材料、档案装具及档案库房的破坏也相当严重。档案的边缘常被啃咬，有时成为碎片，导致部分档案残缺不全，无法修复。档案库房的设施也会因为被鼠咬食，产生危害，甚至为其他档案害虫或霉腐微生物的孳生创造有利的环境条件。库房一旦发生鼠害，对档案的危害是无法估量的。

一　鼠的分类

在生物学关于鼠类的研究和有关文献中，用于分类的最重要的特征是头骨结构特点和牙齿，但为了保护档案的灭鼠工作则主要在于识别其外形特征，即是说，能一眼判别出其所属。由于栖息在田野的鼠类，主要危害农作物，在档案库房中的鼠类才会对档案造成损害，所以在研究鼠类对档案的危害时一般根据鼠类主要栖息场所的不同，将鼠类分为家鼠和野鼠两大类。家鼠有褐家鼠、黑家鼠及小家鼠等，野鼠有仓鼠、姬鼠、黄鼠、巢鼠、田鼠等，在档案库房中危害的鼠类多为家鼠。

鼠类属于啮齿动物，啮齿动物即指通常所说的鼠类和兔类，在动物分类中，属于脊索动物门、脊椎动物亚门、哺乳纲的兔形目和啮齿目。过去曾把啮齿动物叫啮齿目，分为重齿亚目（兔形目）和单齿亚目（啮齿目），因为兔类具有2对门齿，鼠类具有1对门齿。全世界有2800多种鼠，我国已知175种。鼠类生命力旺盛，适应环境的能力强，地球上几乎任何地方都有它的踪迹。

二　鼠类的特征及特性

鼠类属于啮齿动物，啮齿动物的特征包括：

（1）门齿锐利发达，无齿根。其门齿内软、外硬，终生生长。它没有大牙，门牙不断加长，每年长7—8英寸，影响其他牙齿的作用，所以为了保持其锋利和适宜的长度，必须不断地磨短门牙，平均每分钟90次。这种生理上的要求，致使它们经常啃咬档案、文件、木制家具、衣服、皮件及其他一些物品（包括土木建筑及塑料、薄的金属皮等）。由于经常啃咬，咬肌发达，咬嚼力达$260kg/cm^2$。所以对档案与室内的物品破坏极其严重。

（2）无犬齿，在门齿和颊齿之间留有宽阔的齿隙。颊齿包括前臼齿和臼齿，整个哺乳动物的牙齿分为：门齿、犬齿、前臼齿、臼齿。

啮齿动物的特性：

（1）种类多。啮齿动物是中小型兽类，在哺乳动物中是种类最多的一类，达哺乳动物的半数以上。据统计，全世界共有哺乳动物 4206 种，其中啮齿目 1698 种，兔形目 61 种；在我国 430 种哺乳动物中，啮齿动物为 204 种。

（2）数量大。啮齿动物的数量超过所有哺乳类的总和的几倍以上。据统计，现在地球上有鼠 100 多亿只，在我国有鼠 30 亿—40 亿只。

（3）繁殖力高。幼鼠大约三个月后就能产仔，孕期为 20—25 天，每次产仔 3—10 只，最高 12—18 只。如果生活条件好、食物丰富、温湿度适宜（温度 5—28℃、相对湿度 50%），老鼠一年四季都可繁殖，生产后马上又可以怀孕产仔，能持续生殖一年半到两年。每个雌鼠一生能产 1—10 次之多，能产仔 100 多只，可见一对老鼠一年中产仔数目是相当惊人的，常驻能形成较高的密度。

（4）适应性强，分布广。因啮齿动物体型小，且穴居生活，能够适应多种环境。无论高山、平原、丘陵、农田、森林、乡村、城镇，到处都有鼠的踪迹，除南极外，几乎遍布全球。在陆地生态系统中，它常常是重要成员之一，对人类危害极大。

（5）老鼠狡猾多疑，喜欢黑暗、清静。一般白天躲在洞内，夜间出来活动，昼夜活动 8—11 小时，在没有人活动的屋子里白天也会出来。老鼠的嗅觉灵敏，只要诱饵或捕鼠器上留有人的气味或老鼠的血腥味，它就不会上钩。老鼠的听觉灵敏，一听到声响便会立即逃跑。同时，老鼠有较强的记忆力，一旦受到惊吓，差不多要经过一个月的时间才能忘记。它还能记住道路，一般只走一条道路，而且总是沿着墙根走，尤其喜欢走两边很窄的夹道。

三 常见档案库房鼠类

（1）黑家鼠，又名黄胸鼠，长尾鼠、屋顶鼠或黄腹鼠

成年鼠体躯细长，一般体长 13—19cm，体重 60—250g。口鼻较尖，耳大透明而且薄长，向前折拉可达眼部。前足细长，趾爪锐利，背面有一深暗色斑，掌垫 8 枚；后足细长，有肉垫 6 枚。背毛棕褐色或黑色，腹

毛淡黄色或灰白色，胸部黄色较深，有的胸部有白斑，后腿为白色。尾长超过头躯长。

黑家鼠喜攀登跳跃，行动敏捷，体躯灵活，它依靠尖锐带钩的趾爪和灵敏的身躯，既可在粗糙的墙面直攀而上，又可在横梁和树枝上随意奔跑。多栖息于建筑物上层，如屋顶、天花板、屋椽、瓦间隙，门柜和窗柜处，也生活在墙缝、夹墙、杂物堆中，可在长期放置不动的档案、图书内栖息。鼠洞内常有破布、碎纸、草屑等。夹墙中的鼠洞构造较为复杂，洞口多，上通天花板，下达地板，前后左右相连贯。黑家鼠多在夜间活动，活动高峰期为黄昏后与黎明前，午夜活动也较普遍；如果夜间取食不足，白天饥饿时也会出来活动觅食。能攀高、跳远，警惕性高，一有动静或异常情况立刻逃遁。对环境的改变和新出现的物体反应也很敏感。在对其进行诱捕时，有时它对新放入的诱饵会较长时间地避而不吃。

在环境条件合适时，黑家鼠的繁殖能力虽不及褐家鼠，但在自然条件适宜的地区，一年四季都可繁殖，一般一年6—8胎，每胎产仔4—8只，最多可达17只，仔鼠3个月后性成熟，可交配繁殖，寿命1—2年。

黑家鼠食性复杂，偏于素食，尤其喜食含水较多的食物。谷物、豆类、米、面以及档案、图书的纸张、糨糊、封皮、装订线等都是其食用的对象。在世界上分布不广，仅见于东南亚。在我国，主要分布在长江以南各省，并成为这些地区家鼠中的优势种，在黄河以南的一些地区也可见到。

（2）褐家鼠，又名大家鼠、沟鼠、大灰鼠、挪威鼠

成鼠体形大，体重250—600g，最重可达750g，体长135—250mm。耳短，圆厚，且不透明，向前折拉遮盖不到眼部。鼠的背面为褐色及灰褐色，腹毛灰白色，足背白色。鼠前趾粗短，口鼻钝圆。尾长短于体长。尾上面黑褐色，下面灰白色，外表鳞片显著，尾毛稀少。

褐家鼠生活适应性很强，广泛分布于世界各地，我国除某些干旱地区数量较少外，全国各地均有分布，长江以南地区数量较大。褐家鼠的栖息地点广泛，包括厨房、厕所、禽兽棚舍、沟渠、水道、垃圾堆等处。喜欢在幽静、舒适的办公室、仓库、档案库、图书馆、冷库等地筑巢。褐家鼠挖洞能力特别强，常筑巢于墙缝、地板等建筑物的基部。鼠洞洞

道复杂，洞口 2—4 个，洞长 50—100cm，洞穴较隐蔽，并靠近水源。在档案库房中，常在墙脚及各种设备、装具的间隙及角落处筑巢，并把咬碎的纸屑等材料垫于巢穴的底部。

褐家鼠食性杂，食量大，几乎能食用所有的食物，较喜欢味香、高脂肪的动物性食品，有时也食用人吃残后的食物。耐饥能力差，取食次数频繁，饮水量大。

褐家鼠生命力强，对不同的外界环境条件适应性强。褐家鼠繁殖能力强，全年均可生育。一年繁殖 6—10 胎。4、5 月和 9、10 月是繁殖高峰期。如果环境条件适宜，产后可以立即受孕。每胎产 6—9 只，最多达 15 只。仔鼠生活 3 个月后，就可交配繁殖。一对褐家鼠及其后代一年之内可繁殖后代 1500 余只。平均寿命 2 年左右。

褐家鼠主要在夜间活动，沿墙根、壁角活动觅食，活动高峰一般在黄昏后和黎明前，但食物缺乏时或在安静的档案库房内，有时白天亦可活动。褐家鼠机警狡猾，触觉与嗅觉非常灵敏，行动谨慎，对环境的异常变化和周围新出现的物体反应极为敏感。因此，在档案库房内诱捕时，切不可改变环境。

（3）小家鼠，又名小鼠、鼷鼠、米鼠、月鼠、车鼠等

成年小家鼠一般体型较小，体长约 6—10cm，体重 7—20g。口鼻长而尖削，耳宽大，耳廓不长，耳向前折不能达到眼部，尾长约等于体长。上颌门齿从侧面看有一明显缺刻。小家鼠毛色较杂，并随季节和生态环境的变化而改变。背毛灰褐色或黑灰色，一般多为灰褐色。腹部灰黄色或灰白色，一般多为灰白色，间有棕色或纯白色出现。尾尖细，略短于体长。

小家鼠在我国的分布很广泛，除少数地区外都可见到。小家鼠对环境适应性很强，为典型的家、野两栖鼠类，常常隐于室内与人伴居。小家鼠多栖于住宅、厨房、仓库、箱柜、抽屉、地板或杂物堆中，如在野外则多居住在田埂上。鼠洞通道短而陋，一般 0.6—1m 长，30—60cm 深，有 1—2 个出入口，洞口直径不到 35mm。小家鼠可随处作窝，只要有一定隐藏空间即可。成鼠常独居，仅在交尾阶段或哺乳期可见一洞数鼠。

小家鼠食性复杂，喜食各类种子，尤其是小粒谷物种子。在食物缺

乏时，小家鼠也取食其他食物，甚至啃咬档案、图书的纸张和装具充饥，危害农林、食品、图书、档案、衣物等。小家鼠在全世界都有分布，在我国各地均有发现。

小家鼠不太机警，基本是在夜间活动，多沿地面墙根和家具旁边行动，奔跑迅速，攀登能力强。黄昏后与黎明前有两个活动高峰期，但白天偶尔也出来活动。它的取食活动规律大约是一昼夜为一大周期，1.5—2小时为一小周期，但小周期的长短会随环境条件的变化和食物种类的改变而波动。小家鼠的取食有两个特点：一是不连续取食，喜食零食。据实验观察，小家鼠每天取食193次之多，但每次仅取食10—20毫克。二是取食地点不固定，每点取食量不均，随意性较大。小家鼠有时在一天内可到多处能够取食的地点取食，并且这些取食点和每点取食量总是不断变化。因此，在消灭小家鼠时，要注意收藏好毒饵以外的食物，并将毒饵分成若干小堆，分散放置在它可以活动的每个角落，这样必可收到事半功倍的效果。掌握小家鼠的活动和取食规律，制定有效的灭鼠措施，可提高灭鼠效果。

小家鼠繁殖能力很强，但对不利的外界环境条件抵抗力较差，因此，它的种群密度常常波动较大。在适宜条件下一年四季均可繁殖，怀孕期约20天，产后马上又能受孕。春秋各有一次繁殖高峰。年产6—8胎，每胎产仔6—8只。仔鼠2—3个月性成熟后即可繁殖。

四 档案馆鼠类的危害

库房一旦发生鼠害，不仅对档案载体材料、档案装具及档案库房造成破坏，也给档案管理人员和档案利用者的健康带来伤害，可以说老鼠对档案的危害是非常严重、无法估量的。鼠类对档案的危害主要表现在：

（1）鼠类牙齿锋利，啃咬造成档案破坏

鼠类有非常锐利的牙齿，其门齿在一生中不断生长，而且生长很快，必须咬东西来磨损它，以保证其正常取食。这种生理上的要求，使得它们即使是在饱食之后仍然啃咬东西，其中甚至包括土木建筑及塑料、薄的金属皮等。鼠类对档案的破坏形式是多样的，它们可以将档案的纸张撕成碎片，啃成孔洞，甚至全部咬成纸屑。有的老鼠还将纸张拖入鼠洞做窝，直接在档案柜、箱内筑巢、栖息和繁殖，进一步扩大危害程度和范围。对被老鼠破坏面积较大、程度较重的档案修复是十分困难的，有些档案甚至无法修复。档案一旦被啃咬，残缺不全，无法修复，无论多么珍贵的档案，也会部分或全部失掉其利用价值，造成无法弥补的损失。

（2）鼠类啃咬破坏档案装具，包括档案盒、档案箱（柜、架）等

鼠类的牙齿不仅坚硬锐利，而且咬嚼力极大，每平方厘米可达260kg左右，可以啃咬坚硬物体。因此，库房内的档案装具和某些设备，如档案柜、档案架、档案箱、档案盒、去湿机、空调机、各类仪器仪表、管道等均可成为老鼠的攻击目标。鼠害严重的库房，金属装具表面保护漆膜被啃掉，啃出沟痕，甚至啃穿成洞；木制装具被啃去边角，咬断立柱；纸质装具被成片啃咬毁坏等现象屡见不鲜。

档案箱、盒、柜等被鼠类破坏后，档案载体直接暴露，不仅造成档案的磨损，也为光、灰尘、有害气体、有害生物接触档案、危害档案打开了缺口，创造了条件，加重这些不利的环境因素对档案的危害，同时也为老鼠进一步破坏装具内档案提供了方便。

（3）鼠类的粪便、尿液严重污染档案和库房环境

鼠类进入档案库房后，在档案库房中栖息、活动和啃咬档案的过程中，由于经常排泄粪尿和唾液等分泌物，从而造成档案和库房内环境的污染，鼠类的粪、尿及分泌物是造成档案及档案库房环境污染的一条不可忽视的因素。

鼠类到处觅食，且具有取食、饮水频繁和边吃边喝边排泄的特点。通常一只家鼠每年可排粪15000—25000粒。被老鼠污染过的档案常夹杂有鼠粪，并黏附着鼠毛、纸屑、灰尘或其他杂质，可以形成各种不同颜色的污斑。这些污染物遮盖字迹或使字迹洇化、蜕变，影响档案的阅读和利用，对档案的危害极大。这些污染物与灰尘等其他杂质共同作用，还会造成档案纸张相互粘连，进而形成很难修复的档案砖，影响档案的利用。老鼠排泄物在纸张上留下的污斑，一般不能或很难去除干净，从而给修复工作造成很大的困难。

（4）鼠类能够破坏档案库房内的设备及建筑物，对档案库房设备及建筑物的损坏十分严重

由于档案库房与办公室隔开，来往人员少，环境安静，温差不大，是鼠类理想的栖息之地，常常引来许多家鼠和少量季节性迁移的野鼠。

老鼠通过挖墙基、打洞穴、钻水道等各种途径入侵库房，一旦进入库房，便在墙根底下、墙壁内部、地板下面或天棚顶上筑巢栖息，生息繁殖，并到处破坏，如啃咬档案、电线、仪器设备。所筑鼠穴、鼠道不仅会使雨水、雪水沿其渗入基础，侵蚀基础，损坏库房构筑物，影响库房的使用年限，而且还会破坏墙体、屋顶的空气间层结构和地面的防水、防潮结构，降低库房的隔热、防潮与密闭性能，加重灰尘及有害气体对档案的污染和虫霉对档案的危害，并给库房内温湿度的调控造成困难。所有这些必然导致库内环境条件恶化，对档案的安全造成威胁，从而影响档案的寿命。

（5）鼠类还是许多病原菌的传播者，不仅破坏档案，还严重威胁着档案工作人员的健康。

由于老鼠是多种自然疫源性疾病的宿主，因此，鼠体及其污染物会将多种病原菌、霉菌、螨类以及跳蚤、壁虱等寄生虫传播给档案管理者和利用者，危害人们的健康。此外，档案装具及档案纸张被老鼠啃咬下的碎屑、碎片及鼠体的黏附物、排泄物等，还会随空气的流动和老鼠的活动飘散在整个库房内，造成库房档案保存环境和工作环境的污染。

总而言之，鼠类同档案害虫、微生物一样，对档案有着直接或间接的危害，是档案保护工作应该防治的重点。

第六节 档案库房生物与环境

档案库房的微生物、有害昆虫和鼠类的生命活动与周围环境密切相关，它们必须在一定的温湿度、食物以及其他条件下才能正常生长、发育和繁殖。了解这些生物的发生与生长环境条件的关系，有利于找到档案库房有害生物的数量变化规律和发生的多种原因，搞清档案生物危害发生与环境条件之间的相互关系及规律，从而提出有效的防治措施，达到控制或消灭档案生物危害的目的。

一 微生物与环境

档案制成材料是霉腐微生物寄生的基质，这只是说明档案有生霉的可能性。档案并不是在任何保存条件下都会长霉，有的地区或单位的档案发生了霉害，有的就没有发生，就是同一单位的档案也有的长霉，有的没有长霉，这种现象发生的根本原因就在于保存档案的条件不同，说明档案微生物危害的发生与一定的外界条件有关。

生长是微生物与外界环境因素共同作用的结果，环境条件的改变，在一定限度内，可引起微生物形态、生理、生长、繁殖等特征的改变，或者抵抗、适应环境条件的某些改变。当环境条件的变化超过一定极限，则导致微生物的死亡。

（一）温度

温度是微生物生长、发育与存活的最重要的因素之一。一方面，微生物的生命活动是由一系列生物化学反应组成的，温度对这些生化反应的影响极其明显。随着温度的上升，微生物体中的生物化学反应速率和生长速率加快。另一方面，有机生命体的重要组成如蛋白质、核酸等对温度都较敏感，温度可以影响这些生物大分子的物理状态。温度的升高或降低可能使有机生命体遭受不可逆的破坏。例如，低温可导致细胞膜凝固，引起物质运送困难，而高温则可使蛋白质变性。每一种微生物的生长温度尽管有宽有窄，但总有它的最低生长温度、最适生长温度、最高生长温度和致死温度，其中前三个温度被称为微生物的生长温度三基点。[1]

最适生长温度经常简称为"最适温度"，是指某微生物群体生长繁殖速度最快的温度。但必须强调指出，对同一种微生物来说，最适生长温度并非是其一切生理过程的最适温度，例如，最适温度并不等于生长率最高时的培养温度，也不等于发酵速率或累积代谢产物最高时的培养温度，更不等于累积某一代谢产物最高时的培养温度。

按照最适生长温度，微生物可分为低温微生物（嗜冷微生物，最适温度5—20℃）、中温微生物（嗜温微生物，最适温度20—40℃）和高温微生物（嗜热微生物，最适温度50—60℃）三类。[2]

一般说来，微生物的生长温度范围很宽，介于 -12—113℃。但就某种微生物而言，上限值和下限值之差一般不超过三四十摄氏度。微生物

---

[1] 任何军、张婷娣：《环境微生物学》，清华大学出版社2015年版，第175页。
[2] 赵金海：《微生物学基础》，中国轻工业出版社2012年版，第119页。

能够耐受的温度范围与细胞膜的化学组成有关。虽然环境温度变化时，微生物可调整细胞膜组成，但调整幅度有限。因此，一种微生物难以在很宽的温度范围内生长。对于温度的缓慢变化，微生物可进行相应调整，最终产生适应。但是，对于温度的快速波动，微生物的调整往往跟不上温度的升降，因而较难适应。温度的无规律变化对微生物产生的影响远远大于温度的规律变化。由于每种生物都有特定的生长温度范围，升高温度可逐渐淘汰某些生物种群。超过100℃后，极端嗜热菌也走向衰亡。

就档案库房的霉腐微生物而言，大多数在45℃以上停止生长，20—30℃为最适宜温度，在10℃以下不易生长。据研究，各种霉菌在最适宜的温度范围内，温度每升高10℃，生长速度可加快1—2倍。霉菌在最适宜的温度范围内生长最旺盛，繁殖力最强。霉菌的生长亦有一定的温度范围，超出这个范围则生长滞缓或停止。超过生长的最高温度范围，很容易死亡，超过的温度越高，霉菌的死亡越快。高温能灭菌，其主要原因就是因为高温使菌体内的蛋白质变性或凝固，同时也破坏了酶的活动，从而杀死霉菌。多数霉菌在80℃的潮湿空气中能很快死亡，但霉菌的孢子却有较高的耐热性。霉菌对低温的抵抗力一般比高温强，低温只能抑制霉菌的生长，致死作用较差。但是由于档案保护的要求，档案保存温度存在着一个合适的范围，所以依赖绝对的升温或降温至微生物生长温度范围以外的手段，杀死微生物是不现实的。

（二）湿度或水分

水是生物赖以生存和发展的基础物质之一，生物体内的水分含量一般为70%—80%，是含量最高的组分。水分是维持微生物正常生活所不可缺少的物质，如果周围环境水分含量很低，对微生物的生命活动是不利的。在干燥情况下，细菌芽孢和真菌孢子的抵抗力强，但微生物营养细胞的生活能力却会显著地减弱，甚至不能生长繁殖。例如木材腐朽菌适宜在木材含水率为40%—50%时生长繁殖，当含水率在20%以下时，则生长繁殖受到限制，这也是干燥木材在一般情况下能防止腐朽的原因。

一些生长在固体物料表面的微生物，除要求物料有一定的含水率外，还要求空气有较高的相对湿度，如某些破坏档案的霉菌，这是因为霉菌所需要的水分取决于寄生的基质的含水量和空气的湿度，同时霉菌自身水分的保持也与空气湿度有密切的关系。以档案纸张为例，当库房湿度高时,纸张就要从空气中吸收水分而增加含水量;如果降低库房的湿度,纸张就会向空气中散发水分而降低含水量。因此当档案纸张的含水量能满足霉菌生长、发育和繁殖的需要时,档案容易生霉。大多数霉菌是属于中湿型的微生物,在湿度为 $92\pm2\%$ 时,能良好地生长繁殖;在湿度低于 75% 的条件下,多数霉菌不能发育,因此通常把湿度为 75% 称为生霉的临界湿度。

微生物的生命活动离不开水,严格地讲是离不开可被微生物利用的水。可利用水量的多少不仅取决于水的含量,而且主要取决于水与溶质或固体间的关系。表示环境中水对微生物生长可给性高低的指标即水的活度,实质上就是用来表示溶液或含水物质平衡时的空气的相对湿度。微生物的营养细胞一般不耐干燥,在干燥条件下,几小时便会死亡,但放线菌的分生孢子和细菌芽孢可以在干燥条件下保存数年。菌体数目越多越密集,对干燥环境的抵抗力也越强。

(三)空气成分

大多数霉菌在有氧的条件下才能进行正常的呼吸,在呼吸过程中,不断把葡萄糖和脂肪等物质氧化分解成二氧化碳和水,同时放出热量。因此,霉菌需要在有氧的条件下才能正常生长。按照微生物与氧的关系,可把它们分成好氧菌和厌氧菌两大类。在微生物世界中,绝大多数种类都是好氧菌,厌氧菌的种类相对较少。

(四)酸碱度

环境的酸碱度对微生物生长也有重要影响。就总体而言,微生物能在 pH 值为 1—11 的范围内生长,但不同种类微生物的适应能力各异。每一种微生物都有其最适 pH 值范围和能适应的 pH 值范围。霉菌生长的最适宜 pH 值在 4.0—5.8,由于档案纸张大部分呈酸性,因而适于霉菌的生长。有些档案纸张本身呈弱碱性,也有长霉的现象,这是由于霉菌在生长过程中,分泌出一些带酸性的物质,增加了纸张的酸度。

环境中的酸碱度与霉菌生命活动有密切关系,它直接影响霉菌细胞膜的渗透性及酶的活力。如在酸性环境中,乙酸能进入细胞,而在中性或碱性环境中,乙酸离子化,不能进入细胞。此外还影响氧的溶解性及营养物质的物理状态,改变环境中养料的可给性或有害物质的毒性。总之,影响霉菌的新陈代谢的进行。

二 档案害虫与环境

（一）温度

温度是档案害虫生活最重要的无机环境因素，它对档案害虫发育速度的影响比较明显。档案害虫是变温动物，生理上缺乏调节体温的机能或机能不完善，保持和调节体温的机能不强。温度对变温动物发生直接作用，一般来说，在一定的温度范围内，外界温度上升，档案害虫的体温也相应地上升，外界温度下降，档案害虫体温也相应地下降，即档案害虫体温保持着与外界温度相接近的水平。变温动物的体温随着外界温度的高低而产生不同的反应，表现在动物的新陈代谢强度、生长速率等方面，从而影响其发生数量、体形、大小、行为变异、全年活动期长短以及地理上的分布区域。

由于档案害虫的体温随着环境温度的变化而变化，新陈代谢的速率和行为，必然要受环境温度的支配。只有当环境温度上升到一定高度的时候，档案害虫才能开始生长发育和恢复活动。这个最低发育温度叫作发育始点。各种昆虫在各地的生活特点是不相同的，其发育始点温度也不相同。就某一种档案害虫来说，从发育始点上升到一定温度范围内，档案害虫能正常生长发育、活动和繁殖，这个温度范围称为有效温度。在此有效温度范围内还有一个最适温区，在最适温区档案害虫的活动最旺盛、生长发育最好、繁殖机能最强，繁殖数量最多，自然死亡率最低。超过有效温度的上限或下限，档案害虫就会因温度过高或过低，活动停止，而产生蛰伏（冬眠或夏眠）或滞育。这个温度范围称为不活动温区。下限以下，档案害虫因过分寒冷而被冻死，此温度范围称为低温致死区；上限以上，昆虫因过度高温而死亡，此温度称为高温致死区。

温度不仅明显影响档案害虫的生长发育速度，与昆虫的产卵量和成虫的寿命关系也非常密切。例如烟草甲在30—35℃时，完成一个世代需约33天，25℃时需50天，20℃时约120天；在22—35℃时，每个雌虫产卵100粒以上，若低于22℃时，则停止产卵，若高于37.5℃时，即使能产极少数的卵，也不孵化。

（二）湿度

和湿度直接发生关系的是水分。档案害虫不断地由体壁蒸发水分，马氏管排泄水分，腺细胞的分泌也要排出水分。同时，档案害虫体内的水分又必须从周围环境中获得，所以水分对档案害虫生理活动的影响极为重要。

　　档案害虫在其生活中对湿度的要求也像对温度的要求一样，有有效湿度、最适湿度、不活动湿度和致死湿度之分。档案害虫对外界湿度的选择和要求取决于虫体含水量的多少和外界温度的变化情况。当档案害虫体内含水量高或失去水分能够及时补充时，在高温下虫体需要低湿，若含水量虽高，但失去的水分不能及时补充时，则即使在高温下仍需较高的湿度。在一般情况下，低温时通常都是高湿，此时害虫活动少，失水也少。自然界大多数档案害虫的最适湿度，接近高湿范围，即相对湿度在70%—90%，适宜温度不但因种类不同而有差别，即使同种昆虫的各个虫态和龄期也常不一致，这主要是因为各种档案害虫体液的浓度与体壁骨化程度都不相同的缘故。

　　湿度的高低可以支配虫体内水分的蒸发，直接影响档案害虫的生长、发育和繁殖。在有效湿度范围内，相对湿度低，虫体内的水分蒸发快，则加速档案害虫发育。但是，相对湿度过低，反而会延续档案害虫发育时间，甚至会使虫体内水分失去平衡，造成死亡率增加。若相对湿度增高，通常能延长档案害虫发育天数，并容易发病而引起死亡。

　　必须指出，温度与湿度因子对档案害虫的生长发育的影响是互为因果、相互联系的。如果环境温度适宜，而空气特别干燥，新陈代谢作用旺盛，虫体内储存的物质很快地被消耗掉。同时，虫体内的水分也容易被蒸发掉，造成体内水分失去平衡，结果很快趋于死亡。反之，空气湿度大，虽会降低其适宜温度范围，但其新陈代谢作用较缓慢，又能保持足够的水分。这样即使在缺乏食物的情况下，也能生活一个较长的时间。总之，只有在最适宜的温度范围内，湿度越大，档案害虫的生长发育越快，繁殖越多，危害亦越烈，损失越严重。

三　鼠类与环境

（一）温度

　　对所有动物而言，环境温度都是其生命活动的必需条件之一，按动物体温对环境温度的依赖程度可分为恒温动物和变温动物。档案害虫属于变温动物（又称冷血动物），鼠类则是恒温动物。

变温动物需屈从于环境温度，随外界环境条件的改变，其体温呈同步变化，超过临界温度，可能休眠或死亡。与变温动物不同，恒温动物能在温度变幅很大的环境中，维持相当恒定的体温。哺乳动物和鸟类即为恒温动物，其体温终生保持在一定范围内，这是恒温动物所固有的生理特点。

不过动物体温的严格定义是指动物身体内部或深部的温度，其皮肤表面的温度称为动物的皮温，这是两个不同的概念。在动物体组织、表皮和被毛的隔热作用下，动物体温较少受环境条件的影响，较为恒定，但从内向外温度变化渐增。而皮肤介于身体内部与外界环境之间，受双重因素影响，故皮温变化相对更大，常随外界温度的变化而变化，而且皮温因身体表面部位不同也会有所不同。

正常情况下，恒温动物生存的环境温度范围是相当宽的。例如，实验研究表明环境温度在15—30℃的范围变化时，在昼光和暗光（夜间）中的老鼠均能维持稳定的体核温度，变化仅小于0.2℃，但心率可随着环境温度的降低而提高。在温度梯度实验箱中的大鼠和小鼠，虽然动物在温度梯度冷的一端与热的一端来回运动，但体温仍然是相对稳定的。[1]

当恒温动物处于温度变化剧烈的环境中时，若要保持其体温恒定，就必须做补偿性生理调节，也就是说，恒温动物具有如下能力：以自身的生物学过程与外界环境中发生的物理学过程相互呼应配合，能够与外界环境持续维持一定程度的热量平衡，达到持续维持本身恒定的体温。具体来说，由长期在自然界生活按"适者生存定律"自然选择保留下来的遗传基因所决定，每个恒温动物都具有产热和散热的生物学本能，其表现特点、形式和增加或减少体热的数量能够随外界环境的变化而变化，从而始终保持产热与散热近似相等，体温得以维持基本恒定。这样基本恒定的体温，则可保证动物体内的生理生化过程在适宜温度范围内持续进行，因而保证了动物自身正常的生长发育、传宗接代，而不致被自然界所淘汰。因此，相较档案害虫，老鼠具有更强的环境温度适应能力。例如温度5—28℃时，老鼠一年四季都可繁殖。

---

[1] 杨永录、胡晓松、赖雁等：《体温与体温调节生理学》，人民军医出版社2015年版，第206页。

体温相对恒定是在体温调节中枢的调控下，通过多种因素参与调节而实现的。体温的调节效应可引起一系列代谢和功能的改变，以利于机体更好地适应环境。但是，超出正常范围的高温和低温仍然会对恒温动物的机体造成伤害。例如，当低温发生时，恒温动物的心脏传导变得紊乱，更低时中枢神经系统和血流动力学就会发生明显的变化，特别是心室纤颤的危险性急剧增高。低温造成动物伤害的主要原因是动物体对寒冷的调节能力低下，体内产热减少，皮肤血管不能很好地收缩，热量严重丢失，致使体温不能维持在正常水平，容易随环境温度降低而降低。

虽然正常动物在体温调节中枢的调控下，能在一定的环境温度范围内维持体核温度处于恒定状态，但如果某些因素影响了体温的正常调节功能，恒温动物维持生存的环境温度范围就会变窄。例如，有机磷毒剂能降低体温调定点，改变机体产热和散热效应器的功能，从而引起调节性低温长达数小时。但可随着环境温度的升高或降低，容易引起发热或体温降低，其结果就是中毒动物体温的低温区更低，高温区更高，相当于体温随环境温度变化曲线倾斜率变大，如图9.1所示[1]。所以有机磷毒剂可导致动物维持体温恒定的环境温度被限制在一个很狭窄的范围内。

(二) 湿度

大气含有两种状态的水蒸气：一种是可见的水蒸气，如云和雾，另一种是不可见的水蒸气，即湿度。湿度对动物的生活、生长、发育、代谢、体色、形态构造、行为和地理分布等都有一定的直接影响，而且也可以通过对植物的影响而间接影响动物的生长和分布。

根据对湿度变化范围的适应，动物可分为广湿性和狭湿性二类。广湿性动物能适应湿度较大的变化范围，如许多昆虫、鸟类和兽类等。这类动物分布较广，栖息地多种多样。狭湿性动物只能忍受湿度较小的变化幅度，其分布范围不如广湿性动物。鼠类属于广湿性动物，它们可以适应湿度较大的变化范围。尽管如此，湿度的变化仍然会对老鼠的生活产生诸多影响，如繁殖、生长发育、代谢、寿命、活动和行为等。例如，一些老鼠白天躲藏在潮湿的洞穴，而在夜里出来活动，有的甚至能将洞

---

[1] 杨永录、胡晓松、赖雁等：《体温与体温调节生理学》，人民军医出版社2015年版，第207页。

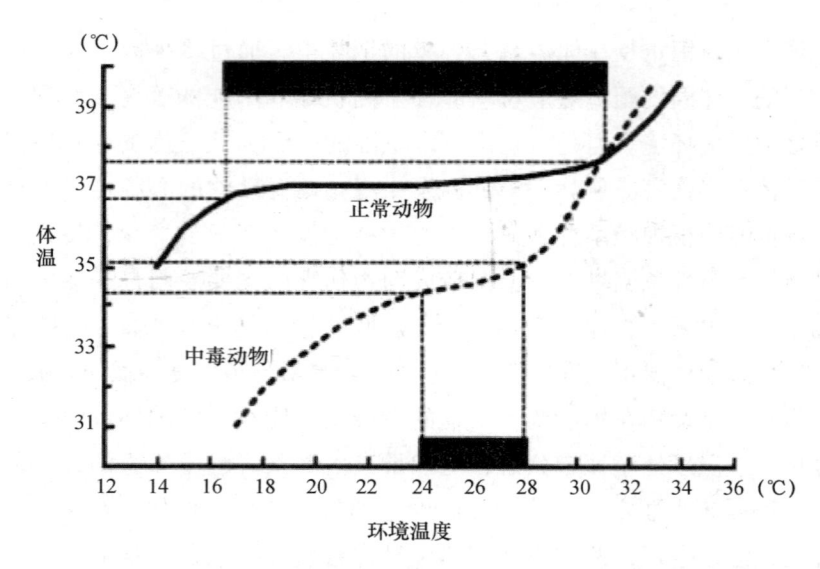

图 9-1　化学毒剂引起调节性低温并导致维持正常体温的环境温度范围变窄

图上方的黑色宽条表示正常动物维持体温恒定的环境温度范围；图下方的黑色宽条表示在化学毒剂的作用下，动物维持体温恒定的环境温度范围

口堵住，这便体现了老鼠避开干燥的空气的行为适应。

第七节　生物环境的控制

对档案保护环境的有害生物的防治应坚持以防为主、防重于治的指导思想。档案库房基本处于封闭和半封闭状态，是一个可以人为控制的环境。通过档案工作者对档案加强管理、实施档案保护技术，可有效防止或抑制有害生物的发生或减少发生次数。预防有害生物的发生就是要创造由一系列不利因素综合而成的生态环境，恶化档案有害生物的生活条件，从而限制乃至消除有害生物对档案的危害。

一　档案馆建筑的有害生物防治要求

中华人民共和国行业标准《档案馆建筑设计规范（JGJ 25—2010）》之"5.7 有害生物防治"规定：

（1）管道通过墙壁或楼、地面处均应用不燃材料填塞密实，其他墙身孔洞也应采取防护措施，底层地面应采用坚实地坪。

（2）库房门与地面的缝隙不应大于5mm，且宜采用金属门。

（3）档案馆应设消毒室或配备消毒设备。

（4）档案库外窗的开启扇应设纱窗。

此外，出于有害微生物预防的目的，档案馆建筑的要求还应考虑：

（1）档案库房选择须考虑安全、干燥通风，易于管理，尽量不要与民居为邻等因素。

（2）库房建筑须防潮，建筑的通风孔道要安装空气过滤装置。采用无窗库房，需装空气调节设施。建筑物大门可设缓冲门。

（3）档案馆内装修材料须选用防霉材料，不得使用乳胶型的墙壁涂料，地面不要铺地毯，可用涂油漆打蜡的木板、水磨石、橡胶板等，既防霉，也易于除尘。

（4）清除库房周围杂草、垃圾、污垢，保持库房周围环境清洁。在库房建筑周围5米的范围内，定期喷洒防虫药物。在库房周围铺设2—3米宽度的水泥或沥青地面作为防虫带。如有可能，可以进一步做好档案库房周围的绿化工作，从建筑物外墙向外依次形成草坪、灌木丛、乔木的布局，在档案库房周围营造成一条环形绿化带。

二　档案中微生物的防治

档案中有害微生物的预防主要是防止或抑制霉腐微生物在档案库房内的生长、发育和繁殖及其对档案制成材料的破坏，这需从档案库房环境及档案本身两个方面着手。

对于档案库房的环境，可采取的预防措施包括：

（1）将档案库房的温湿度调控在标准范围内。预防档案库内微生物的滋生，主要是控制温度和湿度两个条件。对于预防微生物危害的发生，控制环境温湿度具有积极作用，尤以控制环境湿度最为明显，这是因为环境干燥，会引起微生物菌体细胞失水，细胞内盐分浓度增高，蛋白质变性，从而导致其生命活力降低，逐渐死亡。但不同种类微生物对干燥环境的抵御能力不同，同一种类的微生物处在不同的生理阶段，对于干燥环境的抗御能力也不相同。总体说来，较高的环境湿度适宜于微生物的生长发育、繁殖，而低湿环境对于防霉具有很好的效果。保护档案较适宜的温度为 14—20℃，湿度为 50%—65%，这种温湿度对微生物的发育是不利的。

(2) 库内应保持清洁，减少尘土，因为灰尘上含有霉菌孢子。由于灰尘的自然沉降作用，低层空气中的微生物比高层多。库房的地面、墙壁、天花板、档案装具内外表面都可以滋生微生物，要及时做好这些区域的除尘工作。保持库房清洁，工作人员进入库房时必须穿着干净工作服，换工作鞋（或穿鞋套），戴手套。这是因为工作人员的身体、毛发、衣服鞋袜都直接与外界接触，携带有灰尘及各种微生物，特别是鞋子上的微生物更多。如果直接进入库房，会带进有害的霉菌菌丝、孢子及其他微生物。同时，严禁携带食物入库，避免污染档案。

(3) 使用特制装具。对于有条件的单位，如果档案文献能够装在特制的装具内，对于维护档案文献小环境、保护档案能够起到很好的作用。例如，将胶片和磁性记录档案文献置于塑料袋、影像册、档案盒内，或者放入档案箱（柜）内，可以有效地避免微生物的侵害。

(4) 对于特别珍贵档案，可以采取适当措施达到控制档案保存小环境的目的。档案库内的微生物多数为好氧微生物，采用去氧方法抑制它们的生长、繁殖，可以预防危害档案微生物的滋生。例如在密封的容器或塑料袋内使用除氧剂、氮气、二氧化碳，清除小环境的氧气，抑制微生物的生存。但是该法要求密封，一般用于小范围内珍贵档案的保护，难以大面积地推广应用于整个库房。

对于档案本身，预防微生物伤害的措施包括：

(1) 定期对档案进行安全检查。安全检查的过程，也就是对档案进行翻、抖、扫、查的过程，不仅可以减少纸张中过高的含水量，减少有害气体累积，而且可以破坏档案文献害虫及鼠类稳定的生活环境，除去灰尘、虫卵、霉菌孢子及其他杂质，为档案的保管创造了适宜的环境，对保护档案具有很重要的作用。档案的安全检查可以选择温湿度较为适宜的季节进行，避免档案从空气中吸收过多的水分，使档案受潮。进行档案安全检查时应注意隔离，避免清扫出来的有害物质散落到库内甚至档案上，给其他的档案带来危害。安全检查时应小心细致，切忌人为因素对档案文献造成损坏。

(2) 对档案进行消毒处理。档案在入库收藏前或提取使用以后再回库房时，必须经过灭菌消毒处理后才能入库。能用来进行档案消毒灭菌的有化学法，化学药品当中可用的，有甲醛和环氧乙烷。另外，采用一定量的放射线辐照，也是可行的。甲醛可以用加热的办法使其汽化，环氧乙烷则极易汽化，挥发性和渗透性都很强，汽化后药物与档案的接触面广、均匀，而且可以渗透到一些固体药物达不到的缝隙处，灭菌比较彻底。用甲醛进行消毒时，常在特制的密闭消毒箱或熏蒸室内进行。

（3）使用药物进行档案防霉。在档案制成材料及装具上施放各类化学药物可以抑制有害微生物的生长繁殖，这些化学药物称为防霉剂。预先放置或添加防霉剂于档案制成材料中，是防止微生物蔓延的一种常用的有效方法。防霉剂进入微生物体内以后，能够进入细胞原生质中并作用于各种代谢机制，从而使微生物不能进行各种正常的生理活动，抑制其正常的生长、发育、繁殖，达到防霉的目的。

使用防霉剂的原则是安全、有效、无害。既对档案无损坏，有较强的抗菌效力及广谱性，而且副作用小，对人体无害。同时，性能稳定，有效期长，在自然条件下不容易分解，且保持稳定的防霉、杀菌作用。防霉剂种类很多，大多数卤素、烷化剂、酚类都具备抑菌杀菌的功能，常用的防霉剂有香叶醇长效抗霉灵、五氯苯酚钠和3号中药气相防霉剂等。防霉剂的使用应根据防霉对象的不同选择相应的方法，可以直接喷洒、涂抹或置于档案文献中，也可以直接添加到档案制成原料或档案装具包装材料中。或者在日常的防霉工作中，常将防霉剂置于档案文献库房或档案文献装具内，药剂在挥发、升华后逐渐放出气体，以达到防霉的目的。

如果档案上已感染了有害微生物，为了避免进一步的恶化和蔓延，就需要采取适当的措施进行治理。治理档案有害微生物的措施，主要有化学灭菌法和物理灭菌法两大类。化学灭菌法是使用化学杀菌剂，利用涂抹法、喷雾法、浸渍法、熏蒸法等多种操作手法达到灭菌效果的方法。物理灭菌法是利用温度、水分、辐射、电磁波、光波、声波、渗透压等物理因素，来杀灭危害档案文献微生物的方法，例如真空灭菌、冷冻灭菌、干燥灭菌、微波灭菌、射线辐照杀菌等。需要注意的是，由于灭菌时档案文献离不开灭菌环境，应用物理灭菌法时只能选择一些对档案制成材料不造成损害的方法。

三 档案害虫的防治

按照生物分类学，档案害虫属于无脊椎动物中的节肢动物门昆虫纲动物。昆虫的适应能力很强，分布范围很广，根据昆虫危害的对象，常把昆虫分为农业害虫、林业害虫、卫生害虫、仓库害虫等。档案害虫属于仓库害虫的一部分，是指在正常情况下能在库内生活并危害档案的昆虫。危害档案、图书、文献的害虫据报道有30多种，种类不多，但危害甚大。档案害虫的防治，也要遵循"预防为主，防治结合"的原则，从"防"和"治"两个方面着手。

（1）档案害虫的预防

档案害虫的预防工作，关键是创造并维持一个不利于害虫生长而又不损害档案的环境。具体措施主要包括建库地址的选择、建库前对地基、土壤的处理、对周围环境的治理、库房结构的设计、建材的选择、空调系统的选择、档案入库前的处理、库内防虫、驱虫药剂的放置、库房的清洁卫生、定期检查等。

在这些预防措施中，库房作为长期存放档案的场所，库房建筑是预防档案害虫危害档案安全的前提。关于档案库房建设的要求，在本节"档案馆建筑的有害生物防治要求"中已经综述，这些要求主要体现在：首先，选址要适当。由于档案害虫常潜伏于阴暗、潮湿、通风不良的环境中，具有爬行或飞翔能力。因此档案库房应选在地势较高且又干燥的地方，远离粮仓、货仓、食堂等场所，避免通过自然传播而感染害虫。其次，库房建筑应加强门窗的封闭性，门窗数量要少，密封性能要好，以防害虫通过门窗进入库房。自然通风或机械通风的通风口要安装过滤网和风门，或者设置纱窗。不通风时，关闭通风口，以避免害虫经通风口进入库房。最后，库房建筑的地基采用钢筋水泥或石质结构，这种结构既可防虫，又可防鼠。用砖木结构，容易藏匿各种害虫，尤其是白蚁。地板、墙面、屋顶天花板的孔洞或缝隙是害虫的可能栖息场所，所以这些地方不能有孔洞或缝隙，消除这些孔洞及缝隙，或涂上光滑的涂料或铺贴瓷砖，有利于防治害虫。

此外，档案害虫是变温动物，且喜温畏寒，喜湿畏干。将库房的温度控制在20℃以下、相对湿度在60%之内，害虫生长繁殖受到抑制，甚至死亡，可以有效地减少害虫对档案的危害。

库房建筑防虫可以有效地截断害虫自然传播的途径，减少害虫入库的机会。但是档案害虫的传播有自然传播和人为传播两种途径，为了截断档案害虫人为传播的途径，可以从3个方面着手：首先，要加强档案的管理，这是预防害虫发生的一个不可忽视的方面。加强管理措施包括制定各种规章、健全各种制度等。通过经常性的管理工作，使库房保持不适合害虫生长发育的环境条件，从而达到防虫的目的。其次，搞好库内外环境及档案本身的卫生防疫工作，这是防止档案受害虫感染的重要手段之一。再次，为了确保入库的档案不受感染，档案入库前要进行检疫。一旦发现疫情，应立即送往熏蒸消毒室进行消毒处理。在确认无虫之后方可入库。最后，要定期检查、翻动、清扫档案，破坏档案害虫稳定的生态环境，这样既可以驱除已有的害虫，又可以清除已有的虫卵，对于保护档案有一定的作用。

（2）驱虫剂防虫

使用化学药剂既可防虫也可杀虫，是防治结合和预防档案害虫传播蔓延的有效手段。作为预防档案害虫的手段，在档案库房及各种档案装具内放置有特殊气味或毒性的驱虫药剂，使药物挥发出来的气体在档案周围经常保持一定的浓度，害虫不敢接近档案，这种药物称为驱避剂，驱避剂对预防害虫有一定作用。

常用的防虫驱虫剂主要有：冰片，一种有类似樟脑的气味的双环萜醇；灵香草，又名薰衣草、驱蛔草，是报春花科多年生草本植物；芸香，别名臭草，是芸香科多年生草本植物，其果、叶内含菌芋碱，有驱虫作用，但有效期不长；天然樟脑和合成樟脑，传统的驱虫药，目前使用最广泛的防虫驱避剂，是含双环萜酮及萜烯类化合物，广泛地应用档案、图书、衣物等防虫。为了最大限度发挥预防效果，驱虫剂需易于挥发或升华，以利于扩散，而且对档案、人身均不产生危害。

（3）档案害虫的灭杀

如果档案库房或档案本身已被害虫感染，驱虫剂不能奏效，必须用化学药物或者物理方法加以杀灭。

化学药物灭虫是针对不同的档案害虫及其生活习性和对药性的抵抗力的不同，有针对性地选择化学药物和实施方法进行灭虫的技术措施。

使用化学药物造成害虫生理机能严重障碍乃至死亡的方法，统称为化学杀虫法。常用的杀虫剂有敌敌畏、溴甲烷、环氧乙烷、硫酰氟、磷化铝、灵香草杀虫剂、砷剂和一些含氟物等。这些杀虫化学药物的形态有固体、液体、气体多种，它们可经消化道、呼吸系统、体壁进入害虫体内，使害虫消化吸收中毒，或神经传导失常中毒，从而引起死亡。杀虫剂的使用方法有撒布法、喷洒法和熏蒸法等。不论采用何种药剂和杀灭方法，都要充分考虑药剂的性能与使用环境条件（温度、空间大小及其密闭性、药液浓度、杀虫时间），避免药剂对环境、档案和人体健康的不良影响。

化学杀虫法虽然有杀虫速度快、一次性杀灭害虫量大、处理费用低、杀虫彻底等诸多优点，但毒性较大，对环境也会造成一定的污染。而物理杀虫法对人和环境无害，操作安全，日益受到了人们的重视。物理杀虫法就是利用人工或自然的高温、低温、辐射、缺氧等物理方法，破坏害虫的生理机能，使之死亡或不育，达到防治目的。适用于杀灭档案害虫的物理方法有真空缺氧（或充氮）杀虫、高温杀虫、远红外辐照杀虫、微波辐照杀虫、放射性辐照杀虫、低温冷冻杀虫等。

四　档案馆鼠害的防治

防鼠、灭鼠是防治鼠类工作中不可缺少的两个方面，但对于防治档案库房内的鼠类来说，"防"比"治"更为重要。因为在"治"的过程中，可能会使档案遭到不同程度的损害，而"防"则具有杜绝损失、节约费用和避免污染等多方面的优点。但是如已发现鼠患，就必须采取措施，将鼠害消灭在破坏档案之前。

（1）档案库房防鼠

档案库房防鼠措施包括建筑物防鼠，清除鼠类栖息条件和应用药物与器械防鼠等。防鼠的首要措施是防止老鼠入库，如通向外界的管道、气孔一律加铁丝网，并且配备必要的灭鼠器械，使鼠类不能出入。主要是搞好档案库房周围与库内的环境卫生，档案库房内不准存放食物，贮水池加盖密封，下水道增添铁栅，断绝老鼠的食量和水源，使之没有栖息之地，失去生存的条件。在以防为主、防治结合的思想指导下，以档案库房为中心，兼顾周围地区，同时进行大面积的灭鼠工作。

（2）档案库房驱鼠

可以采用一些物理设备或化学药物驱鼠，例如，使用超声波灭鼠器，发出一定频率超声波，干扰老鼠正常的生活，把鼠赶跑。或放置一些化学驱鼠的药物于档案柜架中，如樟脑和放线菌酮等，使鼠类不敢接近档案。驱鼠器及驱鼠剂虽然不能减少鼠类数量，但对于防止鼠类啃咬档案有一定的作用。

（3）档案库房灭鼠

一般灭鼠有化学法、物理法和生物法。档案库房灭鼠主要通过物理或化学的方法进行，而在具体实施时，要时刻注意档案库房的特殊环境，避免使用对环境有严重污染和易燃、易爆的方法。同时，捕鼠时机、捕鼠方法的选择应尽量科学化。

物理法灭鼠是利用各种捕鼠工具或其他机械方法灭鼠，捕鼠工具如鼠夹、鼠笼、压板等，这些捕鼠工具材料来源广、制造简单、使用轻便、灵敏性强、效果良好。化学法灭鼠是利用化学杀鼠剂配成毒饵毒杀害鼠的方法。化学法灭鼠是档案馆鼠害综合治理的一个重要手段，并且也是今后相当长的一段时间内控制鼠害的主要方法，具有见效快、经济、有效的特点。

通过化学方法灭鼠选用灭鼠剂时，应以高效、安全、经济为原则，目前化学灭鼠常用的药剂为"抗凝血剂"类，如氯敌鼠钠盐、溴敌隆等（维生素K_1是此类杀鼠剂的特效解毒剂）。抗凝血灭鼠剂具有鼠喜欢取食、灭效高、安全的优点，其作用机制主要是损害老鼠的毛细血管，同时抑制其凝血功能，导致体内血流不止而死亡，因而死亡速度慢，死亡高峰期为药后7天左右。

诱饵的选择可以是稻谷，这是因为稻谷具有不易霉变、人和宠物不易误食、配制方便、价格便宜的优点。相反，用鱼、肉、米面制品、花生仁、豆类、水果作诱饵，不仅老鼠不喜欢吃，灭鼠效果差，而且容易变质、发霉。如果操作不慎，可能会对档案保护引入新的不利因素，故不能选用这些诱饵来配制鼠药。

毒饵投放时，要抓住重点，兼顾全面。老鼠转移聚集为害的能力强，为防止老鼠从灭鼠区转移到未灭鼠区，达到有效毒杀老鼠的目的，要实行全面灭鼠。全面灭鼠是指在档案馆内凡有老鼠栖息的地方都要投饵灭鼠，但由于老鼠的空间分布不平衡，一定要明确并抓住鼠害发生频率高的重点区域进行投饵灭鼠。并且毒饵投放要到位、够量，毒饵要投放在鼠路、老鼠居住和取食的地方，使得老鼠出洞后能很快发现并取食毒谷。在投饵到位的情况下，毒饵要足够老鼠连续取食一周左右的时间。凡毒饵已被吃光的投饵点要加倍投放，其余吃去多少补投多少，不吃不补。毒饵取食完后及时补充，达到灭鼠效果将毒饵回收。

在使用化学药剂灭鼠时，对毒剂选择形式、数量、地点、时间等方面必须严格考虑，保障对档案装具、设备和人身安全无影响，确保档案和保管人员安全。

需要注意的是，连续使用同一种毒剂或器械灭鼠会让老鼠产生拒食性和耐药性，所以应交替使用不同的灭鼠药物和器械，以保证灭鼠效果。

参考文献

一 著作

艾星雨：《物理改变世界》，山西教育出版社2015年版。
安连生：《应用光学》，北京理工大学出版社2000年版。
包云轩：《气象学》，中国农业出版社2007年版。
蔡家斌、董会军、李涛等：《进口木材特性与干燥技术》，合肥工业大学出版社2011年版。
蔡信之、黄君红：《微生物学》，科学出版社2011年版。
车振明：《微生物学》，华中科技大学出版社2008年版。
陈国松、陈昌云、徐继明等：《仪器分析实验》，南京大学出版社2015年版。
陈鸿海：《金属腐蚀学》，北京理工大学出版社1995年版。
陈杰瑢：《物理性污染控制》，高等教育出版社2007年版。
陈文清：《文秘词典》，辽宁人民出版社1987年版。
陈贻文、李庆宏、黄文亮：《有机仪器分析》，湖南大学出版社1996年版。
陈兆祦、曹喜琛、李鸿健：《档案工作全书》，中国人民大学出版社1992年版。
程道来、仪垂杰：《热工测量与控制基础》，中国矿业大学出版社2012年版。
丁海斌、赵淑梅、侯希文：《档案物理管理与保护》，辽宁大学出版社2012年版。
丁永奎：《档案学概述》，中国档案出版社1995年版。
董惠、邹高万：《建筑环境测试技术》，化学工业出版社2009年版。
董文庚、刘庆洲、高增明：《安全检测原理与技术》，海洋出版社2004年版。

杜惠、王金燕：《地球"发烧"了》，广西人民出版社 2015 年版。

杜渐：《建筑给水排水供热通风与空调专业实用手册》，中国建筑工业出版社 2004 年版。

樊春玲、赵亚红、张春堂等：《检测技术及仪表》，机械工业出版社 2014 年版。

范希智：《物理光学》，清华大学出版社 2016 年版。

范玉久：《化工测量及仪表》，化学工业出版社 1981 年版。

冯惠玲、张辑哲：《档案学概论》，中国人民大学出版社 2006 年版。

傅献彩、沈文霞、姚天扬：《物理化学》（上册），高等教育出版社 2005 年版。

高艳玲、张继有：《物理污染控制》，中国建材工业出版社 2005 年版。

耿春女、高阳俊、李丹：《环境生物学》，中国建材工业出版社 2015 年版。

郭莉珠、国家档案局：《档案保护技术》，档案出版社 1993 年版。

郭莉珠：《档案专业干部培训系列教材档案保护技术》，档案出版社 1993 年版。

国家文物局博物馆与社会文物司：《博物馆青铜文物保护技术手册》，文物出版社 2014 年版。

韩玉梅：《外国档案管理》，档案出版社 1994 年版。

何德文、张聪璐、柴立元：《物理性污染控制工程》，中国建材工业出版社 2015 年版。

何培新：《高级微生物学》，中国轻工业出版社 2017 年版。

贺树德：《北京通史》（第六卷），北京燕山出版社 2012 年版。

胡英：《流体的分子热力学》，高等教育出版社 1982 年版。

华林：《西南少数民族历史档案管理学》，民族出版社 2001 年版。

《环境保护工作全书》编委会：《环境保护工作全书》，中国环境科学出版社 1997 年版。

黄存勋、刘文杰、雷荣广：《档案文献学》，四川大学出版社 1988 年版。

黄国亮、夏永静、高上凯：《生物医学检测技术与临床检验》，清华大学出版社 2014 年版。

黄立文、文元桥：《航海气象与海洋学》，武汉理工大学出版社 2014 年版。

黄素逸、王献：《动力工程测试技术》，中国电力出版社 2011 年版。

黄相芬：《档案保护技术》，黑龙江人民出版社2007年版。
黄志宇、张太亮、鲁红长：《表面及胶体化学》，石油工业出版社2012年版。
贾金明、王运行、吴建河等：《气象与生活》，气象出版社2008年版。
贾文忠：《古玩保养与修复》，北京出版社2000年版。
蒋立科、罗曼：《生物化学过程工程学》，科学出版社2008年版。
金波：《档案保护技术学》，高等教育出版社2000年版。
柯友良、黎启业、张娟娟等：《高等学校档案管理基础》，广东高等教育出版社2014年版。
李国强、刘文奇、肖圣雄等：《基础化学实验》，南京大学出版社2012年版。
李华锋：《光电检测技术及系统》，浙江大学出版社2015年版。
李济：《安阳》，上海人民出版社2007年版。
李景仁、冯惠芬：《图书档案保护技术手册》，档案出版社1992年版。
李梅、韩莉：《普通化学》，上海交通大学出版社2015年版。
李美栓：《金属的高温腐蚀》，冶金工业出版社2001年版。
李默：《代表中国皇室文化艺术的50座帝王宫殿》，广东旅游出版社2013年版。
李慕南：《生物趣谈》，辽海出版社2010年版。
李晓菊：《唐宋档案文献编纂研究》，社会科学文献出版社2014年版。
李英干、范金鹏：《湿度测量》，气象出版社1990年版。
廉育英：《密度测量技术》，机械工业出版社1982年版。
辽宁省质量计量检测研究院：《计量技术基础知识》，中国计量出版社2001年版。
廖力夫、刘晓庚、邱凤仙：《分析化学》，华中科技大学出版社2015年版。
林海龙、李永峰、王兵等：《基础环境工程学》，哈尔滨工业大学出版社2013年版。
林树坤：《物理化学》，浙江大学出版社2013年版。
林育真、许士国：《隐秘的昆虫世界》，山东教育出版社2013年版。
刘常满：《温度测控仪表使用与保养问答》，国防工业出版社2007年版。
刘超英、崔学谙：《博物馆工作规范试行》，文物出版社2015年版。

刘德秀、石慧、潘华英等：《药用基础化学》，华中科技大学出版社 2015
年版。
刘贵林、栾杰：《档案工作手册》，吉林人民出版社 2005 年版。
刘强：《跨越万有引力之虹——科学美学漫步》，中国社会科学出版社
2013 年版。
刘强：《石材加工与利用》，科学出版社 2015 年版。
刘强：《石质文物保护》，科学出版社 2012 年版。
刘强：《西南少数民族历史档案保护》，中国社会科学出版社 2016 年版。
刘淑红：《浅析档案的定义及档案的特性》，《中国地名》2012 年第 3 期。
刘中一：《探询国学》，人民出版社 2014 年版。
陆慧：《光学》，华东理工大学出版社 2014 年版。
马建锋、李英柳：《大气染污控制工程》，中国石化出版社 2013 年版。
马淑琴：《文物霉害的防治》，科学出版社 1997 年版。
马振瀛、李象洪、陈枪雄：《防霉学》，云南科技出版社 1990 年版。
倪永红：《辐射技术与材料合成》，安徽师范大学出版社 2011 年版。
潘瑞新：《中国秘书词典》，海天出版社 1988 年版。
裴世鑫、崔芬萍、孙婷婷：《光电子技术原理与应用》，国防工业出版社
2013 年版。
戚启勋：《大气科学》，大中国图书公司 1977 年版。
《气体分析器和物质性质测量仪表》编写组：《气体分析器和物质性质测
量仪表》，上海科学技术出版社 1980 年版。
任何军、张婷娣：《环境微生物学》，清华大学出版社 2015 年版。
任俊英、刘洋、刘敏丽等：《热工仪表测量与调节》，北京理工大学出版
社 2014 年版。
沈永昭、李素琴：《关于气体压强的两种说法》，《物理教师》1992 年第
9 期。
石顺祥、王学恩、马琳：《物理光学与应用光学》，西安电子科技大学出
版社 2014 年版。
首都博物馆：《文物养护工作手册》，文物出版社 2008 年版。
宋国君：《环境规划与管理》，华中科技大学出版社 2015 年版。
宋明玉、张战动：《大学物理》，清华大学出版社 2015 年版。

宋文绪、杨帆：《传感器与检测技术》，高等教育出版社2009年版。

隋昭德、李杰、张玉杰：《光稳定剂及其应用技术》，中国轻工业出版社2010年版。

孙凌：《土木工程材料》，人民交通出版社2014年版。

所桂萍、翟霅远、阳春枝：《档案保护技术学》，河南人民出版社2006年版。

谭天恩：《化工原理》（下册），化学工业出版社2006年版。

唐永銮：《大气环境化学》，中山大学出版社1992年版。

陶喜圣、沈任远：《明清政治制度》，台湾商务印书馆1967年版。

天津大学物理化学教研室：《物理化学》（上册），高等教育出版社2009年版。

童一秋、王振华：《学校档案管理规章制度全书》，学院音像出版社2004年版。

王常珍：《冶金物理化学研究方法》，冶金工业出版社2013年版。

王成兴、尹慧道：《文物保护技术》，安徽大学出版社2005年版。

王贵水：《你一定要懂的环保知识》，北京工业大学出版社2015年版。

王红云、赵连俊：《环境化学》，化学工业出版社2009年版。

王魁汉：《温度测量技术》，东北工学院出版社1991年版。

王森、陈玲、张红英：《病案信息技术大全》，中国协和医科大学出版社2017年版。

王文军、张山彪、杨兆华：《光学》，科学出版社2011年版。

王显静：《水电水利工程项目档案答疑解难》，中国电力出版社2014年版。

王艳玲：《无机化学》，石油工业出版社2008年版。

王振成、张雪松、刘爱荣等：《工程测试技术及应用》，重庆大学出版社2014年版。

魏铭炎：《电绝缘材料的光稳定性》，中国标准出版社1985年版。

吴宝康：《档案学概论》，中国人民大学出版社1988年版。

吴广平、向阳：《档案工作实务》，北京大学出版社2013年版。

吴鸿、王义平、杨星科等：《天目山动物志》（第3卷），浙江大学出版社2014年版。

奚旦立、孙裕生、刘秀英：《环境监测》，高等教育出版社1995年版。

奚同庚:《无机材料热物性学》,上海科学技术出版社1987年版。
向绺熙:《地质灾害经济评价系统》,地质出版社1996年版。
肖金香、穆彪、胡飞:《农业气象学》,高等教育出版社2009年版。
谢飞:《简明工程化学》,天津大学出版社2015年版。
谢朋、胡祖平:《文件制成时间检验》,浙江大学出版社2015年版。
薛刚:《微生物学》,吉林人民出版社2005年版。
薛国良:《温度概念及其发展》,河北教育出版社2006年版。
杨宏伟:《物理学》,中国农业出版社2008年版。
杨建峰:《世界重大发现与发明》,外文出版社2013年版。
杨汝鉴:《档案工作岗位培训教程》,云南民族出版社2008年版。
杨树森、张树文:《中国秘书史》,安徽大学出版社2003年版。
杨永录、胡晓松、赖雁等:《体温与体温调节生理学》,人民军医出版社
  2015年版。
杨中一:《中国少数民族档案及其管理》,中国档案出版社1993年版。
俞鹿年:《历代官制概略》,黑龙江人民出版社1978年版。
袁旭沧:《应用光学》,国防工业出版社1988年版。
苑静、唐文华、蒋向辉:《环境化学教程》,西南交通大学出版社2015
  年版。
臧云浦、朱崇业、王云度:《历代官制、兵制、科举制表释》,江苏古籍
  出版社1987年版。
张洪亭、王明赞:《测试技术》,东北大学出版社2005年版。
张辑哲:《维系之道:档案与档案管理》,中国档案出版社1995年版。
张建敏、罗昶、吕文华:《气象计量测试指南》,中国质检出版社2011
  年版。
张梅、池玉梅、李锦等:《分析化学》,中国医药科技出版社2014年版。
张三慧:《大学物理:热学》,清华大学出版社1999年版。
张文煜、袁久毅:《大气探测原理与方法》,气象出版社2007年版。
赵德山:《微量元素与心脑血管疾病》,黑龙江科学技术出版社1995年版。
赵金海:《微生物学基础》,中国轻工业出版社2012年版。
郑德、李杰:《塑料助剂与配方设计技术》,化学工业出版社2002年版。
郑桂富:《物理化学》,安徽大学出版社2015年版。

中国大百科全书总编辑委员会：《中国大百科全书·图书馆学·情报学·档案学》，中国大百科全书出版社 2002 年版。

中国档案学会对外联络部《档案学通讯》编辑部：《外国档案法规选编》，档案出版社 1983 年版。

中国农业科学院植物保护研究所、中国植物保护学会：《中国农作物病虫害》（下），中国农业出版社 2015 年版。

中国文物保护技术协会：《文物保护技术（1981—1991）》，科学出版社 2010 年版。

钟阳和、施生锦、黄彬香：《农业小气候学》，气象出版社 2009 年版。

周爱农：《趣味环境科学故事》，西北工业大学出版社 2013 年版。

周俊英、金谷、张贤萱等：《定量化学分析实验》，中国科学技术大学出版社 1995 年版。

周耀林、戴旸、林明等：《档案文献遗产保护》，武汉大学出版社 2012 年版。

朱玉媛：《档案学基础》，武汉大学出版社 2008 年版。

［美］T. R. 谢伦伯格：《现代档案——原则与技术》，黄坤坊译，档案出版社 1983 年版。

［美］杰拉尔德·温伯格：《环境有害生物防治》，张佐、万起光、董菁译，化学工业出版社 2004 年版。

［美］斯佩恩（I. L. Spain）、波韦（J. Paauwe）：《高压技术》，陈国理译，化学工业出版社 1987 年版。

二 标准与规范

国家档案局档案科学技术研究所：《档案馆建筑设计规范（JGJ 25—2010）》，中国建筑工业出版社 2010 年版。

华东建筑设计研究院有限公司：《博物馆建筑设计规范（JGJ 66—2015）》，中国建筑工业出版社 2015 年版。

全国人民代表大会：《中华人民共和国文物保护法》，中国民主法制出版社 2002 年版。

全国人民代表大会常务委员会法制工作委员会：《中华人民共和国法律行政法规规章司法解释分卷汇编·行政法卷》，北京大学出版社 1998

年版。

中华人民共和国国家档案局：《档案馆建筑设计标准》，中国档案出版社2008年版。

中华人民共和国住房和城乡建设部、中华人民共和国国家档案局：《中华人民共和国行业标准·档案馆建筑设计标准》，中国建筑工业出版社2010年版。

三　期刊

曾维政、陈锐、宋少华等：《长沙走马楼东吴竹简蚀斑微生物的研究》，《微生物学杂志》2007年第5期。

陈子丹：《口述档案及其相关概念辨析》，《云南档案》2012年第7期。

程丽臻：《PEG复合液脱水加固定型出土饱水残损漆木器及整形修复》，《中国文物科学研究》2010年第4期。

方北松、吴顺清：《饱水竹木器保护修复的历史、现状与展望》，《文物保护与考古科学》2008年第S1期。

冯惠芬、胡新、陶琴：《云南省档案昆虫种类分布及为害调查》，《云南档案》1992年第4期。

冯惠芬、荆秀昆、陶琴：《全国档案害虫种类及分布调查》，《档案学通讯》2003年第3期。

郭宏：《论"不改变原状原则"的本质意义——兼论文物保护科学的文理交叉性》，《文物保护与考古科学》2004年第1期。

郭宏：《论文物保护科学研究的内容与方法》，《文物保护与考古科学》2003年第3期。

华林、谭莉莉：《西南少数民族石刻历史档案保护技术研究》，《广西民族研究》2005年第3期。

霍振礼：《实物档案的崛起与档案定义的表述——兼与李恕德、陈永斌同志商榷》，《档案学通讯》1993年第5期。

李灿、李子忠：《我国档案图书种类》，《山西档案》2003年第4期。

刘裕勤、刘东红：《关于重力与大气压强关系的讨论》，《山东工业大学学报》1999年第5期。

马波粉：《浅析"实物档案"说》，《云南档案》2008年第1期。

徐玉麟：《全面准确理解文物工作方针，认真贯彻实施文物保护法》，《文物工作》2003 年第 3 期。

杨岩、贾宝萍：《档案保护应"以防为主、防治结合"》，《兰台世界》2008 年第 7 期。

张晓梅、卞景、韩秀琴：《清代档案纸张保存状况及劣变原因分析》，《档案学通讯》2012 年第 4 期。

宗培岭：《全面落实档案保护"以防为主，防治结合"的方针》，《档案学通讯》1991 年第 5 期。

Friolo K. H., Stuart B., Ray A., "Characterisation of Weathering of Sydney Sandstones in Heritage Buildings", *Journal of Cultural Heritage*, Vol. 4, No. 3, 2003.

Hoke G. D., Turcotte D. L., "The Weathering of Stones Due to Dissolution", *Environmental Geology*, Vol. 46, No. 3 – 4, 2004.

Hosono T., Uchida E., Suda C., Ueno A., Nakagawa T., "Salt Weathering of Sandstone at the Angkor Monuments, Cambodia: Identification of the Origins of Saltsusing Sulfur and Strontium Isotopes", *Journal of Archaeological Science*, Vol. 33, No. 11, 2006.

Rodriguez-Navarro C., Doehne E., "Salt Weathering: Influence of Evaporation Rate, Supersaturation and Crystallization Pattern", *Earth Surface Processes and Landforms*, Vol. 24, No. 3, 1999.

Vallet J. M., Gosselin C., Bromblet P., Rolland O., Vergès-Belmin V., Kloppmann W., "Origin of Salts in Stone Monument Degradation using Sulphur and Oxygen Isotopes: First Results of the Bourges Cathedral (France)", *Journal of Geochemical Exploration*, Vol. 88, No. 1 – 3, 2006.

Weiss T., Siegesmund S., Kirchner D., Sippel J., "Insolation Weathering and Hygric Dilatation: Two Competitive Factors in Stone Degradation", *Environmental Geology*, Vol. 46, No. 3 – 4, 2004.

Yang G., Zhang Q., Pu Y., "A Study on the Damage Propagation Characteristics of Rock under the Frost and Thaw Condition", *Chinese Journal of Geotechnical Engineering*, Vol. 26, No. 6, 2004.

后　　记

通向远方的诗化历史档案保护

《通向远方的诗化历史档案保护》是我为档案专业同学做的一次讲座的题目，之所以选择这个话题盖出于以下的考虑：

在和档案专业的同学交流过程中，时常感受到同学们的困惑，这种困惑一方面来自同学对自己所学专业的定位，档案专业到底属于历史学？还是管理学、图书情报学或人文？另一方面来自同学们对学了之后可以干什么的思考。这种困惑在我看来其实是好事，可以说很多方面的进步都是源自困惑后的思考，这说明学生没有浑浑噩噩地过日子。即使是思考之后仍然困惑，这种困惑也是在更高层次的困惑了。

关于档案专业的学科属性怎样？据我在高校的经历和了解，很少有其他专业的学生会像档案专业的学生一样，对所学专业的学科属性问题产生争论和踌躇。以云南大学档案专业为例，它脱胎于历史学，后又隶属管理学院，今又重归历史与档案学院。档案是什么？档案是"国家机构、社会组织和个人在社会活动中直接形成的有价值的各种历史文献"。"档案是指过去和现在的国家机构、社会组织以及个人从事政治、军事、经济、科学、技术、文化、宗教等活动直接形成的对国家和社会有保存价值的各种文字、图表、声像等不同形式的历史记录"。这是中华人民共和国档案行业标准《档案工作基本术语》《中华人民共和国档案法》中对档案的定义和规定。

从档案的定义可以看出，档案包含了四个基本要素，即社会性、历史性、原始记录性、确定性，这自然决定了档案学专业与历史、管理、人文等学科的天然和必然的联系。如果把档案当作具体的物来管理，就需要管理学的知识体系辅助；如果把档案当做一种文化或者社会现象，就需要人文社会科学知识的借鉴；如果把档案当做历史研究的一种材料，档案就能够支持历史的研究；如果把档案当做一种信息资源，则档案学就属于信息资源管理或图书情报学科。

从档案的定义还可以看出，档案本身根本就是多重身份，以档案为研究对象的档案学也天然地具有综合、交叉学科的根本属性。事实上，任何一门学科都不是孤立的，而是与其他学科有机联系的，档案学也不例外。随着社会的发展和科学技术的进步，不同学科知识除了向纵深发展之外，各个学科之间又相互发展、相互关联，产生了千丝万缕的联系。这种联系不但体现在它们之间相互渗透、相互转化，更体现在相互启迪、相互借鉴和发展。一个学科的发展在方法论上就要有"打破传统，勇于探索，锐意改革"的新气息。这样做加强了档案学与相关学科的交流与合作，扩大了档案的研究对象的来源，补充了档案的研究理论依据，完善了档案研究的范式，何乐而不为呢？就如同自然科学领域的材料、物理和化学，今天还有什么人纠缠于它们之间的人为区别吗？

当然，这样说并不意味着排斥档案专业的独立学科属性，一门独立学科发展到成熟的标志就是具备了独立的研究内容、成熟的研究方法、规范的学科体制，并且同时形成了有别于其他学科群体的亚文化——学科文化。从这层含义理解，档案学就是一门独立成熟的学科。一门学科成熟的标志除了具有完整的理论体系，还应该具有触类旁通的效果，对其他学科的影响，以及与时俱进，不断丰富和发展的趋势。而这正是一门学科能够永葆青春、蓬勃发展、活力无限的源泉，这也正是前述加强档案学与其他学科联系的必要性的依据所在。

关于学了档案专业之后可以干什么？就我自己的教育背景而言，所学专业一直围绕物理、化学和材料，但研究的兴趣一直在档案、文物等文化遗产的保护。有人问我："为什么做这一研究？"我回答："文化遗产保护就是用新材料、新技术保护老材料、旧材料啊，和一般的材料保护不同，文化遗产的保护需要在文化遗产的保护原则指导下进行，就是这样！"

爱因斯坦曾说过：

我也要反对学校必须直接讲授那些在以后生活中要直接用到的专业知识和技能的这种观点。生活所需要的东西太多种多样了，不大可能允许学校采取这样的专门训练。除开这一点。我还认为应当反对把个人当作死的工具来对待。

学校的目的始终应当是，青年人在离开学校时是作为一个和谐的人，而不是作为一个专家。照我的见解，在某种意义上，即使技术学校来说，这也是正确的，尽管技术学校将要从事的是一种完全确定的专门职业。发展独立思考和独立判断的一般能力，应当始终放在首位，而不应当把获得专业知识放在首位。如果一个人掌握了他的学科的基础理论，并且学会了独立思考和工作，他必定会找到他自己的道路，而且比起那种主要以获得细节知识为其培训内容的人生，他一定会更好地适应进步和变化。

档案专业教会了学生研究和揭示档案现象的本质和规律，教会了学生档案管理的科学理论、原则、技术和方法。更重要的是教会了学生把档案当做一种历史材料，以史为鉴明得失；透过档案，挖掘其深层的文化或者社会现象，培养自己完备的人文精神。更重要的是，在档案管理的学习和实践过程中，向学生传递了更好地为社会实践服务的意识。因此，正如爱因斯坦所言：如果一个人掌握了他的学科的基础理论，并且学会了独立思考和工作，他必定会找到他自己的道路，而且比起那种主要以获得细节知识为其培训内容的人生，他一定会更好地适应进步和变化。这正是档案学专业的魅力所在！

正是基于档案学专业的魅力，或者说档案学研究对象的魅力，吸引我专注于它的研究。我对同学说，我也会迷茫，但是当我迷茫困惑时，心中想着诗与远方。

何为诗？"诗言志"是中国自古伊始对诗的本质认识。何为志？《毛诗序》说："诗者，志之所之也，在心为志，发言为诗，情动于中而形于言。"在中国古代，诗学就是做诗论诗的学问，或者研究诗歌创作规律的著作。唐代郑谷《中年》诗："衰迟自喜添诗学，更把前题改数联。"人到中年，体验深刻了，感悟透彻了，那诗当然也就更成熟了。古希腊先哲亚里士多德的《诗学》是指他构建的系统的美学理论，这里的美学不但剖析美、提炼美，更是探索艺术与社会文化的本质及规律，并肯定其社会功用。在这一点上，与中国古代的"诗言志"恰好高度地契合。

"诗化了的历史档案保护"也包含了这样两层含义：其一，历史档案保护如诗"句句如秋"，如画"历历记所尝"。20世纪伟大的数学家和理论物理学家韦尔说："我的工作总是力图把真和美统一起来，但当我必须在两者中挑选一个时，我总是选择美。"科学史学家沙利文也曾经说过："引导科学家的动力，归根结底是美学冲动的表示。"爱因斯坦说："在科学思维中常常伴着诗的因素，真正的科学和真正的音乐要求同样的想象过程。"我做历史档案等文化遗产的保护，也幸运地体验到此体会。

> 残阙留古韵，碑高存遗音。
> 红砂印王朝，兴废警后人。
> 辟邪禳灾苦，天禄祐安寝。
> 春花结秋实，叶落润芽新。

这是我参观四川省雅安市高颐阙时记下的感悟《游高颐阙感悟》，站在千年古物前面，想象着这被誉为"中国最美汉阙"见证的城市变迁，勾画2000多年前的风光画卷，悲喜缠绕。"要知作诗如作画，人力岂能穷造化。"我亦真心希望学生能够从心底热爱档案保护，热爱文物保护，热爱文化遗产的保护。培根说："求知的目的不是为了吹嘘炫耀，而应该是为了寻找真理，启迪智慧。"这样做工作时，才能够持久永恒。爱因斯坦说："绝不要把你们的学习看成是任务，而要当成一个令人羡慕的机会。为了领略知识的美妙与神奇，去学习。"这样学习时，才能够有真正的发自内心的动力。

其二，历史档案保护要遵循保护的规律，恪守档案的本质，坚持为社会服务。这里的规律和本质是什么？在此不赘言。想起几年前母校的学子利用假期走访毕业的校友，找到我，问我："毕业多年后，对'求是'校训有什么新的认识或自己的阐释吗？"我回答说："老校长说的已经足够好，我不敢说自己有什么新的认识，只敢说我不断地去体会，那就是不为名，不为利，冒百死，排万难，以求真知。"

何为远方？远方不是脱离现实，而是超于现实。外面的世界很精彩，外面的世界很无奈。不忘初心,在纷繁复杂的今天成了一种困扰。

> 孟真适之熊庆来,李济作宾叶企孙。
> 一生嗜教书沧桑,三尺讲台载谦尊。
> 春华秋实桃李盛,飞灰侵染潘岳鬓。
> 东西南北不辞苦,为何泪似倾湿襟?

这是我应朋友之约,去云南大学档案馆调查,商讨保护熊庆来塑像措施时,眼见雕像的锈蚀集中在左右脸颊和下颌部,在先生深邃的目光下,就像在哭泣一样,记下的《庆来泣》。当我上课,偶尔心情抑郁想偷一份懒时,每每看见下面学生渴望求知的眼神,哪怕只是少许人,我都会心底暗暗生愧。爱因斯坦曾说过一句话,记不清原话了,大意是:每当我想到吃着农民种的粮食,穿着工人制的衣服,我的每一步前行都仰赖于这么多人的支持,我就不敢有丝毫的偷懒。我不是大人物,更当如此!

因此,就将此书献给上下求索、努力以求真知的同道中人!

"少陵未老……何似卑栖且远方。"

是为后记。

2018 年冬月　万溪